Bruno Baumann
Der Silberpalast des Garuda

Zu diesem Buch

Während der tibetische Buddhismus sich allein auf seine indischen Wurzeln beruft, tritt der Abenteurer und Asien-Experte Bruno Baumann den Gegenbeweis an: Zweimal gelang ihm die gefährliche Befahrung des Sutley-Canyons quer durch Tibet. Auf seiner Expedition drang er bis zu den Wurzeln des steinalten hochzivilisierten Shang-Shung-Königreichs vor und entdeckte bisher unbekannte Zeugnisse aus vorbuddhistischer Zeit. Sie sind eindrucksvolle Belege für jene Hochkultur mit eigener Schrift und Religion, die dem Buddhismus wesentliche Impulse gab. Er erreichte ein Tal voller Naturwunder, heißer Quellen, ehemals blühender Gärten und einer gewaltigen Steinfestung: das sagenhafte Silberschloß des Garuda ... Mit einzigartigen Fotos seiner Entdeckung legt Bruno Baumann, der aus bisher unveröffentlichten Textquellen schöpfen konnte, die wahren Ursprünge der tibetischen Kultur frei und verdichtet Geschichte und Gegenwart zu einer fesselnden Zeitreise.

Bruno Baumann, geboren 1955, Ethnologe und Historiker, bereist seit Jahrzehnten den Himalaya und gilt als einer der besten Kenner Tibets und der Wüsten Asiens. 1989 gelang ihm die Durchquerung der Takla-Makan-Wüste zu Fuß, 1994 die Durchquerung der Gobi. Dem legendären Königreich Shang Shung kam er auf die Spur, weil er Quellen folgte, die der wissenschaftlichen Welt suspekt sind. Bruno Baumann lebt als Autor, Fotograf und Filmemacher in München. Zuletzt erschienen »Karawane ohne Wiederkehr«, »Kailash« und »Der Silberpalast des Garuda«. Weiteres zum Autor: www.bruno-baumann.de

Bruno Baumann

Der Silberpalast des Garuda

Die Entdeckung von Tibets letztem Geheimnis

Mit 68 farbigen Fotos, 9 Schwarzweißfotos und 2 Karten

Nachwort von Jürgen Kremb

Ein MALIK Buch
Piper München Zürich

Alle Fotos Archiv Bruno Baumann, bis auf: Bildteil 1, Tafel 2 unten: aus Martin Brauen, Traumwelt Tibet, Haupt Verlag; Tafel 3 unten: Frontispiz von Svetoslav Roerich, Nicholas Roerich Museum, New York; Tafel 5: Editions Raymond Chabaud; Bildteil 2, Tafel 7 oben: Dr. Christoph Baumer

Von Bruno Baumann liegen bei Piper im Taschenbuch vor:
Karawane ohne Wiederkehr
Kailash – Tibets Heiliger Berg
Die Seidenstraße (mit Claus Richter und Bernd Liebner)
Der Silberpalast des Garuda

Anmerkung zur Abbildung auf Seite 1:
Dem mythischen Riesenvogel Khyung wird in der Bon-Religion große Verehrung zuteil. Im Sutley-Canyon ist ihm ein Tal geweiht, in dem das Herz des alten Shang-Shung-Reichs schlug.

Ungekürzte Taschenbuchausgabe
Januar 2008
© 2006 Piper Verlag GmbH, München,
erschienen im Verlagsprogramm Malik
Umschlagkonzept: Büro Hamburg
Umschlaggestaltung: Birgit Kohlhaas
Umschlagfotos: Archiv Bruno Baumann
Redaktion: Sabine Wünsch, München
Karten: Eckehard Radehose, Schliersee
Reproduktionen: Lorenz & Zeller, Inning
Satz: Kösel, Krugzell
Papier: Munken Print von Arctic Paper Munkedals AB, Schweden
Druck und Bindung: Clausen & Bosse, Leck
Printed in Germany   ISBN 978-3-492-25099-3

www.piper.de

Inhalt

Prolog

Seit Stunden folgen wir dem gewundenen Lauf des Sutley, der uns in einen immer enger werdenden Canyon hinein-zwingt. Die Wände zu beiden Seiten treten so eng zusammen, daß vom Himmel nur noch ein schmaler Streifen zu sehen ist, über den bisweilen weiße Haufenwolken segeln, die man meint berühren zu können. Trotz der hochstehen-den Sonne liegt unser Weg am Grund des Canyons in eisi-gem Schatten. Zuweilen schlägt uns ein böenartiger Wind entgegen, der kleine Staubfontänen über die Oberfläche tan-zen läßt. Abgesprengte Felstrümmer liegen umher, als hätte sie der mythische Riesenvogel Khyung, von dem die Men-schen allerorts erzählen, dorthin geschleudert.

Die Landschaft um uns ist mehr als nur bloße Kulisse, sie ist von ehrfurchtgebietender Monumentalität. Die enormen Kräfte der Erosion – Wind und Wasser, aber auch frühere Gletscher – haben die Berge zerfurcht und zerfräst, ha-ben sie zu Formen modelliert, die kaum eine menschliche Phantasie ersinnen könnte. Dann wieder glaubt man be-kannte Strukturen zu erkennen; Felsgebilde, die wie Bur-gen und Schlösser aussehen. Die dünne sauerstoffarme Luft gaukelt einem unentwegt Trugbilder vor, Formen und Farben sind so gesteigert, daß selbst einfache Naturerschei-nungen überdimensional wirken. Wir fühlen uns in eine andere Welt versetzt. Nichts erinnert hier mehr an die ver-trauten Landschaften Tibets mit ihren offenen Weiten und

◀ Bruno Baumann bei seinem ersten Besuch von Khyunglung (Garuda-Tal). Im Hintergrund befinden sich die Silberklippen mit der Ruinen- und Höhlenstadt.

den gerundeten Bergen, die wir zuvor durchquert hatten. Unwillkürlich frage ich mich: »Wo hatte ich je Vergleichbares gesehen?« Der Grand Canyon kommt mir in den Sinn – aber hier gibt es nicht nur einen, sondern ein ganzes Labyrinth von Canyons und oben draufgesetzt den Himalaya.

So spektakulär die Landschaft auch ist, ich nehme sie nur beiläufig wahr. In Gedanken bin ich noch immer bei dem seltsamen Eremiten, dem wir auf unserer Suche nach dem Garuda-Tal begegneten.

»Shang Shung«, hatte er gesagt, und die Worte klangen aus seinem Mund wie ein Mantra, »das ist die Zeit, als unser großer Lehrer Shenrab auf die Erde kam.«

»Shenrab Mibo, der Verkünder des Bon?«

»Re, re« – Ja, ja –, versicherte er.

Dann schloß er die Augen, als versuchte er sich an etwas zu erinnern.

»Reiche kommen und gehen«, fuhr er nach einer Weile fort, »was bleibt, ist für die Augen unsichtbar. Auch Shang Shung ist schon vor sehr langer Zeit untergegangen, aber seine Kultur lebt bis heute fort – in unserer Religion, in unseren Schriften, in unseren heiligen Plätzen.«

»Wie wurde dieses Erbe überliefert?« wollte ich wissen.

»Ich habe es von meinem kostbaren Lehrer erhalten«, dabei leuchteten seine Augen auf, »und er hat es von seinem Guru. Auf diese Weise wurde das Wissen von Shang Shung bewahrt und von Generation zu Generation weitergegeben.«

Bei diesen Worten trat ein Diener ein und reichte uns gesalzenen Buttertee und süße Kekse. Ich nutzte die Unterbrechung, um zum Grund unseres Besuchs zu kommen.

»Ehrwürdiger Lama, wir haben gehört, daß das Zentrum des Shang-Shung-Reichs hier in Westtibet lag, unweit des heiligen Berges Kailash, an einem Ort, der Khyunglung –

das Garuda-Tal – genannt wird. Wo können wir diesen Ort finden?«

»Ihr sucht Khyunglung?« wunderte er sich, und sein Blick verriet, daß er unsere Frage nicht ernst nahm. Dann brach er in schallendes Gelächter aus. »Ihr seid bereits angekommen. Dies hier ist das Garuda-Tal.«

»Und wo ist dann Ngulkar Karpo – der Silberpalast?« fragte ich weiter.

»Niemand weiß das genau«, antwortete er. »Manche sagen, es sei hier gewesen, andere glauben, es läge weiter drinnen im Garuda-Tal«, dabei deutete er in die Richtung, in der der Fluß in einem Felsdurchbruch verschwand.

»Gibt es einen Pfad dorthin?«

»Ja, es gibt sogar zwei Wege. Einen entlang des Flusses und einen anderen über die Berge.«

Beim Abschied griff er ein Buch von einem großen Stapel und drückte es mir mit den Worten in die Hand: »Nimm es. Hier habe ich alles aufgeschrieben, was ich über Shang Shung weiß.«

Dankbar nahm ich es an, und wir verließen die Höhle mit dem Wunsch, sofort aufzubrechen. Ich konnte es kaum erwarten, tiefer in das Garuda-Tal einzudringen, denn die Begegnung mit dem Lama hatte meine Hoffnung, dort mehr über die versunkene Kultur von Shang Shung in Erfahrung zu bringen, weiter genährt. Wir überließen es Tsering, einem unserer tibetischen Begleiter, die Packtiere zu organisieren. Karl hatte unser Gepäck bereits zu ausgewogenen Lasten verschnürt. Wir nahmen nur das Allernotwendigste mit, gerade so viel, um damit zwei bis drei Tage auszukommen. Dann schulterten wir unsere Rucksäcke und zogen los. Um die Kräfte der nachfolgenden Packtiere zu schonen, hatten wir uns für den Weg durch den Canyon entschieden.

Doch allmählich kommen Zweifel auf, ob nicht die Route über die Berge die bessere Wahl gewesen wäre. Die mag zwar anstrengender sein, wäre dafür aber kürzer und würde einen noch dazu mit einer guten Aussicht belohnen, während wir hier unten kilometerlange Schleifen laufen und nie weiter als bis zur nächsten Krümmung des Flusses sehen können. Das prickelnde Gefühl, mit jedem Schritt in eine neue, unbekannte Welt vorzudringen, hat sich längst verflüchtigt, denn nach jeder Biegung stellen wir enttäuscht fest, daß dahinter eine weitere folgt und die Landschaft nur ein Abklatsch dessen ist, was wir schon zuvor gesehen haben.

Mechanisch spulen wir Kilometer um Kilometer ab. Karl folgt mir wie ein Schatten. Nach den wochenlangen Märschen in Tibet ist unser Körper so gut an die Höhe angepaßt, daß wir trotz des schnellen Tempos nicht mehr außer Atem kommen. Von Zeit zu Zeit halten wir Ausschau nach unseren tibetischen Begleitern. Vergeblich. Von ihnen ist ebensowenig zu sehen wie von den erhofften Shang-Shung-Relikten. Der Canyon ist leer. Hier lebt kein Mensch, und es gibt auch keine Anzeichen dafür, daß dies früher einmal anders war. Jagen wir einem Phantom hinterher? Ist es töricht, nach etwas zu suchen, was selbst die meisten Fachgelehrten für Legende halten? Aber was ist dann mit jenen Texten über Shang Shung, die in Dunhuang, in dieser einzigartigen Bibliothek der Seidenstraße, gefunden worden waren? Aus ihnen geht hervor, daß das Shang-Shung-Reich existiert hatte und sich einstmals über ganz Tibet und Teile Zentralasiens erstreckte, ehe es vor 1200 Jahren wie durch einen Fausthieb von der Bildfläche verschwand. Da sind die Namen von Königen aufgeführt und ist der Ort beschrieben, in dem sie residierten: der Silberpalast im Garuda-Tal.

Die Worte des Lama kommen mir wieder in den Sinn. »Reiche kommen und gehen, was bleibt, ist für die Augen unsichtbar«, hatte er gesagt. Sollte das heißen, daß es von Shang Shung nichts mehr gibt außer dem Widerhall in

Legenden und eine mündliche Überlieferung, die nur an wenige Eingeweihte weitergegeben wurde?

Ein plötzlicher Wechsel in der Landschaft bringt mich in die Gegenwart zurück. Genauso unvermittelt, wie uns der Canyon aufgenommen hat, speit er uns nun aus. Von einem Schritt zum anderen öffnet sich das enge Korsett der Berge, die Felswände treten auseinander und geben den Blick auf ein breites grünes Tal frei. Der Fluß beginnt sich in mehrere Arme aufzufächern, bildet Mäander mit kleinen Inseln dazwischen. Wir kürzen die riesigen Schleifen ab, indem wir einen Bergrücken queren. Als wir über die höchste Stelle kommen, blicken wir auf eine Ansammlung weißgekalkter Häuserwürfel hinab. Sie liegen wie Reiskörner hingestreut auf einer breiten Schwemmterrasse, die zum Fluß hin abrupt abbricht. Etwas abseits der Siedlung, auf der Spitze eines Hügels, von Gebetsfahnen umzingelt, steht ein kleines Kloster. Dahinter erhebt sich eine bizarr aussehende Bergkette, deren Wände wie Orgelpfeifen strukturiert sind. Eine Vielzahl an Höhlen ist zu erkennen, die sich als dunkle Löcher vom hellen Gestein abzeichnen. Könnte dort der Silberpalast sein?

Wir überlegen, ob wir, statt ins Dorf zu gehen, um dort auf unsere Begleiter zu warten, zuerst die Höhlen inspizieren, doch dann sehen wir noch etwas anderes, das unsere Aufmerksamkeit auf sich zieht. Jenseits der Siedlung, wo sich das Tal wieder verengt, sind religiöse Zeichen zu erkennen, wie man sie gewöhnlich bei Heiligtümern findet. Da steht ein halbverfallener Chorten, ein buddhistischer Schrein, und Gebetsfahnenstränge überspannen die Felsen, zwischen denen sich der Sutley hindurchwindet. Obwohl die Gesteinsbarriere jeden Blick auf das dahinterliegende Gelände versperrt, erscheint uns – allein schon wegen der Nähe zum Wasser – die Suche am Fluß aussichtsreicher als oben an den Bergen.

Der kürzeste Weg dorthin führt durch das Dorf. Schon aus der Ferne wirkte der Ort wie ausgestorben. Dieser Eindruck verstärkt sich noch, als wir an den ersten Häusern vorbeikommen. Fenster und Türen sind verrammelt, und zur Abwehr böser Geister waren Yakschädel über die Eingänge gehängt. Erst an einer Mani-Mauer treffen wir auf Bewohner: zwei Greise, die auf Stöcken gestützt die Reihe aufgeschichteter Steinplatten abschreiten und dabei unausgesetzt ihre Gebetsmühlen in Rotation halten. Sie sind so in ihr Tun vertieft, daß sie uns keine Beachtung schenken. Ein Stück weiter kommt uns eine junge Frau entgegen, die einen Yak vor sich her treibt. »Tashi Delek« – Glück und Frieden –, rufen wir ihr im Vorbeigehen zu, und sie erwidert unseren Gruß, indem sie als Zeichen äußerster Höflichkeit die Zunge weit herausstreckt.

Doch dann ist unser Weg abrupt zu Ende. Als wir um die nächste Ecke biegen, stehen wir vor einem unerwarteten Hindernis. Es erscheint in Gestalt eines grünuniformierten Soldaten der chinesischen Volksbefreiungsarmee. In barschem Ton hält er uns an, und die Art und Weise, wie er uns befragt, erinnert eher an ein Verhör als an eine routinemäßige Kontrolle. Was wir hier suchten, will er wissen, wo unser offizieller Begleiter sei und ob wir überhaupt eine Reiseerlaubnis hätten. Ich sage ihm, daß wir nur ein kurzes Stück vorausgelaufen seien und unser lokaler Begleiter mit den Papieren bald eintreffen werde. Das entspricht durchaus der Wahrheit. Weil ich wußte, daß wir uns sehr nahe an der indischen Grenze, in einem sensiblen militärischen Sperrgebiet, bewegen würden, hatte ich schon Monate vorher über die staatliche Reiseagentur, für die Tsering arbeitet, um ein Permit angesucht. Bei der Einreise nach Tibet habe ich mich vergewissert, daß die Genehmigung auch tatsächlich vorliegt und der Name Khyunglung ausdrücklich bei den Besuchsorten vermerkt ist.

Aus diesem Grund stehen wir der ganzen Sache gelassen gegenüber und sind uns sicher, daß sich nach Tserings Ankunft alles in Wohlgefallen auflösen wird. Was dann geschieht, trifft uns deshalb wie ein Blitz aus heiterem Himmel. Der Offizier nimmt die Papiere, wirft einen kurzen Blick darauf und schleudert sie Tsering wutentbrannt vor die Füße. Dabei brüllt er den Tibeter an, als hätte der sich gerade des schlimmsten Verbrechens schuldig gemacht. Der Grund: ein formaler Fehler. Der Ort, an dem wir uns befinden, liegt außerhalb des Verwaltungsdistrikts jener Behörde, die uns die Reiseerlaubnis ausgestellt hat. Rechtlich gesehen ist das Permit also von der falschen Behörde ausgefertigt und somit ungültig. Aber hier geht es weniger um Recht als vielmehr um Rechthaberei und pure Machtdemonstration.

Nun ist guter Rat teuer. Daß wir hier umkehren müssen, steht so gut wie fest. Die Frage ist nur, mit welchen Konsequenzen. Wir Langnasen haben nicht viel zu befürchten, aber ich mache mir Sorgen um Tsering. Ihn könnte es den Job kosten, obwohl eigentlich sein Vorgesetzter in der Agentur für den Fehler verantwortlich ist.

Zu allem Überfluß erscheint jetzt auch noch unser zweiter tibetischer Begleiter mit dem Troß. Um die Situation nicht weiter zu verschlimmern, lassen wir ihn samt Packtieren auf der Stelle umkehren und den Rückmarsch antreten.

»Ich werde zum Soldaten gehen und mit ihm reden«, sage ich zu Tsering. »Was hältst du davon?«

»Das ist sinnlos«, antwortet er resigniert.

»Mag sein, aber einen Versuch ist es allemal wert«, lasse ich mich nicht davon abbringen.

Mein ganzes chinesisches Vokabular aufbietend, versuche ich dem Offizier zu erklären, daß Tsering keinerlei Schuld träfe, da wir entgegen seiner Anweisung allein vorausgelaufen wären. Wir seien davon ausgegangen, daß unsere Papiere in Ordnung wären. Jetzt wüßten wir, daß dies ein Irrtum sei, und würden es sehr bedauern, hier umkehren zu müssen, nachdem wir eine so weite Reise unternommen hätten, um die Wunder des Sutley-Canyons zu sehen.

Einem Impuls folgend, frage ich ihn, ob er uns erlaube, wenigstens bis zum Ende des Tales zu laufen, um einen Blick auf die Landschaft dahinter werfen zu können. Ob in einem Anflug von Großzügigkeit oder um den Gesichtsverlust durch sein aggressives Verhalten zuvor zu kompensieren: Jedenfalls gibt er uns eine Stunde Zeit, die nähere Umgebung zu erkunden, allerdings nur in Begleitung eines Aufpassers und mit der Auflage, die alten Ruinen nicht zu betreten. Ich lasse mir nicht anmerken, wie sehr mich die letzten Worte in Aufregung versetzen. Es muß also ganz in der Nähe alte Ruinen geben. Aber wo? Für eine Suche bleibt keine Zeit, wir müssen sie auf Anhieb finden. Und würde das der Aufpasser überhaupt zulassen? Zum Glück gibt uns der Offizier einen Tibeter aus dem Dorf mit auf den Weg und nicht einen seiner Soldaten.

Unsere Befürchtung, der Begleiter würde uns vielleicht daran hindern, die eine oder andere Richtung einzuschlagen, erweist sich als unbegründet. Im Gegenteil. Nur solange wir uns in der Nähe des Offiziers befinden, zeigt er sich reserviert, doch kaum haben wir das Dorf hinter uns gelassen, gibt er uns freimütig Auskunft. Von ihm erfahren wir, daß es jenseits des Felsdurchbruchs, an dem wir den Chorten und die Gebetsfahnen entdeckt hatten, eine Höhlenstadt gibt, die die Bewohner hier »Alt-Khyunglung« nennen. Er ist bereit, uns dorthin zu führen. Ich blicke auf die Uhr. Die Zeit ist denkbar knapp. Nach einer guten halben Stunde stehen wir erst vor der Gesteinsbarriere. Ein schmaler Korridor, den der Wind zu einem s-förmigen Hohlweg geschliffen hat, eröffnet einen Durchgang.

Als wir auf der anderen Seite heraustreten, stehen wir auf

einer Naturterrasse. Der Blick fällt ins Leere, fängt sich wieder auf dem Grund eines Canyons. Dort brodelt und blubbert es, sprudeln heiße Quellen hervor, und schneeweiße Sinterterrassen steigen wie Treppen zum Reich der Götter in einen tiefblauen Himmel auf. Dann wandert der Blick weiter auf die andere Talseite. Da stockt uns der Atem. Was sich dort dem staunenden Auge darbietet, übertrifft die kühnsten Erwartungen. Die gesamte Bergflucht, die über Hunderte Meter zum Sutley hinunter abbricht, bildet ein natürliches Amphitheater. Aber die Wände sind nicht glatt und regelmäßig gegliedert, sondern formen eine gigantische Festung aus Zinnen und Türmen. Den Mittelpunkt bildet eine Art Pfeiler, der am Flußufer ansetzt und sich nach oben hin verjüngend zu einer senkrechten Felswand hinaufzieht. Wie ausgebleichte Knochen darauf hingestreut liegen Ruinen in allen Stadien des Zerfalls. Die Krönung der Anlage bildet jedoch der abschließende Felsaufbau. Er hebt sich schon durch die Farbe von der Umgebung ab: silbern glänzende Konglomerate, von gelben Bändern durchzogen und von künstlichen Löchern förmlich durchsiebt. Mit dem dachförmigen Gipfel und den wie Fenstern anmutenden Höhlen wirkt diese Formation als Ganzes gesehen wie eine uneinnehmbare Bastion. Wer auch immer die Menschen waren, die sich hier niedergelassen hatten, sie hätten keinen besseren Ort finden können.

Minutenlang stehen wir wie angewurzelt da, nach Maßstäben und Vergleichen suchend, um das Gesehene in seiner ganzen Größe zu erfassen und einzuordnen.

Der Vergleich mit dem Silberpalast der Shang-Shung-Könige drängt sich förmlich auf. Freilich darf man sich darunter kein Bauwerk von der Art unserer Schlösser vorstellen. Die Shang-Shung-Könige herrschten über ein Nomadenvolk und zu einer Zeit, als in Europa die Römer sich gerade anschickten, ein Imperium zu begründen.

Der Name Khyunglung Ngulkar Karpo – der Silberpalast im Garuda-Tal – jedenfalls würde auf die Formen und die Farben der Felsen hier passen. Dem Auge des Betrachters erscheinen sie tatsächlich als silberfarbener Bergpalast. Lag hier die sagenumwobene Residenz der Shang-Shung-Könige? Und wenn ja, was ist davon erhalten? Die Ruinen können es nicht sein. Sie sind zwar alt, aber eindeutig Relikte einer buddhistischen Klosteranlage, in der nach Angaben unseres einheimischen Führers bis zu Maos Kulturrevolution, also bis vor etwa 40 Jahren, Mönche lebten. Vermutlich erfolgte die buddhistische Klostergründung bereits zur Zeit des Guge-Reichs, das nach dem Untergang von Shang Shung entstand. Aber was war da zuvor? Die Antwort darauf kann nur in den Höhlen zu finden sein. Wir haben jedoch weder die Zeit noch die Mittel, diese zu erkunden. Dazu würde man Tage benötigen, und um sie zu erreichen bräuchte man Seile und Leitern.

Möglicherweise gibt es noch weitere Orte wie diesen, verborgen in jenem Teil des Canyons, der als unzugänglich gilt und zu dem weder ein Pfad, geschweige denn eine befahrbare Straße führt. Der alte Karawanenweg, dem auch Tucci und Govinda gefolgt waren, verläßt an dieser Stelle das Sutley-Tal. Die beiden Forschungsreisenden gehören zu den wenigen Abendländern, die diesen Canyon vor 1950 betraten. Ihr Interesse galt in erster Linie der buddhistischen Kultur, deren Zeugnisse sie am Vorabend der chinesischen Annexion dokumentierten. Sie ahnten nicht, daß sich darunter noch viel ältere Wurzeln befinden, nämlich die Spuren eines Königreichs, das schon existierte, lange bevor die Lehre Buddhas im achten Jahrhundert in Tibet Fuß faßte, und daß von dieser heute so öden und entvölkerten Canyon-Landschaft nicht nur die entscheidende Welle buddhistischer Verbreitung ausging, sondern hier aller Wahrscheinlichkeit nach auch die Wiege der tibetischen Kultur liegt.

Die Umstände erlauben uns nur diesen eher flüchtigen Blick auf die gewaltige Gesteinsfestung, und wir müssen den Ort verlassen, ohne dem Garuda-Tal etwas von seinen Geheimnissen entlockt zu haben. Doch in das Gefühl von Bedauern und Traurigkeit mischt sich Vorfreude, denn für mich steht fest, daß ich so bald als möglich wiederkommen werde. Dann mit den richtigen Papieren im Gepäck, mit der notwendigen Ausrüstung und auf Booten.

Mehr als zuvor bin ich überzeugt, daß hier im Garuda-Tal der Schlüssel für die vorbuddhistische Geschichte und Kultur Tibets zu finden ist.

Da ist aber noch eine zweite Frage, auf die ich hier eine Antwort zu finden hoffe. Sie fasziniert und beschäftigt mich, seit ich als Jugendlicher ein Buch las, in dem von »Shangri-La« die Rede ist, von einer Art verlorenem Paradies, das irgendwo in Tibet liegen soll. Damit hatte vieles angefangen; es hatte mein Interesse an Tibet geweckt, meine ersten Reisen in dieses Land inspiriert und mich letztlich auch auf die Spur von Shang Shung gebracht.

KAPITEL I

Shangri-La – Mythos und Wirklichkeit

Es gibt ein Ding, das unklar geformt ist,
das vor Himmel und Erde entstand,
schweigsam und leer steht es für sich allein
und verändert sich nicht.
Immer geht es im Kreis und erschöpft
sich nicht.
Es ist fähig, die Mutter der Welt zu sein.
Ich kenne seinen Namen nicht,
deshalb nenne ich es den Weg.

Tao Te King

◀ Die Spitze eines buddhistischen Chorten (Stupa) verkündet, daß der Kailash ein buddhistisches Bergheiligtum ist. Das war nicht immer so. Ursprünglich hieß der Kailash Tise und war der zentrale Kraftort der Bon-Religion und des Königreichs Shang Shung.

Aber das Ende dieses Tales war es, was seinen Blick unwiderstehlich anzog, denn hier in dieser Lücke erhob sich, prachtvoll im vollen Glanz des Mondlichts aufragend, ein Berg, der ihm als der schönste auf Erden erschien. Es war ein fast vollkommener Schneekegel, einfach im Umriß, als hätte ein Kind ihn gezeichnet, und unmöglich in seiner Größe, Höhe oder Entfernung einzuschätzen. Er war so strahlend, so voll heiterer Ruhe, daß Conway sich einen Augenblick fragte, ob er überhaupt real sei.« So beschrieb James Hilton in seinem berühmten Werk »Der verlorene Horizont« die Landschaft, die sich seinen Romanhelden bot, als sie nach einer Bruchlandung irgendwo in Tibet dem Flugzeugwrack entstiegen.

Die Vorgeschichte: Eine Gruppe von Engländern und Amerikanern – drei Männer und eine Frau – sollten aus einer von Aufständischen bedrohten afghanischen Stadt ausgeflogen werden. Ein mysteriöser Pilot entführte die Maschine und landete sie nach einem turbulenten Flug über das Karakorum-Gebirge inmitten der Bergwüste Tibets. Die Passagiere blieben dabei unverletzt, der Pilot aber verlor das Bewußtsein. Nur kurz kam er noch einmal zu sich, dann starb er. Das einzige, was sie von ihm noch erfuhren, war, daß sie sich in Tibet befanden und es am Ende des Tales ein Lama-Kloster namens Shangri-La gab. Da sollten sie Zuflucht suchen. Noch ehe sie sich dorthin aufmachten, erschien eine Abordnung aus eben diesem Kloster, die die Fremden empfing, als hätte man sie bereits erwartet. Der Weg nach Shangri-La erwies sich als so schwierig, daß sie ihn ohne Hilfe und Ortskenntnis der Einheimischen weder finden, geschweige denn bewältigen hätten können. Es galt auf schmalen Pfaden und aus dem Fels geschlagenen Simsen über schwindelerregende Abgründe zu balancieren. Immer höher stiegen sie auf. Wolken hüllten sie ein, und von den umliegenden Schneefeldern donnerten Lawinen herab. Dann aber, von einem Schritt zum nächsten, betraten sie eine andere Welt. Die Berge öffneten sich und gaben ein paradiesisch anmutendes Tal frei. Was sie dort sahen, ließ sie staunen.

»Es war wahrhaftig ein seltsamer, fast unglaublicher Anblick. Eine Gruppe bunt bemalter Pavillons haftete am Berghang, nicht grimmig entschlossen wie eine Burg am Rhein, sondern eher mit der selbstverständlichen Zierlichkeit von Blütenblättern, die sich an einem Felszacken verfangen hatten. Herrlich und unvergleichlich.« Nicht weniger eindrucksvoll war der Blick nach unten, in das Tal, das dem Kloster zu Füßen lag. »Denn die Bergwand fiel fast senkrecht ab in eine Schlucht, die nur das Ergebnis einer längst vergangenen erdgeschichtlichen Katastrophe sein konnte. Der ferne dunstige Talboden grüßte das Auge mit üppigem Grün. Vor Winden geschützt und von dem Kloster mehr überblickt als beherrscht«, erschien es Conway und seinen Begleitern als eine beglückende Oase inmitten einer Landschaft, in der es sonst nichts gab außer Fels und Eis. Doch in die Freude über die unerhoffte Rettung mischte sich ein Gefühl der Beklemmung, denn sie wußten, daß es von hier ohne fremde Hilfe kein Entkommen gab. Die schroffen, unerklimmbaren Kämme, die das Tal zu allen Seiten begrenzten, boten ihnen nicht nur Schutz, sondern hielten sie auch gefangen. Zunächst aber genossen sie den Komfort, den ihnen Shangri-La bot. Zu ihrem Erstaunen verfügte das Kloster über allen erdenklichen Luxus, den sie sich vorstellen konnten. Nachdem sie sich von den Strapazen erholt und ausgiebig gestärkt hatten, begannen sie ihre Gastgeber zu bedrängen, ihnen Träger und Führer für den Rückmarsch in die Zivilisation zu organisieren. Doch es fand sich kein einziger unter den Bewohnern, der bereit gewesen wäre, Shangri-La zu verlassen – nicht einmal gegen einen hohen Lohn. Aber es wurde ihnen die Ankunft einer Karawane in Aussicht gestellt, die schon seit Monaten überfällig sei und bestimmt in den nächsten Wochen eintreffen werde. So blieb ihnen nichts anderes übrig, als zu warten.

Je mehr Zeit verstrich, desto geringer wurde Conways und seiner Begleiter Widerstand gegen den Zwangsaufenthalt. Statt dessen erlagen sie mehr und mehr dem Zauber, der von Shangri-La ausging. Die Sehnsucht nach der Welt, aus der sie kamen, wich dem Gefühl, »endlich einen Ort erreicht zu haben, der einen Schlußpunkt darstellte, etwas Endgültiges«. Und die Zivilisation, in die sie anfänglich so schnell als möglich hatten zurückkehren wollen, erschien ihnen verglichen mit Shangri-La als ein Hort der Barbarei. Während die Menschen draußen sich anschickten, in mörderischen Kriegen alles zu vernichten, umfing sie hier eine Oase tiefsten Friedens, in der die geistigen Schätze der Menschheit gehütet und bewahrt wurden. Das Geheimnis der glücklichen Bewohner des Tales erklärte der hohe Lama folgendermaßen: »Wenn ich es in wenige Worte fassen soll, dann möchte ich sagen, daß wir vor allem an Maßhalten glauben. Wir lehren die Tugend der Vermeidung jeglichen Übermaßes, ein Übermaß an Tugend selbst inbegriffen ... In dem Tal, das Sie gesehen haben und in dem mehrere Tausend Bewohner unter der Leitung unseres Ordens leben, hat sich herausgestellt, daß dieser Grundsatz ein beträchtliches Maß an Glück bewirkt.«

James Hilton schrieb diesen Roman in den 30er Jahren des letzten Jahrhunderts, in der unsicheren und von einer Weltwirtschaftskrise erschütterten Zeit zwischen den beiden Weltkriegen, in der die Menschen mehr denn je eine Projektionsfläche für ihre Sehnsüchte und Träume brauchten. Kein Wunder also, daß das Werk schnell zu einem Bestseller wurde, von Hollywood verfilmt und in viele Sprachen übersetzt. Der amerikanische Präsident Franklin D. Roosevelt nannte sogar seinen Landsitz Shangri-La, und es ist traurige Ironie, daß ausgerechnet dort der Befehl zum Bombenangriff auf Japan gegeben wurde. Heute heißt der Ort Camp David. In unserer Zeit ist es vor allem die Tourismusindustrie, die den Begriff Shangri-La für ihre Zwecke nutzt. Es gibt Hotels, Restaurants, Reisebüros und sogar eine Airline, die diesen Namen tragen. Auf die Spitze aber trieb es ein chinesischer Provinzkader. Er taufte kürzlich einen ganzen Bezirk in Yunnan offiziell in Shangri-La um, in der Hoffnung, durch derlei Etikettenschwindel den lahmenden Fremdenverkehr anzukurbeln.

Hilton hätte kein geeigneteres Land als Tibet für den Schauplatz seines Romans finden können. Tibet war in jenen Tagen fast unerreichbar, zum Teil noch unerforscht, und die Berichte der wenigen Abendländer, die es geschafft hatten, unter unsäglichen Strapazen das verbotene Reich des Dalai Lama zu erreichen, trugen eher dazu bei, das Land weiter zu mystifizieren, als ihm die Aura des Geheimnisvollen zu nehmen.

»Der verlorene Horizont« traf nicht nur den Zeitgeist, sondern bediente gleichermaßen eine archetypische Sehnsucht des Menschen, die heute genauso aktuell ist wie damals. Die Vorstellung, irgendwo auf dieser Erde müsse es einen Ort geben, wo Menschen in Einklang mit sich und der Natur leben und ihre Aggressionen nicht in selbstzerstörerische Kriege münden, scheint unausrottbar.

Manche sind aufgebrochen, um Hiltons Shangri-La als realen Ort zu suchen. Erstaunlicherweise muß häufig immer noch Tibet als dessen Heimat herhalten. Und dies, obwohl das Land nun für jedermann zugänglich ist und die Literatur darüber eine ganze Bibliothek füllt. Eine Zeitlang wurde auch das Hunza-Tal in Pakistan, dessen Bewohner ein erstaunlich hohes Alter erreichen, mit Shangri-La identifiziert. Aber längst taugt es nicht mehr dafür, denn seit dem Bau der Karakorum-Straße kommen genügend Konsumgüter in das ehemals isolierte Hochgebirgstal und ist »das Volk ohne Krankheit« indessen genauso anfällig für Zahnweh und Herzinfarkt wie wir.

Eine Expedition hat sogar versucht, die Route des entführten Flugzeugs zu rekonstruieren, und gelangte dabei in das Kunlun-Gebirge, das die Takla-Makan-Wüste im Süden umfaßt. Und eine amerikanische Wildwasser-Expedition, deren Ziel es war, die Yarlung-Tsangpo-Schlucht erstmals zu befahren, identifizierte Shangri-La mit der unberührten Wildnis, die sie dort vorfand und in die nie zuvor ein Mensch vorgedrungen war. Zweifellos haben sie dort *ihr* Shangri-La gefunden, indem sie sich einen Lebenstraum erfüllten. Vielleicht kommt das sogar Hiltons Shangri-La am nächsten, wenn sich am Ende Conway selbst als Herr von Shangri-La fühlt, denn »hier war er umgeben von all den Dingen, die er aus tiefstem Herzen liebte, von den Dingen jenes inneren Geistes, in dem er immer mehr lebte, fern der Hast und dem Getriebe der Welt«. So gesehen muß sich jeder sein eigenes Shangri-La suchen. Als ich einmal meinen Sherpa fragte, wo für ihn Shangri-La liege, antwortete er ohne zu zögern: »In Amerika.«

Nach der Lektüre von James Hiltons Roman wäre ich nie auf die Idee gekommen, daß es sich dabei um einen realen Ort handeln könnte, der irgendwo auf dem Globus zu finden wäre. Für mich war es ein Utopia, und eine solche Vision geographisch zu suchen hielt ich für ein sinnloses Unterfangen. Aber es gab eine andere Frage, die mich beschäftigte: War Hiltons *Vorstellung* von Shangri-La reine Fiktion, oder gab es womöglich ein Vorbild, das ihn dazu inspiriert hatte?

Das legendäre Königreich Shambhala

Im Jahr 1930, drei Jahre vor Hiltons Roman, erschien in einem amerikanischen Verlag das Buch »Shambhala« des Russen Nicholas Roerich. Unter diesem Namen ist ein mythisches Königreich zu verstehen, das irgendwo nördlich von Tibet liegen soll und in dem eine Dynastie erleuchteter Herrscher regiert.

Ganz abgesehen davon, daß der Name Shangri-La wie eine Verballhornung von Shambhala klingt, ist die Übereinstimmung zwischen Roerichs Shambhala und Hiltons Shangri-La zu auffällig, um als bloßer Zufall abgetan zu werden. Bei beiden findet sich die Vorstellung von einem geistigen Weltzentrum, in dem Auserwählte die Aufgabe übernommen haben, die kulturellen und die spirituellen Schätze zu bewahren. Und in beiden Fällen geschieht dies aus einer Situation der Gefahr heraus. Bei Shambhala ist es die Bedrohung durch die Feinde des Buddhismus und bei Shangri-La eine allgemeine Krise der Menschheit, deren technologischer Fortschritt zu Werteverlust, Katastrophen und Kriegen führt.

Nicholas Roerich (1874–1947) war eine schillernde Persönlichkeit. Nach seiner Flucht aus Weißrußland lebte er in Paris als Maler, Schriftsteller und respektierter Vertreter des Völkerbunds, der Vorgängerorganisation der Vereinten Nationen. Schon sehr früh kam er mit den okkulten Kreisen der im Jahr 1879 von Helena Blavatsky gegründeten Theosophischen Gesellschaft in Berührung und gehörte alsbald zu deren wichtigsten Vertretern. In Blavatskys Buch »Die Geheimlehre« findet sich auch eine knappe und verwirrende Beschreibung von Shambhala. Demnach soll es auf ätherischer Ebene in der Wüste Gobi existieren und das

Zentrum einer geheimen Bruderschaft sein, die die Geschicke der Welt lenkt.

Doch anders als Blavatsky und Hilton kannte Roerich weite Teile Asiens aus eigener Anschauung. Zwischen den Jahren 1923 und 1928 unternahm er ausgedehnte Reisen, die ihn durch die Mongolei, Ostturkestan, Tibet, Sikkim bis nach Indien führten. Unterwegs, so berichtet er in seinem Reisetagebuch, stieß er auf viele Zeichen von Shambhala. Einmal erschien es ihm in Sikkim, als er bei den Bergbewohnern am Fuß des Kanchenjunga beobachtete, mit welcher religiösen Hingabe sie den Berg verehrten, weil dieser – wie Roerich behauptete – den Weg nach Shambhala weise; ein andermal erkannte er es bei einem schon halb vom Wüstensand bedeckten Stupa bei Khotan am Rand der Takla Makan, der einstmals zu Ehren des Königs von Shambhala errichtet worden sei. Ein Lama mit einem gelben Hut, der ihn zu einem Bildnis führte, auf dem ein von Schneebergen umkränzter Palast zu sehen war, galt ihm genauso als Bote von Shambhala wie der Duft von Tempelweihrauch, den er inmitten der öden Wüste Gobi wahrnahm. »Kalagiya, Kalagiya! Kommt nach Shambhala!« Wer diesen Ruf höre, so habe ihm einmal ein Lama erzählt, dem stehe die Tür nach Shambhala offen, und wer die Zeichen des Weges richtig erkenne, werde diesen Ort erreichen. Aber aus Roerichs Bericht geht nicht hervor, ob es sich dabei um einen rein geistigen Bereich handelt oder um einen Ort, der eine geographische Entsprechung besitzt. Der Russe beließ es bei Andeutungen, und seine Reiseroute läßt sich anhand der Karte nur vage nachvollziehen. Es ist auffällig, daß die Ortsangaben immer spärlicher werden, je näher er seinem Ziel kommt. »Wir sprachen vom Berg Kailash«, läßt er den Leser lediglich wissen, »von den Eremiten, die bis jetzt in den Höhlen dieses wundersamen Berges leben ... Und dann sprachen wir von jenem Ort, der nördlich des Kailash liegt.« Ob er dort Shambhala fand und wie dieser Ort beschaffen ist, gab Roerich nicht preis. Statt dessen richtete er eine deutliche Warnung an all jene, die versucht sein könnten, aus bloßer Neugier das Geheimnis von Shambhala zu lüften. In einem fiktiven Dialog, den er an den Anfang seines Reisetagebuchs stellte, heißt es: »So soll ein Mensch nur einmal versuchen, Shambhala ohne Ruf zu erreichen! Ihr habt von den giftigen Strömen gehört, die das Hochland umgeben«, legte er seinem Gesprächspartner in den Mund. »Vielleicht habt ihr auch Menschen sterben sehen, wenn sie ihnen nahekamen. Viele versuchen, Shambhala ungerufen zu erreichen. Manche von ihnen sind für immer verschwunden … Nur wenige«, so das ernüchternde Resümee, »gelangen an den heiligen Ort, und nur, wenn ihr Karma bereit ist.«

Als Beweis für die Richtigkeit seiner Behauptungen führt Nicholas Roerich zwei prominente Beispiele an. So soll dem ungarischen Philologen Csoma de Körös deshalb so viel Missgeschick in seinem Leben widerfahren sein, weil er es gewagt hatte, Shambhala geographisch festzulegen. Der Ungar hatte sich von 1827 bis 1830 zum Studium in der altehrwürdigen buddhistischen Klosteruniversität Nalanda aufgehalten, wo der tibetischen Überlieferung zufolge die Vorstellung von Shambhala im Kontext des Kalachakra-Tantra erstmals schriftlich festgehalten worden war, und in der Folge den gesamten in Nalanda niedergeschriebenen Text veröffentlicht. Dabei gab er die geographische Lage von Shambhala zwischen dem 45. und 50. Grad nördlicher Breite jenseits des zentralasiatischen Flusses Syr Darya an. Das andere Beispiel bezieht sich auf den Orientalisten Albert Grünwedel, der in geistiger Umnachtung starb. Er hatte im Jahr 1915 unter dem Titel »Der Weg nach Shambhala« einen vom dritten Panchen Lama Tibets verfassten »Reiseführer« zum Wunderland übersetzt und veröffentlicht. Aber die beiden waren weder die ersten noch die bis dahin einzigen Abendländer, die sich mit diesem Thema befassten. Bereits in den 30er Jahren des 17. Jahrhunderts hatten die beiden jesuitischen Missionare Stefano Cacella und Giovanni Cabral die zentraltibetische Stadt Shigatse erreicht. Dort weilten sie im Kloster Tashilunpo, dem traditionellen Sitz des Panchen Lama, der neben dem Dalai Lama als wichtigste religiöse Autorität gilt. Sie dürften die ersten Europäer gewesen sein, die Berichte vom geheimnisvollen Land Shambhala mitbrachten. Nach ihren Angaben lag es im Grenzgebiet zwischen Tibet und der Mongolei und wurde sogar auf einer Asienkarte verzeichnet, die katholische Kreise veröffentlichten. Ob das Leben der beiden Jesuiten deshalb ebenfalls unter einem ungünstigen Stern stand, ist allerdings nicht bekannt.

Einige Jahre nach Csoma de Körös reisten auch die beiden Lazaristenpadres Huc und Gabet auf recht abenteuerliche Weise durch Tibet und erreichten sogar Lhasa. Wie ihre jesuitischen Vorgänger waren sie mit dem Anspruch angetreten, »die ganze buddhistische Welt für das Christentum zu gewinnen«. Ihr amüsanter Reisebericht wurde überaus populär und diente Hilton als Informationsquelle. Huc könnte durchaus für dessen hohen Lama – einen Kapuzinermönch namens Pater Perrault – als Vorbild gedient haben. In Hiltons Roman gerät Perrault zufällig in das verborgene Tal von Shangri-La. Statt die Bewohner zum Christentum zu bekehren, wie er ursprünglich beabsichtigte, wird er selbst zum buddhistischen Lama und sogar deren Oberhaupt. So ähnlich erging es tatsächlich einigen Missionaren, deren Berichte Hilton gelesen hatte. Ein Beispiel ist der Fall von Pater Disederi. Während dieser in einem Kloster in Lhasa den tibetischen Buddhismus studierte, um ihn besser widerlegen zu können, entwickelte er eine solche Sympathie für die fremde Religion, daß er schließlich schrieb: »Ich schämte mich meines harten Herzens. Ich konnte den Herrn nicht mit der gleichen Inbrunst verehren, mit der diese Menschen ihrem Götzen dienten.«

Nur ein Mythos?

Wenn Hiltons Shangri-La seinen Ursprung im Shambhala-Mythos der Buddhisten hat, dann drängt sich die Frage nach dessen Herkunft auf. Bei Roerich ist darüber so gut wie nichts zu erfahren.

Doch es gibt etliche Reiseberichte von Tibetern, die sich auf den Weg nach Shambhala machten. Sie sind allerdings in einer verschlüsselten Sprache verfasst und deuten an, daß der Ort nur in meditativer Erfahrung erreicht werden kann. Die irdische Welt scheint transzendiert. Die unvorstellbaren materiellen Reichtümer, die es in Shambhala gibt, sind nur ein Gleichnis. Die wahren Schätze sind geistiger Natur. Der Reiseweg zeichnet keine irdische Strecke nach, sondern die Phasen, die das Bewußtsein beim Aufstieg bis zur höchsten Vollkommenheit, zur Erleuchtung, durchläuft. Alle diese Reiseberichte ähneln sich, denn sie folgen ein und demselben Muster, nämlich der spirituellen Landkarte eines Mandala. So beginnt die Reise stets in der äußeren Welt und führt der Weg am Anfang durch bekannte Gebiete, deren Orte, Flüsse und Berge geographischen Realitäten entsprechen. Doch je weiter sich die Reisenden dem Zentrum des Mandala nähern, in diesem Fall ist es Kapala, der Palast des Königs von Shambhala, desto mehr nimmt die Beschreibung die archetypischen Züge einer Seelenreise an. Da gilt es phantastische Landschaften zu durchqueren, die von mythischen Wesen bewohnt sind, und immer wieder tun sich neue Hürden auf. Dämonische Wesen verbreiten Angst und Schrecken, gefährliche Abgründe und

Stürme drohen den Reisenden vom rechten Weg abzubringen. »Du wirst schmalen Pfaden folgen müssen«, heißt es in einem der tibetischen Werke, »die sich nach Norden durch ein Labyrinth verräterischer Berge winden. Viele dieser Pfade enden in Tälern, in denen es kein Zurück gibt. Wenn du dem falschen Pfad folgst, wirst du dich hoffnungslos verirren. Wenn du jedoch den Mut nicht sinken läßt und deine Bemühungen zum Wohle anderer Wesen widmest, wirst du diese Gebirge überqueren...«

Dann gelangt der Reisende an den Fluß Sita, Synonym für das Ende der Welt. »Sei vorsichtig«, warnt der Verfasser des Reiseberichts, »die Wasser des Flusses verwandeln alles zu Stein, was sie berühren«, und er rät, mit Hilfe eines zu einem Bogen gespannten Astes den Fluß wie ein Vogel fliegend zu überqueren. Als nächstes kommt ein düsterer Wald, in dem es von blutrünstigen und feuerspeienden Wesen wimmelt, deren Mordlust sich nur durch unerschöpfliches Mitgefühl bezähmen läßt. Auf das Wasser und den Wald folgt die Dürre der Wüste, die sich so weit ausdehnt »wie die Wege des Leides und der Verzweiflung, die diese Welt der Täuschungen kennzeichnen. Erst dann«, so heißt es weiter, »gelangst du zum letzten großen Hindernis deiner Reise – einen Wall von eis- und schneebedeckten Bergen, die nicht einmal ein Adler überfliegen kann. Die Gipfel dieser Berge durchbrechen den Himmel.« Die Texte ermutigen den Reisenden, trotz der scheinbar unüberwindlichen Barriere nicht zu verzagen. »Laß das klare Licht der Bewußtheit deine eigenen Täuschungen und Ängste durchscheinen«, fordern sie ihn auf und versprechen, daß ihm dann die Wunderkraft zuteil werden würde, die ihn leicht wie einen Wattebausch über die Bergketten trüge. Dann endlich wird er die Städte Shambhalas erblicken. »Zwischen den Ketten der Schneeberge leuchten sie auf wie die Sterne auf den Wogen der Milchstraße. Ihr bloßer Anblick«, so die Verheißung, »nimmt alle Unwissenheit vom Geist und macht vollkommen glücklich.«

Auf alten tibetischen Rollbildern erscheint Shambhala als ein von zwei Gebirgsringen umgebenes Land. Im Zentrum befindet sich ein mit Gold und Edelsteinen besetzter glänzender Palast, in dem eine Dynastie erleuchteter Könige regiert. Der Bereich zwischen diesen beiden Ringgebirgen gleicht einem achtblättrigen Lotos und steht für die verschiedenen Fürstentümer, in die das Land unterteilt ist. Aber auch hier signalisieren die angehäuften Reichtümer, daß sie nicht von irdischer Natur sind, sondern vielmehr geistige Schätze darstellen, die den wahren Reichtum Shambhalas ausmachen. Sie sind nur Metapher, genauso wie die äußeren Hindernisse auf der Reise, die sich in Wirklichkeit auf die inneren Widerstände beziehen, die Teil des spirituellen Weges sind. »Wir können die Reiseführer als Anweisungen verstehen«, schrieb Edwin Bernbaum, der sich eingehend mit dem Shambhala-Mythos beschäftigt hat, »die uns auf einer inneren Reise von der vertrauten Welt des Oberflächenbewußtseins durch die Wildnis des Unterbewußten zu dem verborgenen Heiligtum des Überbewußtseins führen.« Demnach ist Shambhala überall dort zu finden, wo das Bewußtsein seine höchste Stufe erreicht. Ein Königreich des Geistes also, das auf Erden verwirklicht werden muß. Oder wie Bernbaum das Wesen Shambhalas ausdrückt: »Wenn wir wirklich fühlen, daß unsere Welt heilig ist, mag es uns möglich sein, das Goldene Zeitalter unzähliger Mythen und Träume Wirklichkeit werden zu lassen.«

Im buddhistischen Schrifttum ist die Überlieferung von Shambhala in das Kalachakra-Tantra eingewoben. Dieses komplexe Lehr- und Einweihungssystem gehört zu den wichtigsten kanonischen Texten, die der Buddhismus kennt, und fand Eingang in den Tanjur, ein 108bändiges Werk, in dem Buddhas Lehren in tibetischer Sprache zusammengefaßt sind. Shambhala gilt nicht nur als der Ort, an dem das Kalachakra überliefert wurde, sondern es ist das Ziel der Einweihung zugleich. Durch die Kalachakra-Initiation erhofft man sich eine Wiedergeburt in Shambhala. Der monastisch-tibetischen Geschichtsschreibung zufolge wurde dieses Tantra erst im zehnten Jahrhundert bekannt. Somit ist es dasjenige unter den höchsten Yoga-Tantras, das am spätesten aufgenommen wurde. Um die Aufnahme der so späten und fremden, das heißt nicht-indischen Tradition zu legitimieren, wurde durch Legende eine Verbindung zum Buddha konstruiert. Derzufolge soll der Buddha nach seiner Erleuchtung dem aus Shambhala angereisten König Suchandra die Kalachakra-Lehre offenbart haben. Dieser erste König von Shambhala habe daraufhin 1200 Kommentare dazu verfaßt sowie in Kapala, der Hauptstadt seines Reiches, ein riesiges dreidimensionales Kalachakra-Mandala errichten lassen und Initiationen durchgeführt.

Die wahre Historie freilich beginnt erst weit mehr als ein Jahrtausend später, während der Regierungszeit des achten Shambhala-Königs*. Damals, im Jahr 966, soll der aus einer indischen Brahmanenfamilie stammende Tilopa die schwierige Reise nach Shambhala unternommen und die Lehren des Kalachakra von dort mitgebracht haben. Sie wurden zuerst in der Klosteruniversität Nalanda, dem damaligen geistigen Zentrum des indischen Buddhismus, eingeführt, allerdings erst, nachdem Tilopa in einem religiösen Disput mit dem Abt Naropa und 500 seiner Schüler

---

* Daß es in knapp eineinhalb Jahrtausenden lediglich acht Könige gegeben hat, ist für die tibetisch-buddhistische Geschichtsschreibung kein Widerspruch, da die Könige von Shambhala nicht als menschliche Herrscher, sondern als im wahrsten Sinn geistige Führer gesehen wurden und somit nicht der üblichen Lebenszeit unterlagen.

obsiegte. Dieser Disput deutet darauf hin, daß es erheblichen Widerstand gegen die Aufnahme der fremden Tradition gegeben hatte. Von Naropa ging das Kalachakra-Tantra auf seinen Schüler Somanatha über, der es im Jahr 1026 nach Tibet vermittelte.

Die späte Einführung, vor allem aber bestimmte inhaltliche Züge, die in keinem der anderen Tantras vorkommen, geben, was die Herkunft betrifft, Anlaß zu Spekulationen. Aller Wahrscheinlichkeit nach ist es zentralasiatischen Ursprungs, denn es weist stark synkretistische Merkmale auf, wie es im Schmelztiegel der Seidenstraße, wo sich viele kulturelle und religiöse Einflüsse vermischten, gang und gäbe war. Die an der Seidenstraße verbreitete Lichtreligion des persischen Mani, der Manichäismus, war den Autoren des Kalachakra genauso bekannt wie der Prophet Mohammed und dessen islamische Religion. Letztere spielt in bezug auf Shambhala eine besondere Rolle. Der gesamte Shambhala-Komplex innerhalb der Kalachakra-Lehre weist für buddhistisches Gedankengut ungewöhnlich martialische Züge auf, was ebenfalls nach Zentralasien deutet und durchaus als Widerhall historischer Ereignisse verstanden werden darf. In jener Zeit, als das Kalachakra nach Indien gelangte, erlagen die buddhistischen Königreiche im Tarim-Becken dem Ansturm des Islams oder standen unmittelbar davor. Das für den Buddhismus befremdende Schlachtengetöse und die apokalyptische Endzeitstimmung beruhen also auf realen Gegebenheiten. Sehr gut möglich, daß die Prophezeiungen, die mit Shambhala zusammenhängen, eine Reaktion auf diese Ereignisse darstellen.

Auf Shambhala wurden Sehnsüchte projiziert, vor allem die Hoffnung, daß sich das Schicksal irgendwann wieder zum Besseren wenden werde. So heißt es denn auch in jenem von Grünwedel übersetzten »Shambhalai Lamyig« des dritten Panchen Lama: »Zum Schluß wird Rudra Chakrin, der große Radhalter, auf dem Löwenthron erscheinen. Als er sieht, wie die südlich des Flusses Sita liegenden, von Mekka aus beeinflußten Länder und die vom Dharma verlassenen Mlechas (Muslime) sich mächtig ausbreiten und gefährlich werden, da wird er ohne Zittern und Zagen bleiben, fest wie ein Berg, in ungestörter Meditation wird er verharren ... Dadurch erscheinen im Süden vom Flusse Sita ein gewaltiges Heer von neunzig Millionen Soldaten von verschiedenen Bannerfarben und viermalhunderttausend schlachtenmutige wütende Elefanten. Sie werden hunderttausende von goldenen Kriegswagen haben ... Da werden Reiter mit windschnellen Gebirgspferden kommen und mit ihnen unzählige Fußsoldaten, und damit vernichtet er in einer Schlacht im Lande Rum die Mlechas und den Krt-Mati, der die Religion der Mlechas lehrt.«

Nach dieser letzten Schlacht und dem endgültigen Sieg, so lautet die Prophezeiung, wird ein Goldenes Zeitalter anbrechen, das paradiesische Züge annimmt. »Und wenn dann die Lehre des Buddha in ihrer vollen Entfaltung erscheinen wird«, fährt der Text fort, »werden alle Menschen in allen Fällen ein Alter von hundert Jahren erreichen, die Körnerfrüchte werden ohne die Pflügearbeit auf den Äckern gedeihen, und dann wird allen, die auf die Religion des Rudra Chakrin hören, gewiß und wahrhaftig, so ist verkündet, eben zu dieser Zeit die Zauberkraft des großen Zeitrades (Kalachakra) in Vollendung kommen.«

Nach dem Kalachakra-Kalender wird Rudra Chakrin, der Zornvolle mit dem Eisenrad, im Jahr 2327 als 25. König den Thron von Shambhala besteigen. 2425, im 98. Jahr seiner Regentschaft, wird er in einem Feldzug die Feinde des Buddhismus besiegen.

Auch das apokalyptische Motiv einer Endschlacht deutet eher nach Zentralasien denn Indien, weil es dem zyklischen Denken des indischen Kulturkreises entgegenläuft. Nach all dem, was über Shambhala in den buddhistischen Texten zu finden ist, sowohl im Kalachakra-Tantra als auch in den »Reiseführern« jener, die behaupten, es besucht zu haben, neige ich zu der Ansicht, daß Shambhala ursprünglich als reales irdisches Königreich existiert hatte und erst später, nachdem der Buddhismus in seinen Ursprungsgebieten, nämlich Indien und Zentralasien, ausgelöscht worden war, zum himmlischen Königreich entrückt wurde.

Heute wird Shambhala als rein spirituelles Reich betrachtet, und Bernbaum interpretiert die »letzte Schlacht« auf psychischer Ebene als Kampf mit den Täuschungen und Einbildungen des Egos. Auch der Dalai Lama, der in letzter Zeit immer häufiger Kalachakra-Einweihungen im Westen gibt, scheint dies so zu sehen. Auf meine Frage, ob Shambhala eine geographische Realität besitze, meinte er scherzhaft, er wisse es nicht, aber falls ich es fände, würde er gern mit mir dorthin reisen.

Welches der einstmals buddhistischen Oasenkönigreiche im Tarim-Becken oder in den angrenzenden Regionen für die Entstehung des Shambhala-Mythos in Frage kommt, darüber läßt sich nur spekulieren. Doch so spärlich die Ortsangaben in den Texten auch sind, es fallen immer wieder zwei Namen, die an der Grenze zu Shambhala liegen. Nämlich der Berg Kailash und der Fluß Sita. Letzterer wurde mit dem Tarim identifiziert, der nordwestlich des Kailash in die Takla Makan fließt. Reist man vom Kailash in diese Richtung, dann korrespondieren die Landschaften, durch die man kommt, in groben Zügen mit jenen Beschreibungen, die man in den Texten und stilisiert auf Bildern findet. Das erste Ringgebirge an den äußeren Grenzen von Shambhala wäre demnach die Kunlun-Kette. Dann folgt die als Todeswüste gefürchtete Takla Makan, an deren nördlichem Rand der Tarim fließt. Danach erhebt sich der Tien Shan, das Himmelsgebirge, das dem inneren Ring entspräche. Jenseits aber liegt das Ferghana-Tal, eine grüne fruchtbare Oase, zu allen Seiten von Gebirgsketten umgeben, einst Zentrum eines blühenden buddhistischen Königreichs. Es besaß alle Attribute, um als Vorbild für den Shambhala-Mythos zu taugen. Schon die alten Chinesen hatten dieses Gebiet begehrt, vor allem wegen einer besonderen Rasse von Pferden, die dort gezüchtet wurden und um deren habhaft zu werden militärische Expeditionen ausgesandt wurden.

Der Shambhala-Mythos ist auch der Hindu-Tradition bekannt, allerdings erst seit den Puranas, jener in Versen verfaßten Sammlung von Götterlegenden, die überwiegend zwischen dem 13. und 16. Jahrhundert entstanden, also nach dem buddhistischen Shambhala. Aber es gibt beträchtliche Unterschiede. Anders als beim buddhistischen Shambhala liegt der indischen Version die Vorstellung zugrunde, daß zyklische Weltzeitalter aufeinanderfolgen. Jeder Zyklus beginnt mit einem Goldenen Zeitalter der Vollkommenheit und endet in Auflösung und Zerstörung. Diesem Glauben nach befinden wir uns heute am Ende einer Phase des Niedergangs. Und in der Tat tragen die Zustände der Degeneration, wie sie im Vishnu Purana beschrieben sind, verblüffend zeitgenössische Züge. »Besitz wird allein über den Rang entscheiden«, heißt es da. »Leidenschaft wird das einzige Bindeglied zwischen den Geschlechtern sein, Falschheit der einzige Weg zum Erfolg ... Man wird die Erde geradezu anbeten, doch nur wegen ihres Reichtums an Mineralien.«

Dieses dunkle Zeitalter geht mit dem Erscheinen der zehnten Inkarnation von Vishnu – Kalki – zu Ende. Ähnlich wie im buddhistischen Shambhala-Mythos kommt es zu einem Kampf mit den Kräften des Bösen, und erst wenn diese besiegt sind, kann das nächste Goldene Zeitalter anbrechen. Auch Kalki wird in Shambhala wiedergeboren, doch gemäß den hinduistischen Texten ist es kein von Schneebergen umgebenes Königreich, sondern ein Dorf.

Die Frage nach dem Ursprung von Shangri-La war für mich damit geklärt. Hilton hatte zwar den Begriff erfunden, aber dahinter stand der Shambhala-Mythos, der vor allem durch den Russen Roerich im Westen bekanntgeworden war. Dieser Mythos, so war ich überzeugt, mußte ursprünglich in Zentralasien entstanden sein, und zwar in einem der buddhistischen Königreiche an der Seidenstraße. Daß es noch eine ganz andere Herkunft geben könnte, ahnte ich nicht – bis ich inmitten der Gebirgswüste des Transhimalaya auf Spuren stieß, die mich in eine andere Richtung lenkten. Damit begann eine faszinierende Entdeckungsreise.

KAPITEL II

Zu Fuß über den Transhimalaya

*Das Königspaar von Shang Shung war
gekommen, um das besondere Waisenkind
in der Höhle zu sehen.*
*»Wer bist du und woher kommst du«,
fragten sie.*
*»Mein Vater ist die Leerheit«, antwortete
das Kind, »und meine Mutter die erwachte
vollkommene Weisheit.*
*Mein Regenbogen-Körper ist das Ergebnis
der Vereinigung von Leerheit und Klarheit.*
*Ich entstamme dem Raum, der nicht
erschaffen wurde, und kehre in die Dimension
der Grenzenlosigkeit zurück.*
*Hierher kam ich zum Wohle aller fühlenden
Wesen.«*

Aus einem alten Bon-Text

◀ Die Eismassen dieses mächtigen Gletscherstroms im Transhimalaya scheinen die vorbeiziehende Yakkarawane im nächsten
Augenblick zu verschlingen.

Den Bewohnern der kleinen Hirtensiedlung Sangsang bietet sich ein ungewöhnliches Schauspiel. In dem ummauerten Innenhof der Herberge, wo gewöhnlich planengedeckte Lastwagen der Marken Ostwind und Befreiung parken, drängen sich die dunklen Leiber zotteliger Yaks und verursachen ein heilloses Chaos. Schon seit Stunden ist ihr Besitzer damit beschäftigt, unser Gepäck auszutarieren, zu ausgewogenen Paketen zu schnüren und es den störrischen Grunzochsen aufzubürden. Mit mäßigem Erfolg. Immer wieder reißt sich eines der Tiere los und verursacht eine Kettenreaktion. Die Yaks scheinen eine ausgesprochene Abneigung gegen alle Arten von Lasten zu haben, insbesondere gegen solche wie unsere, die sie durch grelle Farben und fremde Gerüche zusätzlich irritieren. Wir wären gern behilflich, aber Gunsang, unser Karawanenführer, besteht darauf, daß wir uns in sicherer Entfernung halten. So bleibt uns nur die Zuschauerrolle, und wir gesellen uns zum illustren Kreis der Schaulustigen, die seit den Morgenstunden den Platz belagern. Wie ein Lauffeuer hatte sich die Kunde verbreitet, daß hier eine Karawane zum Aufbruch rüstet. Früher war das ein gewöhnlicher Anblick, aber seit es die Straße gibt, sind Karawanen selten geworden, und schon gar solche mit Inchi – Ausländern.

Dabei schien es zunächst, als wäre es nicht nur anachronistisch, sondern ein hoffnungsloses Unterfangen, heutzutage mit einer Karawane reisen zu wollen. Obwohl auf den Weiden ringsum hundertköpfige Yakherden stehen, konnten wir keine Packtiere finden. »Das sind Dri (Yakkühe)«, erklärten uns die Tibeter. »Sie geben Milch, aber tragen keine Lasten.« Die Nomadenfamilien, die den Winter über hier leben, sind jetzt, in der warmen Jahreszeit, fortgezogen – samt ihren Reit- und Lasttieren. Sie verbringen den Sommer auf den Hochalmen in den umliegenden Bergen, die bis zu mehrere Tagesmärsche entfernt sind. Damit hatten wir nicht gerechnet. Ich hatte an vieles gedacht, nur nicht daran, daß es ein Problem sein könnte, im tibetischen Nomadenland geeignete Yaks zu finden. Wangyal, unser tibetischstämmiger Begleiter aus Nepal, machte sich zusammen mit einem Dorfbewohner auf die Suche. Zum Glück war der geländetaugliche Jeep, der uns nach Sangsang befördert hatte, noch da, so daß sie nicht zu Fuß zu gehen brauchten.

Am Ende des Tages kamen sie mit Gunsang zurück. Tibeter sind geborene Händler, und der gewiefte Nomade hatte gleich erkannt, daß mit uns ein gutes Geschäft zu machen war. Er pokerte. Lastenyaks besäße er genügend, ließ er uns wissen, aber um diese Zeit wäre weder er selbst noch sonst jemand aus seiner Familie abkömmlich. Dann wandte er sich wieder an Wangyal, und den Gesprächsfetzen, die ich verstand, entnahm ich, daß es um Geld ging, viel Geld sogar. Wangyal hatte ihm bereits einen ansehnlichen Lohn in Aussicht gestellt, damit sich Gunsang überhaupt dazu bequemte, zu Verhandlungen nach Sangsang zu kommen, aber jetzt stellte er immer neue Bedingungen. Statt uns die Tiere zu vermieten, wie wir zunächst vereinbart hatten, bestand er nun darauf, sie uns zu verkaufen – zum »Freundschaftspreis«, wie er versicherte. Der Clou daran: Er verlangte, daß wir ihm die Yaks, die dann ja uns gehörten, am Ende schenkten – als Lohn für seine Dienste als Karawanenführer. Trotz der unverschämten Forderungen mußten wir auf den Handel eingehen. Wir hatten keine Wahl. Abgesehen vom Frust, hier noch länger warten zu müssen, wäre es ungewiß, ob wir überhaupt von der Stelle kämen. Zum Schluß ließen wir uns sogar auf die Bedingung ein, daß uns Gunsang nur so lange begleiten würde, bis wir über den hohen Paß wären und bei Nomaden unterwegs neue Karawanentiere fänden.

Das Warten blieb uns dennoch nicht erspart: Trotz Gunsangs Versprechen, in zwei Tagen mit seinen Yaks hier zu sein, verging fast eine Woche. Ich nutzte die Zeit für regelmäßige Besuche im nahe gelegenen Kloster. Meine Hoffnung, Spenden könnten dazu beitragen, die Vorgänge zu unseren Gunsten zu beschleunigen, erfüllte sich nicht. Derweil sorgte mein Gefährte Helmut im Ort für profane Unterhaltung. Er hat einen Gleitschirm mitgebracht, und seine Übungsflüge von einem der umliegenden Gipfel führten zu einem mittleren Volksauflauf. Er ist zwar der Jüngste im Team, verfügt aber bereits über beachtliche Reiseerfahrung in Tibet. Bei seinen vorangegangenen Touren bereiste er große Teile des Landes mit dem Fahrrad. Außer ihm sind ein Dokumentarfilmer mit von der Partie, eine tibetophile Reisende und zwei Schweizer Alpinisten, die sich statt in der Vertikalen zur Abwechslung einmal in der Horizontalen versuchen wollen. Wir kennen uns nur flüchtig, haben uns zusammengetan, weil wir nicht nur das Interesse an Tibet teilen, sondern auch die Passion für das Gehen als intensivste Form der Erfahrung. Im Gehen, Schritt für Schritt, so unser Ideal, würden wir uns in einem Tempo bewegen, das die Landschaft im wahrsten Sinn des Wortes erfahrbar macht und dabei gleichzeitig ein Tibet jenseits motorisierter Wege kennenlernen.

Für mich sollte damit ein langgehegter Wunsch in Erfüllung gehen. Seit ich nach Tibet reise, ist es eines meiner Ziele, den Transhimalaya, eine der höchstgelegenen Fußgängerzonen der Welt, zu Fuß zu überqueren. Dieses mächtige Gebirge durchzieht Tibet wie ein Rückgrat. Sein Kamm verläuft parallel zum Himalaya, von diesem nur durch die breite Talfurche des Brahmaputra getrennt, der hier, an seinem Oberlauf, Yarlung Tsangpo heißt. Der Transhimalaya besitzt zwar keinen einzigen Achttausender, aber ist *im Durchschnitt* höher als sein berühmtes Gegenüber, und auch die Pässe sind höher. Außerdem bildet er die große Wasserscheide in diesem Teil Asiens. Seine Höhen trennen die Gewässer in jene, die nach Süden abfließen und schließlich in den Indischen Ozean münden, und in jene, die nach Norden strömen und irgendwo in der wüstenhaften Changthang versiegen.

Mein Plan ist es, den Transhimalaya von Süd nach Nord zu überschreiten und unterwegs, gewissermaßen im Vorbeigehen, den einen oder anderen Gipfel zu besteigen. Die Yakkarawane erscheint mir dafür als mobile Basis ideal. Mit ihrer Hilfe können wir alles befördern, was wir für den mehrwöchigen Marsch benötigen, sind völlig autark und besitzen die Freiheit, zu gehen, wohin wir wollen. So dachte ich jedenfalls. Die geplante Route soll an Seen und mehreren über 6000 Meter hohen Eisgipfeln vorbeiführen. Von unserem Ausgangspunkt Sangsang im Tsangpo-Tal bis nach Ombu, dem vorgesehenen Endpunkt, sind mehr als 500 Kilometer zurückzulegen – Luftlinie wohlgemerkt. In Wirklichkeit freilich werden es weit mehr sein, denn die Strecke führt durch ein System von gewundenen Tälern, Hochflächen und Gebirgen. Zur Distanz, die wir in der Horizontalen zurückzulegen haben, kommen noch viele tausend Höhenmeter an Auf- und Abstiegen. Wenn die Karawane im Schnitt 15 bis 20 Kilometer pro Tag schafft, wovon ich ausgehe, können wir in drei bis vier Wochen Ombu erreichen. Allerdings dürfen wir uns keine größeren Verzögerungen mehr erlauben, nachdem wir bereits eine Woche unfreiwillig in Sangsang verbracht haben.

Doch das ist Wunschdenken. Hier gelten andere Maßstäbe für Zeit, und da läßt sich nichts genau planen und schon gar nicht erzwingen. Der Glaube, wir würden am ersten Tag gleich morgens losmarschieren, erweist sich schnell als Illusion. Die Packerei nimmt Stunden in Anspruch, und es ist Nachmittag, als wir endlich aufbrechen. Ich würde am liebsten gleich die Richtung Norden einschlagen, aber Gunsang treibt die Tiere stur die Straße entlang. Er dirigiert sie mit unterschiedlichen Pfiffen in die gewünschte und – wie mir scheint – häufig auch unerwünschte Richtung. Immer wieder bricht eines der Yaks aus. Sein jüngster Sohn, den er als Helfer mitgenommen hat, hat alle Hände voll zu tun, die Tiere wieder zusammenzutreiben. Der Halbwüchsige läuft mit seinen billigen chinesischen Turnschuhen der Marke Krieger wieselflink jedem Ausreißer hinterher. Dabei fuchtelt er mit den überlangen Trompetenärmeln in der Luft herum und schreit sich die Seele aus dem Leib. Wenn alle Drohgebärden und Rufe nichts nützen, setzt er gekonnt seine Steinschleuder ein, die in Tibet zur Standardausrüstung jedes Hirten gehört.

Die staubigen Häuser von Sangsang verschwinden, als wir um einen Bergrücken biegen, der mutterseelenallein aus der Ebene ragt. Kurze Zeit später stehen wir an einer Brücke, die den Raga Tsangpo überspannt. Beim Anblick des hochwasserführenden Flusses wird klar, warum sich Gunsang geweigert hatte, gleich die von mir gewünschte Richtung einzuschlagen. Ohne Brücke wäre der Fluß für unsere Karawane ein unüberwindliches Hindernis. Monsunstörungen, die den Himalaya überwanden, hatten vor einigen Tagen für Niederschläge gesorgt, die in den höheren Lagen als Schnee gefallen waren. Indessen hat sich das Wetter zwar längst wieder beruhigt, aber unter der Sonne schmolz der Schnee schnell dahin und ließ die Flüsse anschwellen. Nachdem wir den Raga Tsangpo überquert haben, schlägt Gunsang sofort einen nördlichen Kurs ein und hält direkt auf die Bergkette zu, die als Ausläufer des Transhimalaya die Talebene im Norden begrenzt. Wir sind erst wenige Stunden unterwegs und noch weit entfernt von jenem Pass, dessen Fuß wir an diesem Tag erreichen wollten, da läßt Gunsang die Karawane anhalten und das Lager aufschlagen.

»Die Yaks müssen täglich mehrere Stunden weiden«, erklärt er uns, »sonst sind sie nicht stark genug.« Von wegen nicht stark genug. Mir scheint eher das Gegenteil der Fall zu sein. Jedenfalls gebärdeten sie sich den ganzen Tag so, als hätten sie überschüssige Energie. Im Gegensatz zum Bepacken geht das Abladen blitzschnell. Binnen weniger Minuten verwandelt sich der leere Fleck Gebirgswüste in einen Ort der Ruhe und Geborgenheit. Und während Gunsang noch die Sättel zusammenträgt und auf einen Haufen stapelt, bringt sein Sohn Dhundup bereits ein Feuer in Gang. Als Brennstoff dient getrockneter Yakdung, den sie unterwegs gesammelt haben. Bald sitzen die beiden beisammen und essen Tsampa, einen nahrhaften Brei aus geröstetem Gerstenmehl und Buttertee. Erst bei Einbruch der Dunkelheit werden die Yaks zusammengetrieben und an einem in der Erde verankerten Strick festgebunden. Die Nachtkälte treibt uns bald in die Zelte. Ich liege im wohlig warmen Schlafsack und blicke noch lange in den Sternenhimmel, der sich durch die transparente Zelthaut abzeichnet. Wie sehr habe ich dieses Leben vermißt, dieses Da-Sein, das auf nur wenige elementare Dinge reduziert ist und deshalb so viel mehr Raum läßt, für Gedanken, zum Atmen, zum Schauen. Es schärft die abgestumpften Sinne, und ich empfinde es als wohltuend und heilsam für die geplagte Seele, den Tag nur nach Sonnenaufgang und -untergang zu bemessen, die Stille zu hören. Ich bin nicht der Typ für geistige Erfahrungen im stillen Kämmerlein. Das Gehen ist meine Quelle der Inspiration. Dabei kommen die Gedanken von der Kette los, während die Füße gleichmäßig laufen. Diese Körpererfahrung bedeutet für mich keine Kraftvergeudung, im Gegenteil, ich tanke dabei Kraft, die freilich von anderer Qualität ist, als man sie im Fitnesstudio erwerben kann. Am intensivsten erlebe ich diese Erfahrung in der wilden Natur. Sie ist viel mehr als nur eine Sportarena, in der man seine Ausdauer oder das Durchhaltevermögen trainieren kann. Sie bringt mich wieder in Berührung mit Wissensquellen und Instinkten, die wir in unserer objektivierten Daseinswelt längst verloren haben wie ein nutzlos gewordenes Organ. Ich wünschte, ich könnte monatelang so unterwegs sein, mit einer Karawane, die zwar ständig ihr Lager aufschlägt, aber nirgendwo festen Fuß faßt.

Der mit den Yaks tanzt

Am nächsten Morgen brechen wir früh auf. Nur Wangyal bleibt bei der Karawane zurück und hilft den beiden Tibetern beim Bepacken. Sie verstehen sich gut, und Wangyal wird von den Karawaniers als ihresgleichen akzeptiert, während uns der Stallgeruch von Fremdlingen anhaftet, denen man nicht zutraut, daß sie was von ihrem Handwerk verstehen. Was den Umgang mit Yaks anbelangt, haben sie ja auch recht.

Wir laufen nicht im Gänsemarsch wie eine Pfadfindergruppe, sondern jeder folgt seinem eigenen Rhythmus. Ich bin bald weit voraus. Es ist kein sportlicher Ehrgeiz, der mich antreibt, sondern das Bedürfnis, allein zu sein. So kann ich mich ganz auf das Hier und Jetzt einlassen. Ich möchte keine Gespräche führen. Zu Hause rede ich genug, hier will ich lieber schweigen, schauen, fühlen. In der Gruppe drehen sich die Gespräche meistens um Themen, die mit der Gegenwart nichts zu tun haben. Da werden Erlebnisse vergangener Reisen zum Besten gegeben oder wird die Welt beschworen, die wir zu Hause zurückgelassen haben. Aber ich bin hier, um den Daseinszustand, den ich daheim lebe, gegen einen anderen einzutauschen, wenn auch nur auf Zeit.

Doch an diesem Tag wäre ich besser bei den anderen geblieben. Da ich stundenlang allein vorausgelaufen bin, muß ich schließlich eine halbe Ewigkeit warten, bis meine Reisegefährten zu mir aufschließen. Irgendwann taucht auch Wangyal auf, aber von der Karawane ist nichts zu sehen. »Die Yaks tanzen«, berichtet er uns und ringt nach Atem, weil er so schnell gelaufen ist. »Wie bitte?« Wir glauben ihn nicht richtig verstanden zu haben oder daß er einfach ein Wort verwechselt hat. »Wahrscheinlich meint er, die Yaks rasten«, sagt Helmut. Aber Wangyal bleibt bei seinen »tanzenden Yaks«, und um zu verdeutlichen, was er damit meint, vollführt er Bewegungen, die einem Rodeoreiter alle Ehre machten. Er hätte die Situation nicht treffender beschreiben können. Als die Karawane eintrifft, erleben wir es selbst. Immer wieder bockt eines der Tiere, vollführt Luftsprünge, wirft seine Last ab und rennt in wilder Flucht davon. Mal ist ein verrutschtes Gepäckteil die Ursache, mal sind es Geräusche, die Gegenstände verursachen, die in den Behältern untergebracht sind. Sogar unsere Alukisten macht Gunsang dafür verantwortlich, weil deren glänzende Oberfläche die Yaks blende. Es kostet viel Zeit, entlaufene Tiere wieder einzufangen und neu zu bepacken. Manchmal gelingt es Gunsang, den Ausreißer noch am Strick zu halten, und dann sieht es für Augenblicke wirklich so aus, als würde er mit dem Yak tanzen.

So kommen wir nur sehr langsam voran, mit vielen Unterbrechungen, und schaffen auch an diesem Tag unser angepeiltes Ziel nicht: den Hauptkamm des Transhimalaya zu überqueren. Dabei liegt der Paß in greifbarer Nähe und wäre sogar noch genug Zeit für den Abstieg. Doch aus religiöser Scheu überschreiten die Tibeter Pässe nur vormittags. Sie fürchten die Erd- und Windgeister, die dort oben hausen und deren Zorn für den Reisenden allerlei Kalamitäten heraufbeschwören kann. Zum Glück besitzen diese dämonischen Wesen auch typisch menschliche Eigenschaften. Man hält sie nämlich für Langschläfer, so daß die Vormittagstunden die günstigste Zeit sind, von ihnen unbehelligt zu bleiben. Solche Vorstellungen freilich haben nichts mit der Lehre Buddhas zu tun. Das ist pure vorbuddhistische Bon-Religion, die hier fortlebt. Im schamanistisch geprägten Bon galt die ganze Natur als beseelt, belebt von Heerscharen dämonischer Wesen, mit denen sich der Mensch irgendwie arrangieren muß. Aus dem Volksglauben konnte der Buddhismus diese ursprüngliche Religion Tibets nie ganz verdrängen. Schon die Lamas in Sangsang haben uns erzählt, daß viele Nomaden dieser Gegend der »falschen Lehre« folgen. Sie drückten ihr Mißfallen darüber aus und ließen keinen Zweifel daran, daß sie den Bon als eine Irrlehre betrachten. Dabei sind es die alten Bon-Götter, die sie in ihrem Kloster als Schutzgottheiten verehren. Der indische Guru Padmasambhava, der im achten Jahrhundert von einem dem Buddhismus freundlich gesinnten König nach Tibet gerufen wurde, um die Macht des Bon zu brechen, hatte sie in den Dienst der buddhistischen Lehre gestellt.

Gunsang kümmert sich um solche religiösen Spitzfindigkeiten nicht. Er folgt einer Tradition, die von Generation zu Generation vererbt wurde. Und diese sagt ihm, daß wir nicht weitergehen und hier unser Lager aufschlagen. Ich habe mich längst damit abgefunden, daß nicht wir es sind, die bestimmen, wo es langgeht, sondern unsere einheimischen Begleiter. Genaugenommen sind es die Yaks, denn von ihnen hängt es ab, wann wir morgens losmarschieren, wo und wann gerastet wird, welche Strecke wir am Tag zurücklegen und zuweilen sogar, in welche Richtung wir laufen.

Wir nutzen den Rest des Tages, um die Lasten neu zu sortieren. Die silbrig glänzenden Alukisten werden in Jutesäcke gepackt und die Transporttonnen mit Kleidungsstücken so vollgestopft, daß sie nun selbst bei kräftigem Schütteln keine Geräusche mehr verursachen. Damit hoffen wir am nächsten Tag weniger oft »tanzende« Yaks zu sehen.

Am nächsten Morgen regt sich kein Lüftchen, und es ist empfindlich kalt. Über Nacht hat sich auf der Zelthaut eine Eisschicht gebildet, die bei Berührung sofort abbröselt. Es kostet Überwindung, aus dem warmen Schlafsack zu kriechen. Draußen stehen die Yaks wie Statuen. Nur der dampfende Atem verrät, daß es sich um lebende Wesen handelt. Während wir zum Aufbruch rüsten, verblassen die Sterne allmählich und färbt sich im Osten der Horizont gelbrot. Viel früher als an den beiden ersten Tagen marschieren wir los. Ich gehe voraus, um die Richtung vorzugeben, achte aber darauf, in Sichtweite zur Karawane zu bleiben. Das Gelände beginnt anzusteigen, und die dünner werdende Luft zwingt mir einen langsameren Gehrhythmus auf. Die Berghänge zu beiden Seiten des Tales treten enger zusammen. Schwarze, sich bewegende Punkte sind darauf zu sehen. Yaks. Ich überlege, ob es vielleicht sogar Wildyaks sein könnten, aber da tauchen die Silhouetten von Nomadenzelten vor mir auf. Mit den Abspannungen und der schwarzen Zelthaut aus Yakhaar wirken sie wie Riesenspinnen, die da am Boden hocken. Meine Erfahrung in Tibet hat mich gelehrt, eine solche Behausung großräumig zu umgehen, es sei denn, man wird von den Bewohnern eingeladen und eskortiert. Dies ist auch häufig der Fall, denn die Nomaden sind sehr gastfreundlich. Aber noch viel kontaktfreudiger sind ihre Hunde. Allerdings ist das Vergnügen dabei sehr einseitig. Dazu muß man wissen, daß jeder Zeltplatz von einem oder mehreren Mastiffs bewacht wird. Das sind keine Schoßhündchen, die freundlich wedelnd den

Besucher empfangen, und sie zählen auch nicht zu jener Sorte Hunden, die viel und laut bellen, aber dann davonlaufen, sondern sind wahre Höllentiere, die ihr Revier mit Leib und Leben schützen. Ich habe erlebt, daß, wenn der Zeltplatz nahe einer Straße liegt, sie sogar vorbeifahrende Fahrzeuge attackieren. Manchmal sind die Hunde vor dem Zelt angebunden, aber ebensooft auch nicht. Das läßt sich aus der Entfernung nicht erkennen, und wenn man sich dann weiter nähert, bis der Hund anschlägt, kann es schon zu spät sein. Spätestens seit einer Fahrradtour durch Tibets Nomadenland weiß ich, wie ich mich zu verhalten habe. Ich habe festgestellt, daß diese Hunde nur einen bestimmten Umkreis des Zeltplatzes bewachen. Erst wenn man in diesen Bereich eindringt, greifen sie an. Ich bleibe deshalb weit genug entfernt stehen und warte ab, ob sich einer der Zeltbewohner zeigt. Doch es scheint niemand da zu sein. Deshalb bleibt mir nichts anderes übrig, als einen weiten Bogen um das Hindernis zu schlagen.

Das Gelände wird nun zunehmend schwieriger. Der Almboden, auf dem die Nomadenzelte standen, weicht Naka-Flächen. Die Kräfte der Erosion – Wind und Wasser – haben den Boden zu unzähligen kleinen Grasbuckeln zerfräst, zwischen denen sich Morast verbirgt. Um hier einigermaßen trockenen Fußes durchzukommen, bin ich gezwungen, von einem Grashügel zum nächsten zu springen. Die Teleskopstöcke sind dabei unentbehrlich, um nicht die Balance zu verlieren. Dann folgt loses Geröll und schließlich Felsen. Ich folge dem gewundenen Lauf eines Baches, der nicht nur den leichtesten Weg verspricht, sondern – so hoffe ich jedenfalls – mich auch zum Paß führt. Ganz auf das Steigen konzentriert, habe ich keinen Blick mehr für die Umgebung und bemerke nicht die schwarze Wolkenwand, die sich von Süden heranschiebt. Als sich die Sonne verdunkelt und ein scharfer Wind mich packt, ist das Unwetter schon da. Plötzlich versinkt alles ringsum in einem milchig-weißen Schleier aus Wolken, Nebel und Schnee. Vor mir flacht das Gelände ab, und ich betrete ein sturmgepeitschtes Plateau, das sich im Nichts verliert.

Nur weiter, jetzt nicht stehenbleiben, hämmere ich mir ein. Zum Paß kann es nicht mehr weit sein. Längst habe ich alle Reservekleidung übergezogen, die sich im Rucksack befand – und friere trotzdem. Da hilft nur Bewegung. Aber in welche Richtung? Die Landschaft ist wie abgeschält, und ich habe jede Orientierung verloren. Nirgendwo gibt es auch nur den geringsten Schutz, weder einen Baum noch einen Strauch, ja nicht einmal einen nackten Felsen, hinter den ich mich verkriechen könnte. Da tauchen zerschlissene Gebetsfahnen auf, die im Wind flattern. Sie sind an Holzstangen befestigt, die sich aus einem Steinhaufen recken. Ausgebleichte Yakschädel starren mich an, und ringsum liegen Steinplatten, in die segensreiche Formeln – Mantras – eingemeißelt sind. Seit undenklichen Zeiten haben Reisende hier Steine aufgeschichtet und Opfer ausgelegt, zum Dank für den geglückten Aufstieg und um Segen für den Weiterweg zu erflehen. Ich tue es ihnen gleich und werfe einen Stein auf den Haufen. »Lha gye lo« – Die Götter sollen siegen –, rufe ich in die Stille und das Nichts hinaus, während ich den Steinhaufen dreimal umschreite. Dann kauere ich mich dahinter nieder, suche Schutz. Mir ist jegliches Zeitgefühl abhanden gekommen.

Obwohl die Karawane bald nachkommt, erscheint mir das Warten ewig lang. Schemenhaft tauchen als erste die Yaks aus den Nebelschwaden auf. Sie wirken wie Urzeitwesen. Die Tibeter treiben sie mit Pfiffen an. »Lha gye lo«, rufe ich ihnen zu. »Lha so so sooo«, kommt es vielstimmig zurück. Auch die Gefährten sind vollzählig da. Wir stehen am 5200 Meter hohen Dong La und damit am Hauptkamm des Transhimalaya. Doch es kommt keine rechte Freude auf. Die Sicht ist gleich null, und die Eiskristalle, die uns der Sturm entgegenschleudert, schmerzen im Gesicht wie Nadelstiche. So ähnlich muß es Sven Hedin ergangen sein, der vor einem knappen Jahrhundert diese Höhen überschritt. Der schwedische Asienforscher hat wie kein anderer Abendländer den Transhimalaya kennen und auch fürchten gelernt. Insgesamt achtmal hat er dieses Gebirge überquert, mehrfach davon im Winter unter härtesten Strapazen und größten Verlusten. Einmal zog er mit einer Karawane von mehr als 100 Lasttieren in Ladakh los, aber nicht einmal ein Dutzend davon erreichte das Yarlung-Tsangpo-Tal. Es war ein wahrer Todesmarsch.

»Sie ruinieren eine Karawane nach der anderen«, warfen ihm die Tibeter vor und schickten ihn zurück. Hedin war es auch, der diese Gebirgsketten mit dem Namen Transhimalaya überschrieb, obwohl die Tibeter längst eigene Namen dafür gefunden hatten und einzelne Gipfel sogar als Heiligtümer verehrten, weil man sie als Wohnsitze von Gottheiten betrachtete.

Die Karawane überquert die Paßhöhe, ohne anzuhalten. Im Vorbeigehen greift sich jeder einen Stein und wirft ihn auf den Haufen. Aus den Kehlen der Tibeter erschallt halb singend, halb rezitierend das Mantra *om mani padme hum*. Es soll den Beistand von Chenresig herbeiflehen, dem populären Bodhisattva der Barmherzigkeit, der mit seinen 1000 Armen imstande ist, allen Lebewesen zu helfen. Die Bitten bleiben nicht ungehört. Denn kaum haben wir mit dem Abstieg begonnen, flaut der Sturm ab. Bald darauf reißt die Wolkendecke auf, und die Sonne kommt durch. Sie taut wie von Zauberhand den Schnee aus der Landschaft. Aus dem kleinen Rinnsal, das unterhalb des Passes aus einer Quelle hervortrat, wird im Nu ein munter dahinplätschernder Bach. An einem der ersten grünen Flecken, die wir an seinem Ufer finden, halten wir an, um das Lager aufzuschlagen. Alles ist inzwischen eingefahrene Routine: das Abladen der Yaks, das Aufstellen der Zelte, das Kochen. Wir ernähren uns vegetarisch. Reis und Nudeln bilden die Basis, dazu gibt es frisches Gemüse, das wir in Sangsang erstanden haben.

Am nächsten Morgen enthüllt sich unseren staunenden Blicken eine Landschaft, die uns überwältigt. So weit das Auge reicht, dehnt sich ein Meer von Hochflächen, Schwellen und schneebedeckten Gebirgen aus. Wir kommen uns plötzlich klein vor inmitten dieser alles beherrschenden elementaren Natur und bezweifeln, ob man dieses Land überhaupt zu Fuß beschreiten kann. Weite ist hier noch weiter, Leere noch leerer, und der Geist des Landes nährt sich von den Wildtieren, die die steinerne Öde beleben. Die Anwesenheit des Menschen scheint unangemessen. Selbst die Täler sind hier zu hoch, zu karg, so daß nicht einmal Nomaden ein Auskommen finden können. Dafür ist es ein letztes Refugium für seltene Wildtiere. Häufig begegnen wir Kyangs – Wildeseln –, die immer in größeren Gruppen beisammen sind. Einmal zählen wir mehr als 30 Tiere. Sie sind ziemlich scheu und lassen uns nicht nah heran. Wenn die Herde weidet, steht immer mindestens ein Tier sichernd etwas abseits. Bei unserem Herannahen schlagen die Aufpasser schon früh Alarm. Sofort formiert sich die Herde hinter dem Leittier, und sobald dieses sich in Bewegung setzt, folgen alle wie auf einer Schnur aufgefädelt. Nach einiger Zeit halten sie wie auf ein geheimes Kommando an, drehen synchron die Köpfe herum und beäugen uns neugierig. Glaubt man dem Reisebericht von Sven Hedin, dann waren diese Tiere zu seiner Zeit noch viel weniger scheu. Statt zu flüchten, liefen sie neben seiner Karawane her oder mischten sich gar unter die Pferde, als ob sie sich einsam fühlten. Wahrscheinlich waren sie aber nur deshalb so zutraulich, weil sie den Menschen damals noch nicht als Feind kennengelernt hatten. Heute hingegen sind Kyangs nicht nur scheu, sondern auch selten.

Tibets Wildtiere stehen auf der Liste der vom Aussterben bedrohten Arten an oberer Stelle. Nach der chinesischen Annexion Tibets im Jahr 1950 gab es regelrechte Kampagnen gegen sie. Sie wurden als nutzlose Esser gebrandmarkt und rücksichtslos dezimiert. Während der sogenannten Kulturrevolution wurden sogar Prämien auf getötete Wildtiere ausgesetzt. Das Ergebnis ist, daß Schneeleopard, Wildyak, Bär, Antilope, Wolf und Fuchs nahezu ausgerottet sind. Auch Wildesel und Gazelle wurden auf vergleichsweise kleine Restbestände zusammengeschossen. Dadurch geriet das natürliche Gleichgewicht aus den Fugen. Kleintiere wie Erdmäuse und Pfeifhasen hatten keine natürlichen Feinde mehr und konnten sich ungehemmt vermehren. Sie durchwühlen den Boden, so daß ganze Grasebenen von unzähligen Erdlöchern durchsiebt sind, was zur Folge hat, daß sich die Bodenerosion, die ohnehin durch Überweidung voranschreitet, weiter verschärft. Ist die Grasnarbe einmal zerstört, wird das ungeschützte Erdreich einfach fortgeweht. Schließlich verwandelt sich alles zu Sand und Staub, den der Wind zu Dünen aufhäuft. Freilich, gejagt wurde auch schon vorher in Tibet. Doch die Nomaden besaßen weder automatische Waffen noch Fahrzeuge. Ihre primitiven Gabelflinten waren umständlich zu handhaben und deren Reichweite und Treffsicherheit gering. Außerdem gingen die Tibeter nur auf Jagd, um sich zu ernähren.

Abgesehen von Kyangs, bevölkern Gazellen diese kargen Hochsteppen. Sie sind viel kleiner als die Wildesel, aber ebenso schnell auf der Flucht. Mit ihren weißgefleckten Hinterteilen sind sie leicht zu erkennen. Andere große Säugetiere hingegen wie das Wildschaf oder Chiru kommen nur selten in die Täler herab. Ihr Habitat sind die Bergregionen, und es gehört ein geübter Blick dazu, sie dort auszumachen, weil sie durch ihre Farbe kaum von den Felsen zu unterscheiden sind.

Die Landschaften, durch die wir uns nun bewegen, sind von einer Größe, die sich weder in Entfernungen noch in Höhenmetern ausdrücken läßt. Die dünne sauerstoffarme Luft gaukelt einem unentwegt falsche Distanzen vor. Bergketten am Horizont, von denen man glaubt, sie wären in wenigen Stunden zu erreichen, sind in Wirklichkeit Tagesmärsche entfernt. Jeder Blick nach vorn ist eine Niederlage, weil er einem das deprimierende Gefühl gibt, auf der Stelle zu treten. Ich komme mir wie ein Schiffbrüchiger vor, der versucht, gegen die Unendlichkeit anzuschwimmen. Selbst die widerspenstigen Yaks scheinen sich in ihr Schicksal ergeben zu haben. Jedenfalls unternehmen sie kaum noch Ausreißversuche und trotten brav im Pulk einher. Gunsang hat eine neue Beschäftigung gefunden. Aus »Der mit den Yaks tanzt« ist »Der die Spindel dreht« geworden. Mit einer Holzspindel verspinnt er im Gehen Yakhaar zu Wolle und singt dabei fröhlich vor sich hin. Vielleicht ist es sogar dieser monotone Singsang, der die Yaks besänftigt, so daß sie ihm nun wie Lämmer folgen.

Trotz des Gefühls, in dieser Weite nicht voranzukommen, legen wir rund 25 Kilometer Luftlinie zurück und schlagen müde, aber zufrieden unser Lager auf. Tagsüber erschien uns die Gegend völlig menschenleer, doch kaum haben wir unsere Zelte aufgestellt, kommen wie aus dem Nichts Menschen auf uns zu. Nomaden. Anders als in Ballungszentren, wo es ein Überangebot an Begegnungsmöglichkeiten gibt und man den Kontakt oft meidet, geht man hier aufeinander zu. Niemals würde man aneinander vorbeigehen, ohne wenigstens nach dem Woher und Wohin zu fragen. Auf diese Weise werden Neuigkeiten verbreitet, Kontakte geknüpft. In diesem Fall ist es vor allem die Neugier, die uns

Besucher beschert. Wann kommt es schon vor, daß Ausländer hier vorbeikommen – und dann noch zu Fuß! – und ihr Lager aufschlagen. Nachdem die Nomaden unsere Zelte samt Inventar ausgiebig begutachtet haben, sitzen sie noch lange bei unseren tibetischen Begleitern am Feuer und palavern bis in die Nacht hinein.

Am nächsten Morgen kommen wir an ihren Zeltplätzen vorbei. Jetzt sind die Rollen vertauscht, und sie bewirten uns mit Buttertee und Tsampa. In jeder Behausung von Dokpas, wie die Zeltnomaden genannt werden, gibt es eine feste Ordnung. Die offene Feuerstelle, ein abgestufter Lehmofen, teilt das Zelt praktisch in zwei Hälften. Rechts vom Eingang sind stets die Sitzplätze der Männer und der Gäste, links die der Kinder und Frauen. Gegenüber vom Eingang, an der Rückwand, ist der Ort für den Altar. Dort gibt es Figuren oder Bildwerke, vor denen Butterlampen stehen, die morgens und abends oder bei besonderen kultischen Anlässen entzündet werden. Die Feuerstelle selbst ist Sitz des Herdgeists Tha Lha, und die Frauen, die dort hantieren, achten besonders darauf, diesen nicht zu erzürnen, indem sie etwas über den Ofen verschütten oder gar überkochen lassen. Ringsum an der Zeltwand lagern Vorräte, Sättel, Gurte, Riemen und Zaumzeug. Stapelweise zusammengerollte Teppiche und Decken. Wenn sich die Familie zum Schlafen legt, genügen wenige Handgriffe, um sie auseinanderzuschlagen und am Boden auszubreiten. Alles, was die Dokpas besitzen, ist auf das Überleben ausgerichtet.

Verglichen mit ihren Brüdern unten im Yarlung-Tsangpo-Tal, sind die Menschen hier arm, denn das Land ist so karg, daß nicht einmal Ziegen oder Schafe ein Auskommen finden. Deshalb sind sie ganz und gar vom Yak abhängig. Erst hier läßt sich ermessen, was der Yak dem Nomaden alles gibt. Das weibliche Tier – Dri – gibt Milch. Daraus macht man Butter, Käse und Yoghurt. Das Haar wird zu Wolle versponnen. Daraus entstehen Kleidung, Stricke, Säcke und die Zelthaut. Das Fleisch wird getrocknet und dient als Nahrung, in den Magen wird die Butter zur Lagerung eingenäht, die Sehnen gehen für Medizin nach China, ja selbst die gebleichten Knochen finden Verwendung: Es werden Gebetsformeln eingeritzt, ehe man sie als Opfergaben irgendwo auslegt. Der getrocknete Yakdung ist der einzige Brennstoff, den die Nomaden dieser Gegend zur Verfügung haben. Wegen des chronischen Holzmangels besitzen sie manchmal nicht einmal Holzstangen zum Aufstellen der Zelte. Ersatz liefert ihnen ebenfalls der Yak. Seine Sehnen werden zu langen »Strümpfen« zusammengenäht; diese füllt man mit Steinchen und legt sie für mehrere Tage ins Freie, wo sie nachts gefrieren, tagsüber wieder auftauen und austrocknen. Schließlich werden die Kiesel entfernt, und übrig bleibt eine hohle, superleichte Zeltstange.

Tsering, das Familienoberhaupt, präsentiert uns stolz sein vorsintflutliches Gewehr. Alles daran hat er selbst gefertigt; den Lauf aus geschnitztem Holz, die Zündschnur aus gedrehtem Yakhaar, die umklappbare Gabel aus Antilopenhörnern und die Kugeln aus gegossenem Metall. Ob er damit noch auf die Jagd gehe, wollen wir wissen. »Re, re« – Ja, ja –, versichert er und blickt uns dabei an, als zweifle er ob einer solchen Frage an unserem Verstand. Und zum Beweis, daß die Waffe tatsächlich funktionstüchtig ist, führt er uns deren Gebrauch vor dem Zelt vor. Der Schuß verursacht einen ohrenbetäubenden Knall, und das Gesicht des Schützen verschwindet hinter einer Rauchwolke. Bei der geringen Reichweite besteht die Kunst des Jägers in erster Linie darin, sich nahe genug an ein Wildtier heranzupirschen – und das in einem Terrain, in dem es weder Bäume noch Sträucher zur Deckung gibt. Er stellt in erster Linie Goas – Gazellen – nach und Antilopen, weil sich das Horn gut verkaufen läßt.

Zum Abschied gibt er uns wertvolle Ratschläge mit auf den Weg, etwa welche Richtung wir einzuschlagen haben, um den Naka-Sümpfen auszuweichen. Außerdem erfahren wir von ihm, daß wir in diesem Tal keine weiteren Nomaden mehr antreffen werden.

Bevor wir losmarschieren, nimmt mich Wangyal zur Seite. Geheimniskrämerisch verrät er mir, worüber sich Gunsang mit Tsering unterhalten hat. Demnach hat unser Yakführer versucht, uns loszuwerden, indem er Tsering überreden wollte, uns mit seinen Yaks zu begleiten – allerdings ohne Erfolg. Wenngleich ich verstehen kann, daß Gunsang zurückwill, bin ich froh, daß er noch bleiben muß. Jetzt, wo wir so gut vorankommen, weil sich die Yaks an uns und auch die Lasten gewöhnt haben. Mit neuen Tieren würde das ganze Theater von vorn beginnen. Gunsang muß ziemlich enttäuscht sein – obwohl er es sich nicht anmerken läßt –, zumal er nun weiß, daß wir in nächster Zeit bei keinen Nomadenlagern vorbeikommen werden. Wie gewohnt, treibt er die Yaks mit seinem monotonen Singsang hinter uns her, während die Wollspindel flink durch seine Finger gleitet. Die Landschaft hingegen würdigt er kaum eines Blickes. Dabei präsentiert sie sich in Farben und Formen, die alles in den Schatten stellen, was wir bisher auf unserem Marsch über den Transhimalaya gesehen haben.

Da schwimmen Ebenen in allen Grünschattierungen. Wolken werfen sich bewegende Schatten darauf. Blauer Scheinmohn, der sich da und dort aus dem Boden reckt, wetteifert mit der Farbe des Himmels. Die Linien der Berge scheinen für die Ewigkeit geschaffen. Manche der Bergketten sind mit Gräsern bewachsen, deren verschiedene Gelb- und Brauntöne Linien und Flecken zeichnen, so daß sie wie Patchwork aussehen. Andere Formationen sind völlig nackt, dafür sprechen sie mit den Farben der Steine und in der lebendigen Sprache des Lichts. Rostrote Bergkegel ragen aus sandigem Grund, schroff gezackte Kämme leuchten im Licht der Abendsonne wie pures Gold, während der Sturm die Wolken darüber zu phantastischen Gebilden zerreißt. Ich kann mich nicht satt sehen an dieser Landschaft und laufe wie in Trance immer weiter in dieses Zauberland hinein.

In dieser Idylle schlagen wir unser Lager auf. Grüne Moosteppiche, kristallklares Wasser und ringsum die Berge, deren Gipfel wie Flammen in den Himmel schlagen. Wir fühlen uns inmitten eines unendlichen Raumes, fernab vom Getriebe der Welt. Hier hat sich nichts geändert, ist Tibet so, wie es immer war, immer bleiben wird. Hier schaltet und waltet allein die Natur mit ihren Gesetzmäßigkeiten, und uns fällt die Rolle des ehrfürchtigen Betrachters zu.

Im Lager herrscht Hochstimmung. Der Blick auf die Karte verrät, daß wir in zwei bis drei Tagen an noch höheren Bergen vorbeikommen. Ein Gipfel, der Lungmari heißt, soll sogar bis in knapp 7000 Meter Höhe aufragen. Dort gibt es viel Wasser und deshalb sicher gute Weidegründe, spinnen wir die Gedanken fort. Dort werden wir bestimmt auf Nomaden treffen, bei denen wir für ein paar Tage unser Lager aufschlagen und vielleicht eine neue Karawane finden können. Währenddessen, so malen wir uns aus, würden wir auf den Lungmari steigen.

Die gute Stimmung hält auch am nächsten Morgen noch an, obwohl dieser stürmisch und wolkenverhangen heraufdämmert. Es ist einer jener Tage, an denen man immer falsch angezogen ist, denn unentwegt ändert sich das Wetter. Es ist zwar Sommer in Tibet und damit die wärmste Zeit des Jahres, aber in Wirklichkeit erleben wir alle Jahreszeiten an einem einzigen Tag, sogar innerhalb weniger Stunden. Wenn die Wolkendecke aufreißt, wird es sofort warm, und wir schwitzen unter den Strahlen der Höhensonne. Kurze Zeit später kommt ein kalter Wind auf, und wir müssen die

Anoraks anziehen, um nicht zu frieren. Dann hüllen uns Wolken ein, die Temperatur stürzt ab, ein Graupelschauer setzt ein, schließlich fällt sogar Schnee. Kommt dann wieder die Sonne durch, taut sie den Schnee schnell aus der Landschaft, und es entstehen kleine Tümpel und Bäche.

Am frühen Nachmittag ist unser Marsch unerwartet zu Ende. Mitten im Nichts hält Gunsang die Karawane an, lädt unser Gepäck ab und erklärt, daß er nun keine Zeit mehr habe, mit uns weiterzuziehen. Er müsse auf der Stelle zurück, weil zu Hause wichtige Aufgaben auf ihn warteten. Hier gäbe es eine Straße, und wir könnten mit einem Fahrzeug weiterreisen. Was er als Straße bezeichnet, sind mehrere parallel zueinander verlaufende Reifenspuren, die unseren Weg kreuzen. Ganz abgesehen davon, daß es sehr unwahrscheinlich ist, daß hier in den nächsten Tagen ein Fahrzeug vorbeikommt, das uns dann auch noch mitnimmt mit all unserem Gepäck, ist es genau das, was wir nicht wollen. Autofahren können wir zu Hause. Wir wollen nicht schneller vorankommen und dafür weniger sehen. Wir reden Gunsang ins Gewissen, appellieren an sein Verantwortungsbewußtsein, uns nicht einfach im Nirgendwo sitzenzulassen, erinnern ihn an sein Versprechen, uns so lange zu begleiten, bis wir neue Yaks gefunden haben. Doch es fruchtet nichts. Sein Entschluß zur Umkehr ist unumstößlich. Zuletzt versuchen wir ihn zu überreden, uns wenigstens bis zum Fuß des Lungmari zu bringen, aber er behauptet, dort würden wir erst recht festsitzen. Selbst wenn wir dort Nomaden fänden, so seine Argumentation, würden wir von ihnen keine Yaks bekommen – wie bei den Nomaden zuvor, bei denen er sich vergeblich bemüht hätte.

»Tashi Delek« – Glück und Frieden –, ruft er uns zum Abschied zu und zieht von dannen. Frieden gibt es hier genug, glücklich sind wir deshalb noch lange nicht. Im Gegenteil. Wir sind ziemlich wütend, daß er uns einfach so im Stich läßt. Es war nie die Rede davon gewesen, daß wir per Anhalter unsere Reise fortsetzen, und selbst diese Option ist mehr als vage. Wir verbringen den Rest des Tages damit, zu beratschlagen, was wir tun sollen. Unsere Situation ist alles andere als günstig. Mit unserem Gepäck sind wir völlig immobil und deshalb auf fremde Hilfe angewiesen. Aber tatenlos abwarten in der Hoffnung, daß irgendwann einmal ein Fahrzeug vorbeikommt, das uns mitnimmt, will keiner von uns. Wir beschließen, am nächsten Tag die Umgebung in verschiedene Richtungen zu erkunden, während einer von uns im Lager zurückbleibt.

Ich folge mit Wangyal einer einzelnen Autospur, die von den anderen abzweigt und Richtung Norden verläuft. Vielleicht führt sie uns zu einem Nomadenlager. Tibetische Nomaden besitzen heutzutage oft Trucks, mit deren Hilfe sie ihre Produkte auf entfernten Märkten anbieten können, wo sie bessere Preise erzielen. Andererseits weiß ich, daß es fahrende Händler gibt, die entlegene Nomadencamps ansteuern, um dort Felle und Fleisch zu kaufen. Wir sind kaum eine Stunde unterwegs, da zeichnen sich vor uns die Konturen eines Gebäudes ab, das schnell Gestalt annimmt. Es scheint verlassen. Das Anwesen ist von einer Mauer umgeben, und ich vermute, daß es sich um ein Winterquartier handelt.

Als wir um die Außenmauer biegen, trauen wir unseren Augen nicht. Da steht ein Lastwagen mit aufgeklappter Motorhaube, an dem zwei Männer im grünen Armee-Look hantieren. Die beiden sind von unserem Erscheinen genauso überrascht und starren uns entgeistert an. Im ersten Moment befürchte ich, daß es chinesische Soldaten sind, als sie aber Wangyals tibetischen Gruß erwidern, weiß ich, daß dies nicht der Fall ist. Der Lastwagen ist bis zum Anschlag mit Möbeln beladen. Offenbar haben die beiden Trucker die Nacht hier zugebracht und sind nun dabei, den kalten

Motor in Gang zu bringen. In Anbetracht unserer Lage hält sich Wangyal nicht lange mit Vorreden auf, sondern kommt gleich zur Sache. Ich mache mir nicht viel Hoffnung, denn selbst wenn sie nicht abgeneigt sind, uns zu befördern: Wo sollen auf dem Vehikel noch sechs Personen samt Gepäck Platz finden? Bestenfalls würde einer von uns ins Führerhaus passen. Wangyal scheint da ganz anderer Meinung zu sein. Pausenlos redet er auf die zwei Männer ein. Als einer der beiden, vermutlich der Fahrer, zu Wort kommt, glaube ich zu verstehen, daß es um Zahlen geht. Von Zeit zu Zeit wirft mir Wangyal einen aufmunternden Blick zu, als wolle er mir sagen, daß die Unterredung ganz in unserem Sinn verlaufe. Zum Schluß wird das Verabredete per Handschlag besiegelt.

Ich kann es kaum fassen, daß Wangyal es tatsächlich geschafft hat, die beiden zu überreden, uns auf ihrem Lastwagen mitzunehmen. Der Haken daran ist nur, daß sie in eine Richtung fahren, in die wir gar nicht wollen. Wangyal erläutert mir den Sachverhalt so: Nach Norden gäbe es keine befahrbare Route, aber die beiden wären bereit, uns nach Westen zu bringen, zu einem See namens Shuro Tso. Falls wir dort wider Erwarten keine Nomaden anträfen, die uns Yaks zur Verfügung stellten, würden wir noch ein Stück nach Norden chauffiert werden, zu einem heiligen Berg, in dessen Umgebung viele Dokpas sommers wie winters ihre Zeltplätze haben. Von dort würde es nicht schwierig sein weiterzukommen. Ich erinnere ihn daran, daß wir ein ähnliches Versprechen auch in Sangsang erhielten und trotzdem jetzt hier festsitzen. Doch er erwidert, daß wir keine andere Wahl hätten, und ich weiß nur zu gut, daß ich ihm recht geben muß. Jedenfalls ist es besser, ein Stück weit voranzukommen als gar nicht, und wer weiß, was sich unterwegs alles ergibt. Womöglich finden wir sogar schon vor dem Shuro Tso eine neue Karawane. Eigentlich gibt es gar keinen Grund, an den guten Absichten der beiden Tibeter zu zweifeln, denn sie haben sich überaus fair verhalten. In Anbetracht unserer mißlichen Lage hätten sie als Fuhrlohn um ein Vielfaches mehr herausschlagen können. Es spricht für sie, daß sie dieser Versuchung widerstanden. Das Problem mit der Fracht ist schnell gelöst: Die Möbel werden einfach an Ort und Stelle abgeladen, und der Beifahrer bleibt hier, um sie zu bewachen.

Wangyal und ich laufen zurück zu den anderen. Im Lager wird die Nachricht mit Begeisterung aufgenommen, zumal sich herausgestellt hat, daß es kein einziges Nomadenzelt in der näheren Umgebung gibt.

Targo – Der Seelenberg der Bon

Am nächsten Morgen ist der planengedeckte Truck zur Stelle. Zwei von uns nehmen im Führerhaus Platz, der Rest hinten auf der Ladefläche. Die weichen Gepäckstücke, in denen sich Zelte, Matten und Schlafsäcke befinden, dienen als Sitzunterlage. Das ist auch dringend nötig, denn die Strecke entpuppt sich als Piste letzter Ordnung. Entweder holpert das geschundene Fahrzeug über kopfgroße Steintrümmer oder droht in Naka-Sümpfen zu versinken. Es wird erst besser, als wir die Hochebene überquert haben und die Straße sich in riesigen Serpentinen zu einem Paß hinaufzuwinden beginnt.

Oben angekommen, eröffnet sich ein beherrschender Rundblick. Nach allen Richtungen hin ein Meer von Bergen, aus denen einzelne Schneegipfel herausragen. Im Süden der weiße gezackte Kamm des Himalaya wie eine in den Himmel geschriebene Grenze. Und davor das Tal des Brahmaputra, das nur erahnt, aber nicht gesehen werden kann. Im Nordwesten, tief unter uns, der Shuro Tso. Dahinter ragt ein mächtiges vergletschertes Massiv auf, dessen Gipfel den See wie Zacken einer Krone umkränzen. Auf einem der umliegenden Pässe muß einstmals der Schwede Hedin gestanden haben, in der Hoffnung, wenigstens einen Blick auf den Dangra Yumco zu erheischen. Dieser heilige See liegt noch weiter nördlich, jenseits der großen Schneeberge, die keine Sicht darauf zulassen. »Keinen Schritt weiter oder der Kopf ist ab«, so entschlossen waren ihm die Tibeter entgegengetreten und hatten jeden Versuch vereitelt, mit seiner Karawane bis zu den Ufern des Sees vorzudringen.

Von den himmlischen Höhen des Passes rollen wir hinunter in eine weite grüne Hochebene und stehen bald vor den Mauern einer Siedlung, die in dieser Umgebung fremder nicht sein kann. Der Ort macht einen irdischen, genauer gesagt chinesischen Eindruck. Es ist eine jener typisch traurigen Siedlungen, mit denen die Chinesen seit ihrer Besetzung Tibets im Jahr 1950 das Land überzogen haben. Die Nomaden wurden zwangskollektiviert. Sie wurden aus ihren Zelten ausquartiert und in solche Barackenlager gepfercht. Die Folgen waren Hungersnöte und bitterer Haß. Erst vor wenigen Jahren haben die Planer am grünen Tisch begriffen, daß es keine bessere Nutzungsmethode für solch karge Gebirgswüsten gibt als den Nomadismus. Seitdem dürfen die Dokpas wieder in ihren beweglichen Behausungen leben und umherziehen, aber sie sind längst nicht mehr die Herren dieses weiten Landes. Denn um sie zu kontrollieren und in Schach zu halten, wurde das Nomadenland mit Kasernen und Verwaltungsstationen überzogen.

Haufen von Plastikmüll, Aludosen und mutwillig zertrümmertes Glas »dekorieren« den Weg in den Ort. Sie künden davon, daß die Segnungen der Modernisierung, auf die China so stolz ist, selbst die abgelegensten Regionen erreicht haben. An einem Billardtisch, dessen grüner Stoff-

Schematische Darstellung des Universums im angepaßten Bon der Gegenwart. Sie ähnelt stark der buddhistischen Vorstellung, die von Indien entlehnt wurde. In der Mitte des Universums befindet sich der Berg Meru, der von Ringmeeren und Ringkontinenten umgeben ist und über dem sich die verschiedenen Himmelswelten aufbauen.
Im Zentrum des von Menschen besiedelten Kontinentes Jambudvipa liegt der Berg Kailash mit den dort entspringenden vier Flüssen und das westlich davon gelegene Bon-Paradies Olmolungring.

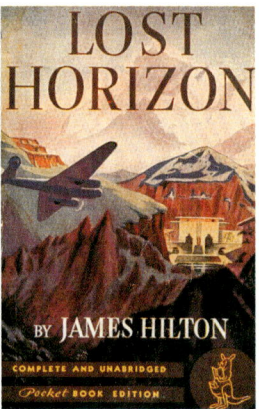

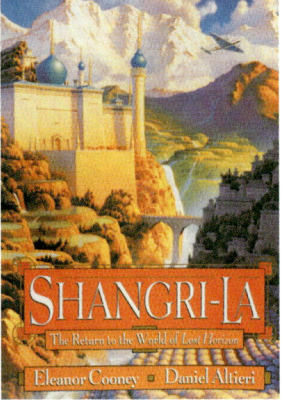

Die westliche Vorstellung von Shangri-La wurde durch den Roman von James Hilton begründet. Heute ist Shangri-La zu einem sinnentleerten und kommerzialisierten Begriff geworden, dessen sich vor allem die Reiseindustrie bedient.

Offenkundig wurde Hiltons Shangri-La vom buddhistischen »Paradies« Shambhala inspiriert, das durch die Reisen des Russen Nicholas Roerich und christlicher Missionare nach Tibet im Westen bekannt wurde. Roerichs Buch über seine Reise nach Shambhala erschien nur drei Jahre vor Hiltons Roman.

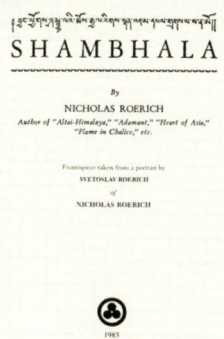

SHAMBHALA

By

NICHOLAS ROERICH

Author of "Altai-Himalaya," "Adamant," "Heart of Asia,"
"Flame in Chalice," etc.

Frontispiece taken from a portrait by

SVETOSLAV ROERICH

of

NICHOLAS ROERICH

1985
NICHOLAS ROERICH MUSEUM
New York, New York

Khyungtul Rinpoche war der Entdecker der Shang-Shung-Relikte am Khardong-Berg. Tucci traf den Bonpo, den er als herausragenden Vertreter seiner Zunft bezeichnete, am Eingang ins Garuda-Tal.

links: Auf tibetischen Rollbildern (Thangkas) erscheint Shambhala als ein von Schneebergen umkränztes Land, in dessen Mitte sich der Palast des Königs befindet. Das unbuddhistische Schlachtengetümmel und die Endzeitprophezeiung deuten auf zentralasiatischen Einfluß hin. Möglich ist aber auch, daß es von Olmolungring, der Bon-Vorstellung eines mythischen Landes, inspiriert wurde.

Giuseppe TUCCI

SADHUS ET BRIGANDS DU KAILASH

Mon voyage au Tibet occidental

Préface de F. Meyer

Domaine Tibétain

PEUPLES du MONDE · ÉDITIONS · R. CHABAUD

Der italienische Tibetforscher Giuseppe Tucci (1894–1984) zählt zu den wenigen Fremden, die das Garuda-Tal vor 1950 besuchten. In seinem Reisebericht schreibt er erstmals von megalithischen Zeugnissen, die er dort fand und die er der Zeit des Königreichs Shang Shung zuordnete.

Die Gestalt des Khyung (Garuda) erscheint bei den Maskentänzen der Bonpos mit dem Urelternpaar der Menschheit in den Händen. Die Buddhisten haben die Tradition der Cham-Tänze von den Bonpos übernommen.

links oben: Thiten Norbuche in Kathmandu gehört zu den führenden Bon-Klöstern der Gegenwart. Es wird von Lopon Tenzin Namdak geleitet. Allerdings hat sich die monastische Kultur weitgehend der buddhistischen angepaßt. Auch die Bon-Lamas tragen gelb-rote Gewänder und versammeln sich zum täglichen Disput, und selbst der Religionsstifter Shenrab Mibo wird wie der Buddha dargestellt.
Nur die Kopfbedeckung mit dem linksdrehenden Swastika-Zeichen (Yungdrung) unterscheidet sie äußerlich von ihren buddhistischen Pendants.

Vieles deutet
darauf hin, daß
Olmolungring
und das
Kailash-Gebiet
ursprünglich
eins waren.

bezug längst den Unbilden des tibetischen Wetters zum Opfer gefallen ist, versucht ein Kerl in grobem Schafspelz die Kugel zu lochen. Daneben sind Pferde angebunden, die prächtig mit Glöckchen, bunten Quasten und Troddeln aufgezäumt sind. Kinder spielen mit alten Reifen. Von einem Gebäude, das etwas abseits steht und von einer hohen, mit Glasscherben und Stacheldraht gesicherten Mauer umgeben ist, weht die chinesische Flagge. Wir halten vor einem anderen Gebäude, über dessen Tür ebenfalls eine Fahne weht. Sie ist von blauer Farbe, und die goldenen chinesischen Schriftzeichen darauf verkünden, daß es hier muslimisches Essen gibt. Der Wirt, ein Angehöriger der Volksgruppe der Hui, den es von der weit entfernten Provinz Gansu hierherverschlagen hat, bereitet uns frische, von Hand gezogene Langnudeln. Dazu schlürfen wir *san pao tai*, einen köstlichen Tee mit drei verschiedenen Gewürzen, der erst nach mehreren Aufgüssen sein volles Aroma entfaltet. Unser Fahrer würde am liebsten hier nächtigen und uns erst morgen zum Shuro Tso bringen, aber wir lehnen entrüstet ab. Für ihn ist es eine unbegreifliche Laune, daß wir im Zelt schlafen wollen, wenn es doch hier ein Gästehaus gibt.

Der Zeitpunkt zum Aufbruch hätte nicht besser gewählt sein können. Die tiefstehende Sonne hat die Ebene, die von einem Ring aus Schneebergen eingefaßt ist, deren Gipfel im Licht baden, in Gold getaucht. Dann ist der Shuro Tso plötzlich da. Wie geschmolzener Lapislazuli liegt er zwischen den Bergketten eingebettet. Wir fahren ein Stück am Ufer entlang und schlagen unsere Zelte an einem Logenplatz auf. Ein spektakulärer Sonnenuntergang kündigt sich an. Von Minute zu Minute werden die Farbstimmungen dramatischer. Auch der See verändert nun seine Farbe. Jede Regung am Himmel darüber zeichnet sich auf seiner Oberfläche ab. Von Osten her schiebt sich eine pechschwarze

Wolkenwand heran, so daß sich die Bergspitzen noch deutlicher vom Himmel abheben und aufleuchten. Immer weiter wandern die Schatten hoch, dann verlischt ein Gipfel nach dem anderen, als würden sie ausgeknipst, und der kalte Schatten der Nacht fällt über Gebirge und See.

Am nächsten Morgen stellen wir fest, daß wir das exklusive Vergnügen haben, den Shuro Tso ganz allein für uns zu haben. Kein einziges Nomadenzelt steht an seinen Ufern. Die einzigen größeren Lebewesen, mit denen wir die Steppe teilen, sind zwei Gazellen, die sich von unserer Anwesenheit nicht beim morgendlichen Weidegang stören lassen. Unser Chauffeur, der die Nacht im Führerhaus verbracht hat, versichert, daß dies alles kein Problem sei und er uns wie versprochen bis zum heiligen Berg bringen werde. Schon nach wenigen Kilometern öffnet sich vor uns eine weitere Ebene, die von einem großen Fluß entwässert wird. An seinen Ufern hält der Fahrer an. »Das ist der Targo Tsangpo«, sagt er. Dann deutet er nach Norden, wo sich am Ende der Hochfläche eine Reihe von Schneegipfeln zeigt, die wie weiße Tempel der Bergkette aufgesetzt sind. »Targo Rinpoche, Rirab Lhunpo« – Kostbarer Schneeberg, König der Berge –, ruft er ehrfürchtig und vollzieht dabei Niederwerfungen. Nicht nur die religiöse Inbrunst seiner Handlungen, sondern auch die Worte, die er wählt, lassen keinen Zweifel offen, daß es sich um einen besonderen Berg handelt. Rirab Lhunpo ist ein Begriff, den die Tibeter für den Weltenberg Meru benutzen, die Achse des Universums, wie auch für dessen Stellvertreter auf Erden, den heiligen Berg Kailash. Ich wundere mich, warum ich von diesem Berg noch nie gehört habe. Der Kailash und andere Bergheiligtümer Tibets wie der Amnye Machen oder der Nyanchen Thangla sind mir gut bekannt, aber Targo? Vielleicht ist er mir deshalb kein Begriff, weil er nur lokale Bedeutung besitzt.

»Targo ist der Beschützer unserer Religion«, sagt der Fahrer, als hätte er meine Frage erahnt.

»Welcher Religion?« bohre ich nach.

»Der Bon-Lehre von Tenpa Sherab«, antwortet er und blickt mich dabei an, als bemitleide er mich ob meiner offensichtlichen Unwissenheit. In der Tat muß ich eingestehen, daß ich von der vorbuddhistischen Religion Tibets nicht viel weiß. Das liegt aber nicht an mangelndem Interesse, sondern vor allem daran, daß mir bisher der Zugang fehlte. Ich kann mich kaum entsinnen, jemals in Tibet mit lebendiger Bon-Praxis in Berührung gekommen zu sein. Die einzigen Bon-Praktizierenden, denen ich bislang begegnet war, waren Pilger am Kailash gewesen. Sie fielen mir nur deshalb auf, weil sie die rituelle Umwanderung des heiligen Berges in der umgekehrten Richtung vollzogen, als es die Buddhisten tun. Das wenige, das ich über Bon weiß, stammt aus Büchern, aber selbst diese sind rar. Während Werke über den tibetischen Buddhismus eine ganze Bibliothek füllen, gibt es nur wenige Publikationen zur Bon-Religion, und diese beschäftigen sich überwiegend mit jener dem Buddhismus assimilierten Form, wie sie heute in den monastischen Zentren gelehrt wird. Dieser sogenannte reformierte Bon ist das Ergebnis einer jahrhundertewährenden Auseinandersetzung mit der im achten Jahrhundert aus Indien importierten Lehre des Buddha. Durch diesen Prozeß hat sich die Bon-Religion, wie sie vor der Ankunft des Buddhismus praktiziert worden war, zweifellos verändert, allerdings kam es dabei zu einer gegenseitigen Beeinflussung, denn auch der Buddhismus wandelte sich gegenüber seiner indischen Tradition, wenngleich die buddhistische Polemik dies gern bestreitet und den Bon abschätzig als Plagiat bezeichnet. Zweifellos war der vorbuddhistische Bon viel stärker schamanistisch geprägt, und wenn sich davon noch etwas erhalten hat, dann am ehesten im Volksglauben, in der Verehrung von beseelter Natur, wie heiligen Bergen und Seen. Schon deshalb bin ich gespannt, das Bergheiligtum der Bon mit eigenen Augen zu sehen. Der Umstand, daß mir Targo als Pilgerberg in Tibet bisher kein Begriff war, macht ihn nur noch interessanter.

Während mir diese Gedanken durch den Kopf gehen, fahren wir in nordöstlicher Richtung über eine weite Hochebene, die zu allen Seiten von Schneebergen bekränzt ist. Nur im Süden gibt es eine Lücke, durch die der Targo Tsangpo zum Dangra-See durchbricht, dessen Ufer nur erahnt, aber nicht gesehen werden können. Beherrscht wird diese gigantische Naturbühne von den eisbedeckten Gipfeln des Targo-Massivs. Sie zwingen den Blick unweigerlich auf sich. Wie ausgestreckte Finger einer Hand greifen die Gletscher in die Hochebene hinein. Wir zählen neun Gipfel. Sie stehen aufgereiht wie zu einem Spalier. Nur zwei tanzen etwas aus der Reihe. Einer davon, dessen Haupt in Richtung Süden, zum heiligen See weist, scheint besondere Verehrung zu genießen, denn wann immer wir an von Menschenhand errichteten Zeichen wie Gebetsfahnen oder aufgehäuften Steinen vorbeikommen, nimmt der Fahrer reflexartig seine Kopfbedeckung ab und murmelt dabei heilige Silben, deren Wortlaut und Bedeutung mir verborgen bleiben. Auch Wangyal, der neben mir im Führerhaus sitzt, kann sie nicht verstehen und glaubt, daß sie einer längst verschwundenen Sprache Tibets entstammen. Wir können lediglich in Erfahrung bringen, daß dieser Berg Targo Gegan heißt und von einer mächtigen Bon-Gottheit bewohnt wird, die der Fahrer als »König der Berggötter« bezeichnet. Er zeigt uns noch einen weiteren Gipfel, der in bezug auf Heiligkeit dem Targo Gegan ebenbürtig ist. Seine Form ist ungewöhnlich. Auf der Nordseite besitzt er einen breiten gerundeten Rücken, der einen Gletscher trägt, nach Süden hingegen bricht er in einer schroffen Felswand ab.

Sein Name ist Targo Ngomar, und unser Fahrer beschreibt die dort residierende Schutzgottheit als eine rotgesichtige furchteinflößende Gestalt, die von den ringsum lebenden Nomaden verehrt und zugleich gefürchtet wird.

»Kannst du ihn fragen, ob er mehr darüber weiß«, bitte ich Wangyal.

»Da vorn ist ein Kloster«, antwortet unser Chauffeur nach kurzem Überlegen und deutet dabei in Richtung Süden, wo die Abhänge des Targo-Massivs in die Ebene auslaufen. »Die Lamas können euch viel mehr darüber sagen als ich.«

Wenn er auch nicht über die komplexen metaphysischen Zusammenhänge dieser Landschaft hier Bescheid weiß: Was die Ortskenntnis betrifft, ist er über jeden Zweifel erhaben. An einer Stelle, an der nicht das geringste Wegzeichen zu erkennen ist, verläßt er die Piste, der wir seit dem Shuro Tso folgen, und nach einigen Kilometern querfeldein taucht ein einzelnes Gebäude auf, das rasch Gestalt annimmt. Es ist noch im Rohzustand, und die Familie, der es gehört, bewohnt ein schwarzes Yakhaarzelt, das einen Steinwurf entfernt am Ufer eines kleinen Baches steht. Beim Herannahen des Lastwagens schlägt der Hund Alarm, und bald darauf erscheinen die Bewohner vor dem Zelteingang. Ein Knirps, der gerade erst laufen kann, packt den Hund an der Leine und bindet ihn hinter dem Zelt fest. Erst jetzt wagen wir das Fahrzeug zu verlassen. Der Zeltherr kommt uns mit zum Gruß erhobenem Arm entgegen, während seine Frau, die ein Kleinkind auf dem Arm hält, wieder im Zelt verschwindet. Die beiden Tibeter begrüßen sich wie gute alte Freunde. Wangyal, der der Unterhaltung folgen kann, erzählt uns, daß unser Fahrer hier von Zeit zu Zeit vorbeikommt, um Wolle zu kaufen, die er dann auf entfernten Märkten gewinnbringend veräußert. Die jungen Nomaden sind nicht die einzigen, die hier leben. Außer ihnen gibt es sieben weitere Familien, deren Zeltplätze im Umkreis verstreut auf der Hochebene liegen.

Mit ausgesuchter Höflichkeit bittet uns Gyaltsen ins Zelt, aus dem eine blaßgraue Rauchsäule aufsteigt. Seine Frau Dolkar hat bereits Tee bereitet, den sie uns mit einer Holzkiste voll Tsampa und Yakbutter serviert. Immer wieder fordert sie uns auf zuzugreifen, weil sie nicht verstehen kann, daß wir den Tee lieber ohne diese Zusätze trinken. Nachdem unser Fahrer mit Gyaltsen die wichtigsten Neuigkeiten ausgetauscht hat, lenke ich das Gespräch auf unsere brennendste Frage und erinnere ihn an sein Versprechen, daß er uns behilflich sein würde, Yaks zu finden. Bald darauf sind die beiden erneut in ein Gespräch vertieft, in das sich Wangyal hin und wieder einschaltet. Wir haben uns nach der Erfahrung mit Gunsang auf zähe und langwierige Verhandlungen eingestellt, aber diesmal geht alles erstaunlich schnell und unproblematisch. Das liegt vor allem daran, daß Gyaltsen die Reise nach Ombu nicht ungelegen kommt. Er hat ohnehin vorgehabt, dorthin zu reisen, allerdings erst im Winter und dann per Fahrzeug. Mit uns müßte er die Reise zwar früher als geplant unternehmen und mit Yaks würde sie auch viel länger dauern, aber dafür ließen sich Geschäft und Glaube in idealer Weise verbinden. Auf diese Weise würde er einen satten Lohn für seine Dienste kassieren und gleichzeitig seine religiösen Verdienste mehren, indem er die rituelle Umwandlung des heiligen Sees vollzieht. Denn *unser* Ziel ist zwar Ombu, ein Ort mit Straßenanbindung am nördlichen Ende des Dangra Yumco, aber da Gyaltsen ja zurück muß, könnte er dann auf der anderen Seite des Sees laufen – und somit den Kreis schließen. Der Nomade läßt sich diese Chance nicht entgehen, und wir sind uns schnell handelseinig. Selbst die Ansage, daß es ein paar Tage dauern werde, bis die Yaks abmarschbereit seien, regt uns nicht auf. Wir haben keine

Eile. Längst haben wir beschlossen, so lange als möglich an diesem Ort zu bleiben. Das ist immerhin eine ganze Woche. Eine weitere Woche planen wir für den Marsch entlang des Dangra ein. Diese Zeit müßte genügen, um Ombu zu erreichen, wenn es stimmt, was Gyaltsen behauptet, daß die Pilger für eine komplette See-Kora (Umrundung) gewöhnlich 14 Tage benötigen.

An diesem Abend herrscht in unserem Lager eine euphorische Stimmung wie schon lange nicht mehr. Jeder schmiedet Pläne. Helmut will endlich seinen Gleitschirm, den er seit Sangsang nur noch als Sitzkissen benutzt hat, »auslüften«. Martin, der Filmer, sieht eine Chance, mit seiner Kamera mehr vom Leben der Nomaden einzufangen, als es bei den bisherigen flüchtigen Begegnungen möglich war. Die beiden Schweizer können es kaum erwarten, auf einen der Gipfel zu steigen. Und ich möchte am liebsten alles zusammen tun: das Kloster besuchen, bei den Nomaden mehr über die Bon-Religion erfahren und einen Berg besteigen. Wir sind uns jedoch alle einig, daß wir die religiösen Gefühle unserer Gastgeber respektieren und keinen der beiden als Heiligtümer verehrten Gipfel betreten werden.

Welche Bedeutung insbesondere Targo Ngomar für die Nomaden hier hat, erfahren wir am nächsten Tag, als wir Gyaltsens Familie besuchen. Das Zelt ist so ausgerichtet, daß der Eingang zum heiligen Berg weist. Davor gibt es einen kleinen Altar, auf dem jeden Morgen Wacholderreisig verbrannt wird. Der betörende Geruch und das Rauchopfer sollen den Berggott gnädig stimmen.

»Om Seber Ratna Siddhi Bumdu Mar«, psalmodiert Gyaltsen das Berg-See-Mantra, während er neun Niederwerfungen vollzieht. Diese Zahl ist den Bon-Gläubigen heilig. Sie repräsentiert die Neun Wege des Bon, die der Religionsstifter Tenpa Sherab den Menschen einstmals gelehrt hat. Gleichzeitig steht sie für die neun Richtungen, die das

Grundmuster eines Mandala bilden – nämlich die Mitte, von der vier Haupt- und vier Nebenhimmelsrichtungen ausstrahlen. Die Zahl Neun findet sich ebenfalls am Berg Kailash, der für die Bonpos eine große Bedeutung besitzt. Er wird als Yungdrung Gutseg – Neunstöckiger Swastika-Berg – verehrt. Die Natur hatte dafür gesorgt, daß der heilige Berg Targo Ngomar von acht weiteren Gipfeln umgeben ist. Zusammen bilden sie also eine neunköpfige Bergfamilie.

»Ich rufe den mächtigen Targo. Durch die Kraft meiner Mantras flehe ich dich an, zu erscheinen und unsere Bitten zu erhören.« Mit diesen Worten beginnt ein Gebet, das den Beistand von Targo Ngomar erfleht. Berg und See werden aus zwei Gründen verehrt: aus Angst und aus Dankbarkeit. Das ist nicht verwunderlich, denn ohne die beiden gäbe es hier keine Lebensgrundlage für die Menschen. In einer Umwelt, in der der Mensch den Naturgewalten ausgeliefert ist und die Existenzgrundlage jederzeit vernichtet werden kann, braucht er überirdischen Schutz. Targo, so glauben die Nomaden, kommt dabei eine entscheidende Rolle zu. Von ihm kommen die Flüsse und damit das lebensspendende Wasser. Die Bewohner machen ihn für eine ganze Reihe weltlicher Belange verantwortlich. Er gilt als Herr über Wind und Wetter, er kann Krankheit verursachen, aber auch Erdbeben, Dürre und andere Naturkatastrophen hervorrufen. Von seiner Funktion als Beschützer des Graslands hängt die Wohlfahrt der Tiere der Nomaden ab. Als es in den 90er Jahren des letzten Jahrhunderts in drei aufeinanderfolgenden Jahren sehr trockene Sommer gab, haben die Einheimischen es darauf zurückgeführt, daß Targo wegen der zunehmenden industriellen Ausbeutung der Ressourcen und der kommerziellen Jagd zürnte.

Außer dem täglichen Rauchopfer werden Targo zu besonderen Anlässen weitere Opfer dargebracht. Butteropfer gibt es im Frühjahr, damit die Tiere wieder Milch geben, Gerste und Fleisch werden geopfert zu der Zeit, wenn die Schafe geschoren werden oder die Getreideernte ansteht. Das Anbringen von Gebetsfahnen und das Errichten von Steinpyramiden sind ebenfalls Zeichen der Verehrung. Die Steinpyramide ist ein Miniaturabbild des heiligen Berges.

Der Weg des Bon

In all diesen rituellen Handlungen und insbesondere in der Verehrung von Bergen und Seen als eine Art göttlichem Paar lebt eine archaische Form von Religiosität fort, die vor dem Auftreten der Hochreligionen über ganz Asien verbreitet war, nämlich der Schamanismus. »Heute dürfen wir sagen«, schreibt der Orientalist Helmut Hoffmann, der sich eingehend mit den Religionen Tibets befaßt hat, »daß das urtümliche Bon die nationaltibetische Ausprägung jener alten animistisch-schamanistischen Religiosität gewesen ist, welche einst nicht nur die Weiten Sibiriens beherrschte, sondern auch ganz Innerasiens, Ost- und Westturkestans, die Mongolei, Mandschurei und sogar China.«

In dieser animistisch-schamanistischen Religiosität, wie es Hoffmann ausdrückt, sah sich der Tibeter nicht nur von einer mächtigen – manchmal sogar übermächtigen – und unberechenbaren Natur, sondern auch von Heerscharen guter wie böser Geister umgeben, die alle Elemente – wie Erde, Feuer, Wasser und Luft – bevölkerten. Im Wasser der Flüsse und Seen leben die Lus, Geister, die unseren Nixen ähneln und Schlangengestalt annehmen können; in Bäumen und Gestein treiben die Nyan ihr Unwesen; und den Luftraum beherrschen die Tsan.

Relevanter für das tägliche Leben der Menschen ist eine Gruppe von Geistern, zu denen der »Herdgott« gehört, den wir bereits von unseren Besuchen bei Zeltnomaden kennen. Er ist in jeder Feuerstelle zu finden und wird – wie wir gesehen haben – noch heute verehrt und gefürchtet.

Da das unheilvolle Wirken dieser Geister und Dämonen allerlei Kalamitäten heraufbeschwören, ja sogar Krankheit und Tod hervorrufen konnte, bedurfte es eines wirksamen Schutzes. Experte im Umgang mit diesen Geistern war traditionell der Schamane. Wie aus alten Überlieferungen hervorgeht, gab es dafür in Tibet verschiedene Bezeichnungen. Sie wurden Bonpo, Shen oder Yel genannt. Vielleicht entsprachen die Namen den verschiedenen Klassen von Schamanen, die unterschiedliche Kompetenzen besaßen. Die einen waren auf die Heilung von Krankheiten spezialisiert, andere für die richtige Ausführung der Totenriten verantwortlich, während wieder andere klassischen sibirischen Schamanen glichen. Es gibt sie auch heute noch in Tibet, allerdings unter dem Namen Pawo. Die besondere Fähigkeit des Schamanen war, in Trance den Körper zu verlassen beziehungsweise als Medium in Erscheinung zu treten. Einem solchen Schamanen wurde sogar im tibetischen Buddhismus ein offizieller Platz reserviert. Der Priester von Nechung, von dessen Körper eine ursprünglich aus dem Bon stammende Gottheit in den Seancen Besitz ergriff, diente bis zum Einmarsch der Chinesen in Tibet am Hof des Dalai Lama in Lhasa als Staatsorakel, das bei wichtigen Entscheidungen und alljährlich anläßlich des Neujahrfests befragt wurde.

Die Liste von »Survivors« jener alttibetischen Form des Schamanismus, die im Volksglauben nach wie vor lebendig sind und vom tibetischen Buddhismus adaptiert wurden, ließe sich beliebig fortsetzen. Die Verankerung dieser uralten Traditionen im Volk war offensichtlich so stark, daß weder die Lehre der Bon-Lichtgestalt Shenrab Mibo noch der spätere Buddhismus sie zu lösen vermochte. Beide mußten sich damit arrangieren, das heißt die alten Götter am Leben lassen, sonst wäre der Widerstand zu groß gewesen. Viele dieser Wesenheiten wurden sogar in den Pantheon des Yungdrung-Bon von Shenrab Mibo und in den tibetischen Buddhismus aufgenommen und, in neues Gewand gekleidet, in den Dienst der neuen Religion gestellt. Doch wurde ihr ehemals blutrünstiger Charakter gezähmt. Vor allem der aus dem Swat-Tal im heutigen Pakistan stammende Yogi Padmasambhava hat sich auf diese Weise im Schneeland als Dämonenbezwinger hervorgetan. Unter den Dämonen, die er auf seiner Missionsreise quer durch Tibet kraft seiner überlegenen magischen Fähigkeiten besiegte und die gegen die Einführung der aus Indien kommenden Lehre Buddhas offenbar erbitterten Widerstand leisteten, ist nichts anderes zu verstehen als die alten Bon-Götter beziehungsweise jene, die ihnen dienten.

Daß diese animistisch-schamanistische Tradition, wie sie noch vor der Begründung des sogenannten Yungdrung-Bon durch Shenrab Mibo existierte, die autochthone Religion Tibets war, darüber sind sich die Fachgelehrten einig. Die Konfusion beginnt mit Shenrab Mibo. An seiner Person scheiden sich die Geister. Das liegt vor allem auch daran, daß seine Lebensgeschichte so von Legenden überwuchert ist, daß es ein aussichtsloses Unterfangen scheint, historische Wahrheit und Verklärung voneinander zu trennen. Seine Biographen haben sich jedenfalls redlich bemüht, ihm die Glorie einer Lichtgestalt zu verleihen, und dabei ihrem Wunschdenken wenig Zügel angelegt. Das beginnt bereits bei seinen Lebensdaten. Der Bon-Überlieferung zufolge soll Shenrab Mibo vor 18000 (!) Jahren in Erscheinung getreten sein und seine Lehre auf Erden verbreitet haben. Hauptquellen für seine Lebensgeschichte sind zwei Bon-Texte, die zu verschiedenen Zeiten verfaßt beziehungsweise entdeckt wurden. Die älteste Quelle, ein Werk namens »Dodo«, wurde angeblich aus der Shang-Shung-Sprache ins Tibetische übertragen und im achten Jahrhundert niedergeschrieben. »Dodo« wird als Terma – verborgener Schatz – klassifiziert, eine Gattung von Texten, die nach ihrer Niederschrift versteckt wurden, um der Vernichtung während der Bon-Verfolgungen jener Zeit zu entgehen, und oft erst Jahrhunderte später entdeckt wurden. »Dodo« wurde im elften Jahrhundert in einem Stupa in Samye gefunden, sozusagen in der Höhle des Löwen, denn Samye, erbaut im achten Jahrhundert, war das erste buddhistische Kloster Tibets.

Eine wesentlich ausführlichere Fassung der Lebensgeschichte Shenrabs findet sich in einem Bon-Text, der unter dem Shang-Shung-Namen »Gedächtnisschlüssel« (Sermig) bekannt ist. Bon-Gelehrte behaupten, daß dieser Text im achten Jahrhundert von Vairochana schriftlich festgehalten wurde, einem buddhistischen Meister, der für seine guten Beziehungen zum Bon bekannt war. Allerdings glaubt Lopon Tenzin Namdak, gegenwärtig einer der führenden Repräsentanten des Bon, Indizien gefunden zu haben, daß dieses Werk schon früher übersetzt und schriftlich erfasst wurde – und zwar von Sadnegau, einem der bedeutendsten Shang-Shung-Gelehrten, der vor dem achten Jahrhundert lebte. Auch dieser Text gilt als Terma und wurde ebenso wie »Dodo« im Roten Stupa von Samye gefunden, der paradoxerweise einstmals errichtet worden war, um den Widerstand der Bonpos zu brechen, die sich gegen den Bau des Klosters verschworen hatten. Der »Gedächtnisschlüssel« zählt zu den wichtigsten kanonischen Schriften der Bon-Literatur und behandelt Leben und Wirken des Religionsstifters Shenrab Mibo in zwölf große Taten aufgeschlüsselt.

Die Ähnlichkeit mit der Biographie des Buddha Siddharta Gautama Shakyamuni, dessen zwölf Großtaten in einem kanonischen Werk der Buddhisten gefeiert werden, ist unverkennbar. Und so wie der Buddha sich einstmals als indischer Prinz auf irdischem Boden manifestierte, hielt Shenrab Mibo von himmlischen Gefilden nach einem geeigneten Elternpaar Ausschau. Allerdings wird als Herkunftsland Shenrabs ein Gebiet namens Tazig genannt, das geographisch im Nordwesten Tibets liegen soll. Dort habe sich der Meister manifestiert und zwar, so berichtet der »Gedächtnisschlüssel«, in einem Palast südlich des Berges Yungdrung Gutseg – des Neunstöckigen Swastika-Bergs –, zu dessen Füßen der See Mapham liegt und in dessen Umgebung vier große Flüsse entspringen. Unschwer ist da die Geographie des Kailash mit dem See Manasarovar, der bei den Tibetern Mapham heißt, zu erkennen, in dessen Nähe die Flüsse Indus, Brahmaputra, Sutley und Karnali ihren Ursprung haben. Noch heute verehren die Bon-Gläubigen den Kailash als Neunstöckigen Swastika-Berg, der nun allerdings im Besitz der buddhistischen Lehre ist, nachdem der Yogi Milarepa im elften Jahrhundert den Bonpo Naro Bonchung in einem magischen Wettstreit besiegte und ihn und seine Anhänger von dort verjagte. Die Tibeter nennen den Berg Tise, nach Namkhai Norbu ein Wort der Shang-Shung-Sprache, das soviel wie Wasser bedeutet – in Anspielung auf die enorme Bedeutung dieses Berges als Wasser- und damit Lebensspender. Durch Klugheit und List wurden Shenrab Mibo jene geheimen Formeln offenbart, in denen die Macht des Berggotts Tise und der Götter Shang Shungs verborgen lag. Damit konnte er diese Götter anrufen, sie zu seiner Lehre bekehren und als Hüter des Yungdrung-Bon verpflichten. Es ist bemerkenswert, daß sich später derselbe Vorgang wiederholte, als die Buddhisten den Berg »eroberten«. Nur waren es dann die Bon-Götter, die fortan der Lehre Buddhas dienen mußten.

Ähnlich wie beim Gautama Buddha, den die schönen Töchter Maras von seinem Weg abzubringen suchten, wird das Werk Shenrab Mibos durch das Wirken eines Dämons namens Khyabga Lagring gestört. Der Meister verfolgte ihn von Shang Shungs Zentrum im Westen quer durch das Land bis in den Osten Tibets. Da erst überwand er ihn. Nebenbei bekehrte der Begründer des Yungdrung-Bon noch die dortigen Bewohner zu seiner Lehre, die bis dahin den lokalen Dämonen blutige Opfer darbrachten. Shenrab Mibo verbot diese Blutopfer und führte als Substitution den Gebrauch von aus Teig geformten Opfergaben ein, wie es noch heute in Tibet sowohl von Bonpos als auch Buddhisten praktiziert wird.

Noch andere Vorbilder scheinen in den »Gedächtnisschlüssel« eingewoben zu sein. Als eine der zwölf Taten Shenrabs wird die Heirat mit einer Prinzessin von Hosmo, einem Land östlich von Tibet, beschrieben. Diese Story weist verblüffende Übereinstimmung mit der Lebensgeschichte Padmasambhavas auf, wie sie im »Bericht der Königinnen« überliefert ist. Und im Stil Padmasambhavas durcheilte Shenrab die Länder, bekehrte allerorts lokale Dämonen und verbreitete seine Lehre mit großem Erfolg. Schließlich zog er sich zum Leidwesen seiner Schüler, zu denen nun auch Khyabga Lagring zählte, am Yungdrung Gutse in eine strenge Klausur zurück. Nach dieser Phase läuternder Weltentsagung erkannte er, daß seine Mission auf der Erde erfüllt und die Zeit gekommen war, »aus dem leidvollen Samsara« auszuscheiden. Ähnlich wie es dem Buddha erging, wurde er von einer schweren Krankheit befallen. Im Augenblick seines Todes, so hieß es, löste sich sein Körper in Luft auf. Zuvor hatte er seine Schüler noch getröstet, daß sein Dahinscheiden kein endgültiges Entschwinden bedeute und die Lehre 30000 Jahre Bestand haben werde. Während dieser Zeit werde es weitere Bon-Buddhas geben. Einer Prophezeiung zufolge soll in von heute an gerechnet etwa 1200 Jahren, wenn sich die Menschheit auf einem Tiefpunkt befindet und die religiösen Werte verkommen sind, ein neuer Erlöser erscheinen, der die Lehre des Yungdrung-Bon revitalisiert.

Die hier skizzierte Ähnlichkeit mit der Figur des historischen Buddha hat nicht nur buddhistische Polemik auf den Plan gerufen, die darin nichts anderes als ein plumpes Plagiat sieht, sondern auch unter westlichen Gelehrten die Auffassung begründet, daß sich hinter der Maske Shenrab Mibos in Wirklichkeit der Buddha verbirgt. »Die Biographie Shenrab Mibos ist keine bloße Kopie des Shakyamuni«, wehrt sich Lopon Tenzin Namdak und verweist darauf, daß es trotz mancher Übereinstimmung bedeutende Unterschiede gibt. »Tenpa Sherab mußte nicht erst Mensch werden, um Erleuchtung zu erlangen, wie Shakyamuni. Er war bereits ein Erleuchteter, als er auf die Welt kam.« Außerdem, so betont er, betrachteten die Bonpos nicht Indien als ihr heiliges Land, sondern Shang Shung. Was den Ursprung beträfe, so blickten sie sogar noch viel weiter zurück, zu einem Prinzen, der lange vor Siddharta Gautama erschienen sei, und zwar eben in einem Land namens Tazig. Außerdem sei der Begriff Buddha ja kein persönlicher Name, sondern ein Ehrentitel. Das Sanskritwort bezeichne jemanden, der ein »Erwachter« sei. In diesem Sinn sei Shenrab Mibo selbstverständlich ein Buddha, behauptet Tenzin Namdak. Aus der Sicht der Bonpos offenbart sich Shenrab Mibo in vier verschiedenen Meistern. Einer davon ist Gautama Buddha. Demnach wär der Buddhismus lediglich ein Aspekt der Lehren des göttlichen Shenrab Mibo.

Doch gerade in alldem sieht der britische Forscher David Snellgrove einen Beweis dafür, daß es sich bei der Figur Shenrab Mibos um niemand anderen handeln könne als den historischen Buddha. Der Verweis der Bonpos auf Tazig als sein Herkunftsland sei durchaus ernst zu nehmen. Der Name Tazig weist im allgemeinen in Richtung Persien und bezeichnet im besonderen westlich des Pamirs angrenzende Gebiete. Noch heute leben dort die Tadjiken, ein Volk persischer Herkunft und Sprache. In vorislamischer Zeit existierte in dieser Region das mächtige Kushan-Reich, das bei der Verbreitung des Buddhismus eine Schlüsselrolle spielte. Im Kushan-Reich erschienen im zweiten Jahrhundert die ersten Bildnisse Buddhas auf Münzen, und auch die ersten buddhistischen Inschriften wurden dort in Stein gemeißelt. In Gandhara entwickelte sich das unverwechselbare Bild des Buddha, das dann im Gepäck der Händler und Wandermönche über Handels- und Völkerwanderungswege verbreitet wurde. Über solche Kontakte, so behauptet Snellgrove, wäre – allerdings nur rudimentär – buddhistisches Gedankengut nach Shang Shung gelangt und habe sich dort wie in einem Schmelztiegel mit der bereits bestehenden animistisch-schamanistischen Religion vermischt. Folglich sei der Bon nichts anderes als eine erste Welle buddhistischer Verbreitung in Tibet. Als dann später, ab dem achten Jahrhundert, der Buddhismus auf direktem Weg von Indien nach Tibet einströmte – und zwar im vollen Umfang seines komplexen Lehrgebäudes –, hätten die Bonpos, um sich gegen diese Übermacht zu behaupten, hemmungslos buddhistische Texte kopiert, umgedeutet und in ihr Lehrsystem integriert. »Nur so läßt sich erklären«, schreibt Snellgrove, »daß die Bonpos behaupten, ihre Religion komme ursprünglich aus Tazig via Shang Shung, und daß sie alle buddhistischen Lehren, wann immer sie mit ihnen in Berührung kamen, bereits als ihre eigenen betrachteten.«

Nicht alle Fachgelehrten teilen die Auffassung von Snellgrove. Manche vermuten Shang Shung als den wahren Ursprung der synkretistischen Bon-Lehre und glauben, daß hinter der Stifterfigur des Shenrab Mibo ein herausragender Priester aus Shang Shung steht, der in der Nähe des Kailash lebte, möglicherweise sogar im legendären Khyunglung Ngulkar Karpo, dem Silberpalast im Garuda-Tal. In den ältesten Überlieferungen des Bon gibt es Indizien, daß Shenrab Mibo ein Zeitgenosse des Shang-Shung-Königs Triwer Lhaje war, der ihn protegierte. Nach Namkhai Norbu, einem Schüler des bekannten italienischen Tibetforschers Giuseppe Tucci (1894–1984), lebte der Gründer des Bon zu Beginn des zweiten vorchristlichen Jahrtausends. Die Beschreibungen seines Herkunftslands in den Bon-Texten stimmen mit der geographischen Realität der Kailash-Region, die das zentrale Gebiet Shang Shungs bildete, zu sehr überein, um als bloßer Zufall abgetan zu werden. Erst viel später, als das Shang-Shung-Reich längst von der Bildfläche der Geschichte verschwunden und die Bon-Religion in ihrem Ursprungsgebiet nahezu ausgerottet war, wurde die Heimat Shenrabs immer mehr der irdischen Sphäre entrückt und nahm Züge des buddhistischen Paradieses Shambhala an, in das kein gewöhnliches menschliches Wesen gelangen kann.

Der Begriff Bonpo, der ursprünglich nur für eine bestimmte Kaste von Schamanen stand, wird heute für alle benutzt, die irgendeine vorbuddhistische Praxis ausüben. So wird der Nomade Gyaltsen, der seinem archaischen Berggott Targo huldigt, genauso als Bonpo bezeichnet wie Lopon Tenzin Namdak, der die höchsten Sutras und Tantras lehrt, die denen anderer buddhistischer Schulen sehr ähnlich sind – insbesondere der Nyingmapa-Tradition, jener Linie, die auf Padmasambhava zurückgeht.»Die essentiellen Unterschiede zwischen dem Buddhismus und dem heutigen Bon liegen weniger in Doktrin und Praxis als vielmehr in der Übertragungslinie«, räumt auch Lopon Tenzin Namdak ein. Mit anderen Worten: Der Hauptunterschied besteht darin, daß sich die einen auf den historischen Buddha Shakyamuni berufen und die anderen auf den Buddha Shenrab Mibo. Ob beide ein und dieselbe Person und die

Bonpos gar die älteren »Buddhisten« Tibets sind, weil sie die Lehre des Buddha via Shang Shung schon viel früher empfangen haben, ist umstritten. Jedenfalls wurde erst im 20. Jahrhundert, unter dem liberalen Geist des 14. Dalai Lama, die jahrhundertelang von den Buddhisten verfolgte und als Irrglaube verschmähte Bon-Religion rehabilitiert und als fünfte Schule in die buddhistische Familie aufgenommen. »Das ist kein Problem mehr, weil sie ohnehin so wie wir sind«, lautete der vielsagende Kommentar dazu aus Kreisen der anderen Schulen. Vor Jahrhunderten tönte es freilich noch ganz anders: »Der Bon ist wie Gift, während der Buddhismus wie Nektar ist«, heißt es in einer Schrift, die aus der Zeit der schlimmsten Bon-Verfolgungen stammt.

Für Gyaltsen sind derart spitzfindige religiöse Fragen kein Thema. Ihm genügt es zu wissen, daß der Targo Ngomar da ist und er seines Segens teilhaftig werden kann. Ihn plagen ganz andere Sorgen, und die Ursache dafür ist von einer Art irdischer Natur, gegen die selbst der rotgesichtige Berggott machtlos scheint. Gyaltsens Frau Dolkar ist schwanger und erwartet ihr drittes Kind. Ein solches Ereignis ist eigentlich bei Tibetern ein Grund größter Freude, aber nicht in diesem Fall. Die Frau hat Angst und ist verzweifelt. Vor einiger Zeit waren chinesische Beamte von der Gesundheitsbehörde hier. Sie haben ihr gesagt, daß keine Familie mehr als zwei Kinder haben dürfe, und ihr gedroht, das Kind abzutreiben und sie zu sterilisieren, notfalls mit Gewalt. Ich habe bei Reisen in den Nomadengebieten Nordost- und Osttibets von solchen Zwangsabtreibungen und -sterilisationen gehört, die an Tibeterinnen vorgenommen wurden, aber geglaubt, diese Praxis wäre längst eingestellt worden. Dem ist offenbar nicht so, trotz anderslautender Berichte. Schlimmer noch als das Gehörte ist das Gefühl der Ohnmacht, nichts dagegen tun zu können. Gyaltsen will mich ins Kloster begleiten, um den alten Lama um Rat zu fragen. Der sei ein sehr weiser Mann, erzählt er mir, und habe selbst viel Leid während der sogenannten Kulturrevolution erfahren müssen.

Das Kloster heißt Sezhig, und seine Konturen lassen sich vom Lager aus erkennen. Es steht auf einer Naturterrasse jenseits eines tief eingekerbten Flußbetts. Die eiskalten reißenden Wasser, die vom größten Gletscher des Targo-Massivs herabstürzen, erweisen sich als ernst zu nehmendes Hindernis. Wir müssen suchen, bis wir eine Stelle finden, an der sich der Fluß überqueren läßt. Das Heiligtum macht auf den ersten Blick einen verlassenen Eindruck. Doch der äußere Schein trügt. Im Innern der Gebäude herrscht rege Betriebsamkeit. Eine Gruppe von Künstlern ist damit beschäftigt, Wände mit Bildern zu bemalen, während Tischler hölzerne Regale zimmern, in denen später die Bücher untergebracht werden. Am Eingang empfängt uns ein Mönch in abgetragener grüner Uniform vom Typ Mao-Look und geleitet uns hinein. Wir werden in einen Raum geführt, der mit einem kleinen Altar ausgestattet ist, auf dem Bücher, ein paar kleine Figuren und eine ganze Reihe von Torma ihren Platz haben – Geisterfallen aus Teig. Daneben steht ein mit Schnitzereien verziertes hölzernes Tischchen, und dahinter sitzt auf mehreren übereinandergestapelten Kissen der Mann, den die Nomaden ringsum als letzten Wissensträger seiner Zunft verehren.

Tsultrim Namgyal trägt die weiße Kopfbedeckung der Bonpos und eine braune, mit Schafpelz gefütterte Chuba, den knielangen Mantel der Tibeter, der um die Hüfte mit einem Gürtel zusammengehalten wird. Mit einer knappen Handbewegung deutet er uns an, auf den Teppichen Platz zu nehmen, die sein Adjutant mit flinken Händen vor unseren Füßen ausrollt. Er mustert mich mit unverhohlener Neugier. Dann richtet er das Wort an Wangyal, der als Übersetzer mit dabei ist. Dieser erklärt in knappen Worten den Grund unseres Besuchs, und zuweilen wirft Gyaltsen eine Bemerkung ein. Den Wortfetzen, die ich verstehe, glaube ich entnehmen zu können, daß es um unseren Weiterweg entlang des heiligen Sees geht. Damit liege ich ziemlich falsch, wie sich später herausstellen wird, denn der Bonpo erwähnt nur, daß er normalerweise im Chugtso-Kloster an der Ostseite des Sees lebt und jetzt nur hier ist, um die Künstler bei ihrer Arbeit zu unterstützen.

Beim Wiederaufbau des Klosters seien alte Wandbilder zum Vorschein gekommen, die wie durch ein Wunder die Zerstörungen während der Kulturrevolution überlebt hätten. Die Restaurierung dieser wertvollen alten Bilder sei sehr heikel, und deshalb sei er hier. Ich drücke meine Verwunderung darüber aus, daß selbst dieses abgelegene Kloster inmitten der Gebirgswildnis des Transhimalaya von den berüchtigten Roten Garden aufgespürt und teilweise bis auf die Grundmauern niedergerissen worden war. Die Geschichte, die uns der Bonpo daraufhin erzählt, ist mir wohlbekannt. Ich habe sie, seit ich nach Tibet reise, immer und immer wieder gehört. Sie ist deshalb nicht weniger erschütternd. Als die Roten Garden Maos unter dem Motto »Zerschlagt das Alte« hier Hand anlegten, lebten mehr als 20 Mönche in diesem Kloster. Sie wurden zum Arbeiten in eine Kommune geschickt und zwangsverheiratet. Weil Tsultrim Namgyal sich weigerte, der Religion abzuschwören, hat man ihn im berüchtigten Drapchi-Gefängnis in der Nähe von Lhasa eingekerkert. 14 Jahre Haft unter miserablen hygienischen Bedingungen, Folter, Zwangsarbeit und Mangelernährung haben ihn zwar körperlich schwer gezeichnet, aber seinen Geist nicht brechen können. Als er im Jahr 1984 aus dem Gefängnis entlassen wurde, ist er sofort hierher zurückgekehrt, um mit eigener Kraft am Wiederaufbau der zerstörten Klöster mitzuwirken.

Aber Sezhig hatte bereits vorher eine wechselvolle Geschichte durchlebt. Es war im selben Jahr (1405) wie Menri, das Hauptkloster des Bon, gegründet worden. Aufgrund seiner Lage zwischen den beiden Pilgerzielen Targo und Dangra entwickelte es sich schnell zum bedeutendsten Kloster der Region. Der lokalen Überlieferung zufolge soll sich zuvor an dieser Stelle eine Shang-Shung-Burg befunden haben, von der heute keinerlei Spuren mehr zu sehen sind. Alle Wirren überdauert hingegen haben die Reste einer ehemals fünfstöckigen mongolischen Festung namens Gyaring Dzong. Die Mongolen waren im 13. Jahrhundert in Tibet eingefallen und hatten das Oberhaupt der Sakya-Schule zum Lehnsherrn eingesetzt. Die Festung und das Kloster wurden Jahrhunderte später im Zug einer Dzungareninvasion zerstört. Die Reste der Mongolenburg wurden dann beim Wiederaufbau des Klosters in einen zweistöckigen Tempel umgewandelt, dessen solide Mauern selbst die Zerstörungswut der Kulturrevolution überstanden haben.

Tsultrim Namgyal führt uns höchstpersönlich durch die ehrwürdige Klosteranlage, die allerdings nur noch ein schwacher Abglanz dessen sind, was sie früher einmal war. Von den vier Gebäudekomplexen an Mönchsbehausungen, die einstmals nach den vier Himmelsrichtungen angeordnet hier standen, ist nichts mehr zu sehen. Heute besteht das Kloster aus zwei Gebäuden: einem erst 1996 fertiggestellten Dukhang, in dem sich die Mönche zu Gebetszeremonien versammeln, und dem zweistöckigen, auf den Fundamenten der alten Mongolenburg erbauten Lhakang. Letzterer ist das interessantere Gebäude, denn eben hier kamen im Jahr 1995 alte Fresken zum Vorschein, die die Hauptgötter der Region zeigen. Tsultrim Namgyal ist zu Recht stolz auf die Leistung seiner talentierten Maler, die die kostbaren Bilder wieder zum Leben erwecken. Neben den Berggöttern Targo Gegan und Targo Ngomar sowie der

Seegöttin Dangra gibt es eine äußerst seltene Darstellung von Gang Tise, der uralten Bon-Gottheit des Kailash. Es ist kein Zufall, daß man sie gerade hier noch findet. Am Kailash wurden die Bonpos von Milarepa vertrieben, und der Berg selbst wurde in ein buddhistisches Mandala konvertiert. Hier am Targo jedoch gab es keinen Milarepa und auch keinen Padmasambhava, der den Bonpos den Berg abspenstig machte, hier herrschen noch die alten Bon-Götter. Außerdem formt der Targo zusammen mit dem Kailash und dem Kongpo Bonri eine Dreiheit, eine Geographie des Bon-Glaubens. Die drei Regionen, in denen diese drei Berge stehen, waren in früheren Zeiten die Hochburgen des Bon.

Shenrab Mibo soll der Überlieferung zufolge die Berggottheit Targo Ngomar zum Bon bekehrt haben. Zuvor war sie gewalttätig und blutdürstig. Doch unter dem Einfluß des Bon wurde Targo Ngomar besänftigt und zu einem Schützer der Bon-Lehre transformiert. Auf dem Wandbild ist noch sein ursprünglicher kriegerischer Charakter zu erkennen. Targo Ngomar trägt Helm und Rüstung. Seine grimmige feuerrote Gestalt ist in weiße und rote Robe gekleidet. Er reitet auf einem Pferd, das von züngelnden Flammen umgeben ist. Gleich daneben findet sich eine Darstellung von Targo Gegan. Die offenbar erst nach der Inbesitznahme des Bergmassivs durch die Bon-Lehre des Shenrab Mibo eingeführte Gottheit wirkt bei weitem nicht so furchteinflößend wie der Große Rotgesichtige. Targo Gegan trägt die weiße Bon-Mitra auf dem Kopf. In der rechten Hand hält er eine goldene Glocke, in der linken einen Ritualdolch. Er reitet mit seinem Pferd auf Wolken über Berg und See.

Nach dem Rundgang werden wir mit Tee und Süßigkeiten bewirtet. Dabei erfahren wir, daß alljährlich im dritten tibetischen Monat ein großes Fest gefeiert wird, das mit Maskentänzen einhergeht. Früher gab es eine Trommel im

Kloster, von der es hieß, daß sie ein Geschenk des Berggotts Targo Ngomar sei. Anläßlich des Klosterfests durften ausgewählte Gönner diese Trommel schlagen, wodurch – wie die Menschen glaubten – das folgende Jahr glückverheißend sein würde. Die Trommel gilt seit der Zerstörung des Klosters als verschollen, genauso wie andere Reliquien, die das Kloster einstmals beherbergte. Dazu zählt ein schwarzer Steinquader mit einer auf wundersame Weise selbstentstandenen Inschrift, ein Zahn von Shenrab Mibos Pferd und eine Garuda-Klaue, die so groß wie ein Yakhorn gewesen sein soll.

»War Khyung nicht das Wappentier der Shang-Shung-Könige, deren Machtzentrum in Westtibet lag?« frage ich nach, weil es mich überrascht, die Spuren des mythischen Riesenvogels hier zu finden.

»Ja, aber auch dieses Gebiet hier war Teil des Shang-Shung-Reichs. Entlang des Dangra werdet ihr viele Spuren des glorreichen Shang Shung finden, und dort gibt es auch eine Burg, die Khyung gewidmet ist. Sie heißt Khyung Dzong und diente mehreren Shang-Shung-Königen als Residenz.« Bei diesen Worten beginnen Tsultrim Namgyals müde Augen zu strahlen, als wolle er den Glanz längst vergangener Zeiten heraufbeschwören. Dann greift er in das Regal neben sich und zieht ein in gelbe Seide eingeschlagenes tibetisches Buch hervor. Es besteht aus losen Blättern, die von zwei hölzernen Deckeln zusammengehalten werden. Er schlägt die erste Seite auf und erklärt uns, daß es sich dabei um eine Art Pilgerführer handelt, der die Heiligtümer entlang der Pilgerwege rund um den See und den Berg beschreibt und ihre religiöse Bedeutung erläutert. Mir ist sofort klar, daß es sich um einen wertvollen Schatz lokaler Überlieferung handelt, und deshalb wage ich kaum die Frage auszusprechen, ob wir es näher begutachten dürfen. Zu meiner Überraschung willigt der Bon-Lama ohne zu zögern ein. Ich habe sogar das Gefühl, er freut sich über unser Interesse. Vielleicht spürt er, daß mit ihm viel an Wissen verschwinden wird, weil es immer weniger Menschen gibt, die sich dafür interessieren und an die er es weitervermitteln kann. Er erlaubt uns, so lange wir wollen im Kloster zu bleiben, um die Schrift zu studieren, und erklärt sich sogar bereit, uns dabei zu unterstützen. Weil es nicht möglich ist, in der kurzen Zeit unseres Aufenthalts den ganzen Text zu durchforsten, weise ich Wangyal an, sich nur auf jene Passagen zu konzentrieren, die mit dem Targo, unserer geplanten Route entlang des Sees und vor allem mit Shang Shung zu tun haben. Er solle sich Notizen machen und den Bon-Lama zu Rate ziehen, der den Text in- und auswendig kennt, damit ihm die zeitraubende Suche nach den betreffenden Stellen erspart bleibe.

Während Wangyal sich dieser Aufgabe widmet, bin ich mit Gyaltsen am nächsten Tag unterwegs, um die Umgebung nach Altertümern zu erkunden. Vor allem interessiert mich ein Platz, der bei den Nomaden unter dem Namen Sumbug Doring bekannt ist. Ich möchte herausfinden, ob es sich dabei um denselben Ort handelt, den Roerich entdeckt hat, als er auf seiner Suche nach Shambhala irgendwo in dieser Gegend vorbeigekommen sein muß.

»Die Expedition hatte das Glück, mehrere megalithische Zeugnisse zu entdecken«, schreibt Roerich in seinem Reisebericht. Und weiter heißt es: »An einem Ort, der Doring genannt wird, fand die Expedition 18 von Ost nach West verlaufende Reihen von Menhiren, die an beiden Enden von kreisförmigen Steinsetzungen flankiert werden.«

Obwohl Gyaltsen versicherte, Sumbug Doring befinde sich unweit unseres Lagerplatzes, nur ein Stück flußaufwärts am Ufer des Targo Tsangpo, irren wir stundenlang umher, bis wir den Ort schließlich finden. Auf zwei rechteckigen Flächen finden sich stehend oder bereits halb liegend etwa 1000 Monolithe in Reihen angeordnet. Sie sind stumme Zeugen einer bis heute unerforschten Megalithkultur in Tibet. Auch in Westtibet wurden von Tucci ähnliche rituelle Steinsetzungen gefunden. Da es im benachbarten Kinnaur bis heute üblich ist, zur Ehrung und Erinnerung an Verstorbene solche Steine aufzustellen, liegt die Vermutung nahe, daß es sich dabei um einen Totenkult handelte. Die Alten wissen zu erzählen, daß in der Vergangenheit gelegentlich menschliche Schädel und Knochen hier zum Vorschein kamen, die offenbar durch die Einwirkung von Wind und Wasser freigelegt wurden. Jedenfalls stützt die Anwesenheit einer so eindrucksvollen Anlage die Behauptung von Tsultrim Namgyal, daß diese heute so verlassene Gegend einstmals ein blühendes Kulturzentrum war. Rituelle Steinsetzungen in solchem Umfang setzen das Vorhandensein einer größeren menschlichen Gemeinschaft mit einer gut organisierten gesellschaftlichen Organisation voraus. Wenn es sich wirklich um den Ausdruck eines Totenkults handelt, dann dürften die Monolithe kaum in Gedenken an gewöhnliche Menschen, sondern an hochgestellte Persönlichkeiten oder Angehörige der herrschenden Klasse aufgestellt worden sein. Leider gibt es in der Bon-Literatur keinerlei Hinweise auf diesen Ort. Deshalb läßt sich über Alter und Identität der Erbauer nur spekulieren. Ist die Anlage Ausdruck einer Religiosität, die noch älter ist als der Bon? Welcher Kultur gehörten die Menschen an, die diese Steinmale schufen? Hat es etwas mit Shang Shung zu tun? Wir wissen so gut wie nichts über die Anfänge des Shang-Shung-Reichs. Markiert es in Tibet die Eisenzeit, oder reichen seine Wurzeln noch weiter zurück?

Die enge Verbindung zwischen der Bon-Religion und Shang Shung legt den Schluß nahe, daß sich beide synchron entwickelten. Dabei war Shang Shung eben nicht bloß ein kleines unbedeutendes Reich in der westlichsten Ecke

Tibets, wie oft angenommen wird, sondern erstreckte sich bis zum Aufstieg der zentraltibetischen Yarlung-Dynastie über ein riesiges Territorium. Das bestätigt auch der alte Text aus dem Sezhig-Kloster, den Wangyal studieren durfte. Aus seinen Notizen und Abschriften, die er mir nach der Rückkehr ins Lager vorlegt, geht zweifellos hervor, daß dieses Gebiet einstmals Teil von Shang Shung war. Die Spuren des legendären Königreichs sind hier noch allerorts zu finden. Sie zeigen sich in zerfallenen Wehrburgen, die die Ufer des Sees säumen, in Höhlen und Kultplätzen, die mit historischen Ereignissen oder wundersamen Begebenheiten verbunden sind. Vor allem aber lebt Shang Shung in den Namen fort. Nahezu alle religiösen Begriffe, aber auch Namen von Örtlichkeiten entstammen der verlorengegangenen Sprache Shang Shungs. Auch Targo ist ein Wort der Shang-Shung-Sprache und bedeutet schlicht Schneeberg. Er gilt als Lhari, als Seelenberg und Beschützer des Bon-Reichs Shang Shung, und stand in früheren Zeiten dem weiter westlich gelegenen Kailash an Bedeutung kaum nach.

Das göttliche Paar

Der Bon-Schrift ist zu entnehmen, daß es einen uralten Pilgerweg gibt, der vom Kloster zum Fuß des Targo Ngomar hinaufführt. Er sei nicht einfach zu finden, weil er heute nur noch selten begangen werde, warnt uns Tsultrim Namgyal. Die meisten Pilger, so erzählt der Bon-Lama, begnügten sich damit, nur ein kleines Stück hochzusteigen, um an einer Fußfallstätte dem Berggott zu opfern, ehe sie dann zum See weiterreisten. Doch Gyaltsen kennt den Weg und ist bereit, uns zu begleiten. Wir nehmen Ausrüstung und Verpflegung mit, um für mehrere Tage autark zu sein, packen alles auf Pferderücken und ziehen am nächsten

Morgen los. Vor uns liegt eine weite, leicht gewellte Hochfläche, aus der unvermittelt das Targo-Massiv aufsteigt. Wir halten direkt auf die markante Berggestalt des Targo Ngomar zu. Gyaltsen und Wangyal laufen voraus, jeder von ihnen ein Pferd hinter sich her führend. Bald beginnt das Gelände anzusteigen, und die Orientierung wird schwieriger. Von einem Pfad ist nirgendwo etwas zu erkennen. Ich folge den beiden in einigem Abstand und versuche das Bild der Landschaft mit jener poetischen Beschreibung in Einklang zu bringen, die ich zuvor las. »Der weiße Schneeberg Targo ist so groß und mächtig wie der Weltenberg Rirab Lhunpo«, heißt es da. »Auf seinem Haupt trägt er eine Aura aus Nebel und Wolken wie eine weiße Bon-Mitra. Seine oberste Spitze schmückt ein fünffarbener Regenbogen. Der mittlere Bereich des Berges besteht aus unbezwingbaren Felsformationen, und aus seiner Basis treten kostbare Wasser hervor. Obstbäume und Heilkräuter wachsen an seinen Abhängen in großer Zahl, und melodischer Vogelgesang erfüllt die Luft.«

Mit diesem Entwurf einer paradiesisch anmutenden Landschaft kann die Wirklichkeit nicht Schritt halten. Zwar gibt es hier eine Strauchart, die rote Beeren trägt, aber von Obstbäumen keine Spur. Der Targo Ngomar ragt vor uns wie ein Monolith in einen wolkenlosen Himmel auf, und statt Vogelgezwitscher zieht ein mächtiger Adler geräuschlos seine Kreise. Vielleicht war er es, der einstmals als Vorbild für den Khyung diente. Neben Dong Kharpo, dem göttlichen weißen Yak, ist der Garuda die wichtigste mythologische nicht-anthropomorphe Gestalt. Halb der Erde und halb dem Himmel zugeordnet, so glauben die Menschen hier, bewohne er die Gipfelregion des Targo. Auch im Namen Shang Shung steckt der Begriff Khyung. Und es lebt die Erinnerung fort, daß es an den Hängen des Targo-Massivs einstmals Wald gegeben hatte – vereinzelt finden sich noch Koniferen –, der aber abgeholzt wurde. Targo Ngomar habe daraufhin die Menschen mit Wasserentzug und fortschreitender Trockenheit bestraft. Die reale Erfahrung hat die Menschen gelehrt, daß der Berg zwei Gesichter hat. Targo besitzt eine friedliche und eine zerstörerische Seite. Er kann Unwetter und selbst Naturkatastrophen hervorrufen, andererseits generiert er kristallklares Wasser, Heilkräuter und kostbare Mineralien. Uns zeigt er an diesem Tag sein schönstes Gesicht. Wir trinken reinstes Quellwasser, legen uns zur Rast auf weiche Moosteppiche und blicken zu seinen Gletschern auf, die nun zum Greifen nah scheinen.

Nach einer weiteren Geländestufe betreten wir ein Plateau, das mit riesigen Steinblöcken übersät ist. Dazwischen öffnet sich eine Höhle, die früher zur Schamaneninitiation benutzt wurde. Hier, im Angesicht des Targo Ngomar, mußten die Schamanen ihre letzte Prüfung ablegen; dabei wurde entschieden, ob es sich um einen guten, einen mittelmäßigen oder einen schlechten Schamanen handelte. Ein schlechter Pawo, so wird überliefert, hätte als Strafe sein Leben verwirkt, ein mittelmäßiger zwar überlebt, aber keinerlei Verdienste erworben, während ein guter Schamane mit einer Trommel belohnt worden wäre, mit der er sich wie ein Vogel in die Lüfte hätte erheben können.

Noch ein Stück weiter oben, nachdem wir einen Hügel überquert haben, blicken wir in eine Senke, in der ein kleiner kreisrunder See liegt. Er gehört zum Allerheiligsten, was die Natur hier an Wundern zu bieten hat. Seine Ufer sind mit einem vollständigen Ring aus Steinplatten umzäunt, in die heilige Silben und Formeln gemeißelt sind. Der Grund dafür: Der See gilt als das rechte Auge der Seegöttin Dangra. Gyaltsen besteht darauf, daß wir den See mitsamt den Pferden im Schlepptau gegen den Uhrzeigersinn umrunden. Erst dann ist er bereit, den Weg fortzusetzen. Wir stehen nun unmittelbar am Rand der Gletscher. Gyaltsen geht zielstrebig zu einer Stelle, wo eine mineralische Substanz zu finden ist. Der rote Ocker gilt als göttliche Gabe des Berggotts und steht bei den Nomaden hoch im Kurs, weil er angeblich gegen Krankheiten hilft.

Für Gyaltsen hat sich der Ausflug bereits gelohnt, und wenn es nach ihm ginge, könnten wir auf der Stelle umkehren und ins Lager zurückkehren, aber ich bin auch Bergsteiger und kann der Verlockung der vielen unbestiegenen 6000er ringsum nicht widerstehen. Deshalb steigen wir noch ein Stück weiter hinauf bis an den Rand eines großen Gletschers und schlagen unsere Zelte an der Moräne auf.

Am nächsten Morgen setzen wir den Weg zu zweit fort. Mit Hilfe von Steigeisen erklettern wir die steil abbrechende Eiszunge und betreten ein weites Gletscherplateau, aus dem sich mehrere Gipfel erheben. Bisher stand nur fest, daß der Targo Ngomar unbetreten bleiben soll, aber ich hatte völlig offengelassen, für welchen der anderen Gipfel ich mich entscheiden würde. Jetzt wird der Blick von einer Berggestalt am anderen Ende des Gletschers angezogen, die in ihrer ebenmäßigen Form die anderen Gipfel überstrahlt. Es ist eine makellose Eispyramide, dessen Spitze von einer Eiswulst gekrönt wird, die wie eine riesige Haarlocke herabfällt. Der Gletscher ist so flach und ohne Spalten, daß wir auf das Seil verzichten und deshalb schneller vorankommen. Wir wollen in den ersten Morgenstunden, wenn der Firn noch hart ist, so weit als möglich kommen. Später, wenn die Sonne die Oberfläche aufweicht, wird das Gehen wesentlich kraftraubender sein. Aber bis dann hoffen wir den Gletscher längst hinter uns gebracht zu haben. Trotz der guten Akklimatisation zwingt uns die zunehmende Höhe immer häufiger kurze Rastpausen auf. Es ist Mittag und der Höhenmesser zeigt auf 5800 Meter, als wir am Fuß der weißen Gipfelpyramide stehen. Wir lassen alles Entbehrliche zurück, um unser Rucksackgewicht auf ein Minimum zu reduzieren. Dann steigen wir in direkter Gipfelfalllinie nach oben. Mit jedem Schritt wird der Firn steiler, und immer häufiger bleiben wir stehen und ringen auf die Eispickel gestützt nach Atem. Unterhalb der Eiswulst queren wir nach links auf den Grat hinaus. Dann flacht das Gelände ab, das Sichtfeld weitet sich, noch ein paar Schritte, dann stehen wir auf dem Gipfel. Es ist weder ein hoher Gipfel noch ein schwieriger für Himalayabegriffe, aber es ist unser Gipfel, und wir haben von ihm vorher, als wir im Tal unten aufbrachen, nichts gewußt, nicht einmal, daß es ihn gibt. Erst von hier oben erkennen wir den anderen, den ergänzenden Teil zum Berg, nämlich den heiligen See. Nicht die Höhle ist das weibliche Gegenstück zum Berg, sondern der See. Erst See und Berg zusammen ergeben eine Einheit, bilden ein göttliches Paar. Der Berggott Targo Ngomar und die Seegöttin Dangra werden von den Bewohnern dieser Gegend sogar als Urelternpaar der Menschheit betrachtet.

Wir können uns kaum satt sehen am Anblick des Sees, in dessen tiefblauer Farbe sich der tibetische Himmel spiegelt. Dann schweift der Blick hinüber zum Targo Ngomar, dessen Wand wie eine senkrechte Mauer zum Plateaugletscher hinunter abbricht. Beim Abstieg nutzen wir die Stufen, die wir beim Aufstieg in den harten Firn geschlagen haben, als Leiter. Zum Schluß stapfen wir über den inzwischen aufgeweichten Gletscher zurück. Es ist zu spät und wir sind auch viel zu müde, um an diesem Tag noch ins Tal abzusteigen. Außerdem sind die Pferde nicht da. Gyaltsen hat sie in tiefere Lagen getrieben, wo sie etwas Futter finden können. Erst am nächsten Morgen kommt er mit ihnen, um uns zu holen.

Ein paar Stunden später sind wir zurück in unserem Lager, wo bereits eine gewisse Aufbruchstimmung herrscht. Unsere Zeit hier neigt sich dem Ende zu. Morgen wird

Gyaltsens Bruder mit den Yaks eintreffen, und übermorgen wollen wir losmarschieren.

Für den letzten Tag hat Helmut einen Flug von einem der umliegenden Gipfel angekündigt. Die Nachricht verbreitete sich unter den Nomaden wie ein Lauffeuer, und so belagern die Tibeter mit Kind und Kegel schon seit dem frühen Morgen den Landeplatz, der mit einem Pfahl voller bunter Gebetsfahnen markiert ist. Es herrscht Volksfeststimmung. Die Einheimischen haben Chang, eine Art Gerstenbier, dabei, den sie pur oder mit Gerstenmehl und Yakbutter zu einem Brei vermengt konsumieren. Je länger die Wartezeit andauert, desto fröhlicher und ausgelassener wird die Stimmung. Helmut läßt lange auf sich warten. Als es Mittag wird und wir schon glauben, der aufkommende Wind habe den Flug vereitelt, geht ein Raunen durch die Menge. Alle springen auf und deuten wie auf Kommando auf den Farbklecks am Himmel, der scheinbar über dem Gipfel des Targo Ngomar schwebt. Helmut nutzt die Thermik geschickt und zieht seine Kreise am Himmel wie ein Adler. »Khyung, Khyung«, skandieren die Tibeter und können es nicht fassen, daß ein Mensch aus Fleisch und Blut wie sie imstande ist, mit einem aufgespannten Tuch zu fliegen. Als er schließlich landet, wird er von allen bestürmt, und jeder möchte das Wundertuch berühren, das die Fähigkeit besitzt, Flügel zu verleihen.

Während am Nachmittag im Lager bereits gepackt wird, besuche ich mit Wangyal noch einmal den alten Bon-Lama im Kloster. Er empfängt uns im selben Raum wie beim ersten Besuch. Erst jetzt erfahren wir von ihm, daß es jenes Zimmer ist, in dem Lopon Tenzin Namdak fast drei Jahre zugebracht hat. Als dieser 1960 aus Tibet zu fliehen versuchte, wurde er von chinesischen Soldaten gestellt und angeschossen. Nach zehnmonatiger Gefangenschaft gelang ihm dann doch die Flucht nach Nepal.

Wangyal erklärt Tsultrim Namgyal, daß wir morgen aufbrechen und gekommen sind, um uns zu verabschieden.
Als Dank für seine Hilfe überreichen wir ihm eine in einen
weißen Khadak – eine Seidenschärpe – eingeschlagene
Geldspende für das Kloster. Wir sind zu dem Schluß gekommen, daß Geld am dringendsten benötigt wird, um den
Wiederaufbau weiter voranzubringen, denn von denen, die
dieses Kloster einstmals zerstört haben, kommen keine Mittel und die ringsum lebenden Nomaden sind viel zu arm,
um für das Kloster zu spenden. Zum Abschied drückt mir
der Bon-Lama ein Papier in die Hand, auf dem ein selt-
sames Diagramm zu erkennen ist. Es besteht vorwiegend
aus geometrischen Mustern, aus Kreisen und Quadraten.

»Das ist Olmolungring«, sagt er, »das Land, aus dem
unser Lehrer Tenpa Sherab stammt.«

»Ich dachte, er kommt aus einem Land namens Tazig«,
wende ich ein.

»Olmolungring liegt in Tazig«, fügt er erklärend hinzu.

Im ersten Moment erinnert mich die Darstellung an
Shambhala. Doch bei näherem Hinsehen lassen sich deutliche Unterschiede erkennen. Den Mittelpunkt von Shambhala bildet Kapala, die Hauptstadt des mythischen Reiches,
mit dem Königspalast, im Zentrum von Olmolungring hingegen steht der Neunstöckige Swastika-Berg. Gemeinsam
ist, daß beide als eine Art reines Land gelten, in das nur derjenige gelangen kann, der die höchste Stufe spiritueller Entwicklung erreicht. Während es zu Shambhala so gut wie
keine genauen geographischen Angaben gibt, finden sich
auf der bildlichen Darstellung Olmolungrings konkrete
Anhaltspunkte, die eine Lokalisierung ermöglichen. Vom
Berg in der Mitte fließen vier Flüsse in vier verschiedene
Himmelsrichtungen. Diesem vorgelagert liegt der See Mapham, und ringsum sind weitere Berge wie der Pori. Wenngleich der Berg als Yungdrung Gutse bezeichnet wird, so

wird bei der Beschreibung seiner Umgebung klar, daß dahinter die Gestalt des Kailash hervorleuchtet. Denn es gibt keinen anderen Berg in Tibet, an dem vier der größten Flüsse Asiens entspringen, und nirgendwo sonst als dem Kailash zu Füßen liegt ein See namens Mapham. Es ist aber nicht die Frage, ob Olmolungring, das doch in der Bon-Überlieferung im fernen Tazig angesiedelt ist, identisch mit dem Kailash-Gebiet ist, die mich so sehr interessiert, sondern die Beziehung von Olmolungring zu Shambhala. Wenn die Vorstellung vom Bon-Paradies Olmolungring älter ist als das buddhistische Shambhala, dann ist nicht auszuschließen, daß es eine Beeinflussung gab. Bisher bin ich davon ausgegangen, daß das im Westen popularisierte Shangri-La von Shambhala inspiriert worden war und Shambhala keine originäre Erfindung der tibetischen Buddhisten ist, sondern aus Zentralasien stammt. Jetzt aber muß ich annehmen, daß es auch von der Bon-Tradition beeinflußt sein kann. Dann wäre Olmolungring das Original und der Ursprung dessen, was wir im Westen als Shangri-La kennen.

Obwohl es sich bei dem Diagramm nur um eine billige moderne Kopie handelt, habe ich das Gefühl, einen kostbaren Schatz von Tsultrim Namgyal erhalten zu haben, denn es brachte mich auf eine neue Idee.

Am nächsten Morgen brechen wir zum See auf. Wir überlassen es den beiden Tibetern – neben Gyaltsen ist sein Bruder Lhakpa mit von der Partie –, die Karawane zu managen, und laufen weit voraus. Der Weg ist kaum zu verfehlen, denn er ist deutlich mit religiösen Zeichen markiert. Kleine Steinpyramiden und Gebetsfahnen säumen den Pilgerpfad. Die Nähe des Sees, die die Aussicht vom Berggipfel suggerierte, war eine Täuschung, denn wir sind Stunden unterwegs, bis wir den ersten Blick auf den Dangra Yumco erheischen. Der erste Eindruck ist überwältigend. Er liegt wie ein geschmolzener Edelstein zwischen Bergketten eingebettet. Immer wieder gibt es Windungen, springen einzelne Bergrücken wie ein Kap vor und mildern dadurch seine enorme Ausdehnung, die den Wanderer sonst verzagen ließe. Von der Stelle, an der wir stehen, erstreckt sich der See mehr als 100 Kilometer nordwärts. Im Vergleich zu seiner Länge ist er relativ schmal. In der Mitte läuft er wie eine Sanduhr sogar bis auf wenige Kilometer zusammen. Ein Ring von Gebirgen wie himmlische Thronberge umkränzt seine Ufer. Der Vergleich mit dem Manasarovar- oder Mapham-See drängt sich förmlich auf. Auch die kollektive Erinnerung der Einheimischen kennt eine Verbindung zwischen den beiden Seen. Demnach soll es einen unsichtbaren Kanal zwischen dem Dangra und dem Mapham zu Füßen des Kailash geben. Vielleicht ist auch das ein Nachklang jener engen Verbundenheit, die einstmals zwischen dieser Region und Shang Shung bestand. Die Spuren des legendären Königreichs finden sich nicht nur im Gedächtnis der Menschen hier, sondern außerdem in einer ganzen Reihe baulicher Relikte. Steinerne Wehrburgen in allen Stadien des Zerfalls, die einstmals den transhimalayschen Karawanenweg entlang des Ostufers kontrollierten, drohen von Bergspitzen herab. Reste antiker Bewässerungsanlagen und Feldkulturen bezeugen, daß in der Vergangenheit eine viel größere Bevölkerung hier lebte, weil offenbar die Lebensbedingungen weitaus günstiger waren. Der Uferstreifen, den wir an diesem Tag entlangmarschieren, ist wie ein aufgeschlagenes Buch, in dem wir den Rückgang des Wassers ablesen können. Der sinkende Wasserspiegel hat horizontale Linien in die Uferwände gezeichnet. Aber das ist nicht die Ursache, die zur Entvölkerung führte, denn Wasser ist immer noch genügend da. Das Problem ist die fortschreitende Versalzung. Durch den Rückgang der Gletscher und stetig abnehmende sommerliche Niederschläge liefern die Flüsse nicht mehr genug Süßwasser in den Dangra, so daß er heute so salzhaltig ist, daß es für Mensch und Tier unbekömmlich ist. Die Menschen wußten wohl um die Abhängigkeit ihrer Existenz von Berg und See, denn es gilt als schlechtes Omen, wenn der Dangra im Winter nicht zufriert. Inzwischen ist der Salzgehalt so hoch, daß der See seit 1995 nicht mehr zugefroren ist.

Doch die landschaftliche Schönheit des Dangra Yumco ist immer noch da und ebenso seine Heiligkeit, auch wenn die dem See innewohnende Göttin ihre Funktion als Beschützerin der elementaren Lebensbasis der menschlichen Gemeinschaft nicht mehr erfüllt. In Anbetracht dessen überkommt einen ein Gefühl der Wehmut, wenn man die Beschreibungen in den altüberlieferten Bon-Texten liest. »In diesem türkisfarbenen See verborgen lebt eine lebensspendende Göttin«, heißt es da. »Sie bewohnt ein Schloß, das in türkisem Licht badet und hunderttausend außergewöhnliche Qualitäten besitzt. In der Mitte des Schlosses befindet sich der Thron, auf dem die Göttin sitzt.« Bildliche Darstellungen von Dangra Gyalmo, wie die Seegöttin genannt wird, sind extrem selten. Deshalb ist es ein Glücksfall, daß bei Restaurierungsarbeiten im Sezhig-Kloster im Jahr 1995 auch ein Fresko der Göttin zum Vorschein kam. Es zeigt sie als eine junge, anmutig schöne Frau mit heller Haut. In der linken Hand hält sie eine mit dem Nektar des Lebens gefüllte Vase und in der rechten den Langlebenspfeil mit fünf verschiedenen Farbstreifen. Sie reitet auf einer Yakkuh einher, umhüllt von Wolken. Der Pfeil und die Vase sind uralte Attribute des Bon. Der Pfeil steht für die Verbindung von Leben und Schicksalhaftigkeit.

An diesem Tag verwöhnt uns die Göttin nicht nur mit einem zauberhaften Lagerplatz, sondern auch noch mit göttlichem Licht. Pechschwarze dräuende Wolken verdunkeln den Himmel, doch plötzlich öffnet sich eine Lücke, ein

Lichtstrahl fällt auf den See herab und läßt seine Oberfläche wie pures Gold aufleuchten. Dann wandert der Lichtfleck weiter, erhellt für Momente das linke Auge der Göttin, einen kleinen runden See an der Westseite, der den klingenden Namen »Badeteich des Bewußtseins« trägt.

Am nächsten Tag passieren wir Chugtso. Mit seinen 60 Familien ist der Ort eine der größten ackerbautreibenden Siedlungen am See und eine der höchstgelegenen Tibets dazu. Bereits der See liegt auf 4535 Meter, und die Felder an seiner Uferzone ziehen sich bis in eine Höhe von 4800 Meter hinauf. Nach einer weiteren Stunde kommen wir an einem einfachen Chorten aus Stein vorbei, der uns den Weg zur Burg Chugtso Dzong weist. Von der alten Festung, die nach lokaler Überlieferung aus der Shang-Shung-Zeit stammt, ist noch erstaunlich viel erhalten. Die Mauerreste von gut einem Dutzend Gebäuden ziehen sich entlang eines mächtigen Felsrückens. Sowohl die Bauweise als auch das verwendete Material – grob behauene Steine – haben wenig Ähnlichkeit mit der in Tibet sonst üblichen Architektur, was der Behauptung der Einheimischen, daß es sich um eine Shang-Shung-Burg handelt, Glaubwürdigkeit verleiht. In Richtung Seeufer gibt es eine ganze Reihe altertümlicher Chorten, von denen nur mehr die quadratischen Fundamente übrig sind. Ein Stück weiter, noch in Sichtweite zur Burg, liegen die Ruinen eines Gebäudekomplexes, von dem die lokalen Bewohner behaupten, daß sie die Überreste eines Bon-Klosters seien, das in der Shang-Shung-Ära gegründet worden war. Die Fundamente korrespondieren mit den vier Himmelsrichtungen. Ihre Bauweise und die Art der Ausführung zeigen dieselbe Handschrift wie die Gebäude der Festung. Leider sind bis heute weder schriftliche Überlieferungen gefunden worden, noch gibt es archäologische Befunde, die die Geschichte und die Bedeutung dieser Bauwerke erhellen.

Danach führt der Pilgerpfad an aufgelassenen Feldern vorbei. Reste aufgeschichteter Steinmauern, die diese umzäunten, zeigen an, wie groß das einstmals landwirtschaftlich genutzte Terrain war. Da es hier durch mehrere Zuflüsse genügend Wasser gibt, dürfte die Preisgabe der Felder mit klimatischen Gründen zu tun haben. Zunehmende Kälte, fortschreitende Erosion und eine generelle Verschlechterung der Böden machten den Anbau von Getreide unmöglich.

Wir lagern auf einer jener terrassenähnlichen Stufen, die vom schrumpfenden See geschaffen wurden. Bisher war der Weg im Vergleich zur Überquerung des Transhimalaya einfach gewesen, und wir legten pro Tag eine Strecke von mehr als 20 Kilometern zurück. Eine respektable Leistung für eine Yakkarawane. Das liegt nicht zuletzt auch daran, daß Gyaltsen und Lhakpa ihr Handwerk verstehen und, was noch mehr zählt: Sie sind ein eingespieltes Team. Von Kindesbeinen an haben sie ihren Vater begleitet, der noch mit Yaks auf Handelsreisen ging, um Wolle und Salz zu verkaufen. Das Salz wird weiter nördlich bei den abflußlosen Seen der Changthang gewonnen und wurde in früheren Zeiten auf Yakrücken entlang der sogenannten »Salzstraßen« sogar über den Himalaya befördert.

Dank der Routine der beiden Tibeter kommt die Karawane morgens schon früh los, und es gibt kaum Unterbrechungen während des Marsches. Doch nun wird das Gelände zunehmend schwieriger. Nachdem wir die engste Stelle des Sees passiert haben, biegt der Pilgerpfad scharf nach Osten ab, folgt einem Knick, den ein fast 6000 Meter hoher Gebirgszug erzwingt, der so weit nach Westen hineinragt, daß er den See auf eine Breite von nur vier Kilometer komprimiert. In früheren Zeiten, so erzählen uns die Bewohner einer kleinen Siedlung, die genau im großen Knick liegt, konnten sie im Winter den See an dieser Engstelle problemlos überqueren, weil es eine geschlossene Eisdecke gab. Heute müssen sie, wenn sie auf die andere Seite wollen, um den See herumlaufen, denn es gibt keine Fähre. Der See gilt als heilig, und niemals würde ein Tibeter auf die Idee kommen, diesen mit Booten zu durchpflügen. Selbst die Fische sind tabu und werden nicht gefangen.

Seit wir vom Targo aufgebrochen sind, laufe ich mit Wangyal zusammen, und wir versuchen trotz des Drucks, Kilometer machen zu müssen, möglichst viele Informationen unterwegs zu sammeln. Mich interessiert alles, was mit Shang Shung zu tun hat. Doch an diesem Tag finden sich keine Berührungspunkte. Der Pfad windet sich in ständigem Auf und Ab am Fuß des Gebirges entlang, dessen Ausläufer steil zum Seeufer hinunter abbrechen. Hier gibt es keine feste menschliche Siedlung, es gab sie auch früher nicht, und nur an wenigen Stellen geben die Berge ebene Flecken frei, die von Yaks abgeweidet werden. An einer dieser Stellen finden wir eine Quelle, in deren unmittelbarer Nähe wir unser Lager aufschlagen.

Der nächste Morgen bricht düster und wolkenverhangen an, doch als wir losmarschieren, hat sich die dunkle Masse unter den Strahlen der Sonne aufgelöst und nur noch einzelne Wolken, die wie weiße Plüschtiere aussehen, segeln am Himmel nordwärts. Das ist auch die Richtung, die wir wieder einschlagen, nachdem wir um die östlichste Ecke des Dangra gebogen sind. Unvermittelt treten die Berge zurück und geben den See aus ihrer Umklammerung frei. Vor uns breitet sich eine weite Ebene aus, mit Feldern in allen Grünschattierungen, die wie Patchwork aussehen. Dazwischen stehen schwarze Nomadenzelte, und ringsum an den Hängen weiden Schafe und Ziegen wie Reiskörner hingestreut. Um die Bekanntschaft mit den Hunden zu vermeiden, umgehen wir die Zeltplätze großräumig.

Danach verläßt der Pilgerpfad das Seeufer und windet sich erneut einen Berghang hinauf. Immer wieder gilt es tief eingekerbte Talfurchen zu queren. Natürliche Steinblöcke, in die Bon-Mantras gemeißelt wurden, säumen den Weg. Schließlich eröffnet sich der Blick auf das Kloster Dangra Yubun. Es liegt in spektakulärer Lage. Hoch über dem See thront es auf einer Felsklippe, die als ein Abbild jenes Neunstöckigen Swastika-Bergs gilt, der im Zentrum von Olmolungring aufragt. Die Bauten sind in neun Stufen übereinander angeordnet, besser gesagt, sie waren es, denn der Bildersturm der chinesischen Kulturrevolution hat sie hinweggefegt, und was bisher aus den Trümmern wiedererstand, ist nur ein schwacher Abglanz dessen, was sie einmal waren. Unschätzbare Schriften über die frühe Geschichte des Klosters und damit auch über Shang Shung wurden vernichtet. Die wenigen Fragmente, die erhalten sind, belegen, daß das Kloster von Sadnegau, einem der bedeutendsten Shang-Shung-Priester, gegründet worden war, und zwar in der Zeit des Yarlung-Königs Mutri Tsanpo, in der nach Auffassung von Lopon Tenzin Namdak die Lehre Shenrabs von Shang Shung nach Zentraltibet kam. Mutri Tsanpo gilt als zweiter König in der Reihe der mythisch entrückten Dynastiegründer. Seine historischen Daten sind nur vage festzumachen. Es wird angenommen, daß er im zweiten vorchristlichen Jahrhundert lebte. Wie dem auch sei, allein die Verbindung des Klosters mit den beiden genannten Personen verleiht dem Ort eine enorme Bedeutung. Sadnegau wird in der schriftlichen Bon-Überlieferung als wundertätiger Heiliger beschrieben, der 16 Jahre in einer Höhle meditierte und dabei außerordentliche Fähigkeiten entwickelte. Das Kloster dient ganz dem Kult der Seegöttin Dangra, der auch der Haupttempel gewidmet ist. Heute füllen nur noch wenige Mönche die heiligen Hallen mit Leben. Daß es hier früher einmal eine wesentlich größere Gemeinschaft gab, bezeugen nicht nur die Ruinen ehemaliger Mönchsbehausungen, sondern auch die zahlreichen Praxishöhlen der Umgebung. Sie finden sich vor allem in den Klippen des Yungdrung, in dessen markanten Felsformationen die Gläubigen das linksdrehende Bon-Swastika zu erkennen glauben. Es symbolisiert den Urwirbel, der den Kosmos aufrechterhält. Und weil sich dieses Swastika linksläufig dreht, umwandern die Bonpos ihre Heiligtümer gegen den Uhrzeigersinn.

Wir hätten nur zu gern unser Lager für diese Nacht zu Füßen des Klosters aufgeschlagen, aber Gyaltsen besteht darauf, noch ein Stück weiterzulaufen. Hier gäbe es zwar viel zu sehen und eine gute Aussicht auf den See, aber davon könnten seine Yaks nicht leben, erklärt er lakonisch. Sie bräuchten mehr was Handfestes, sagt er, und damit meint er saftiges Gras. Aber dergleichen ist in dieser Steinwüste schwer zu finden, und deshalb schlagen wir unsere Zelte nach einstündiger vergeblicher Suche auf einem Hügel auf, auf dem immerhin spärliches Yakgras wächst. Die Steinansammlungen, die ringsum verstreut liegen, atmen Geschichte. Es müssen die Überreste Gyambai Dzongs sein, ein Glied in einer ganzen Kette von Shang-Shung-Festungen, die einstmals den Weg entlang des Seeufers säumten. Auf unsere Frage nach Shang-Shung-Relikten hatten uns die Mönche von dieser Burg erzählt, aber sie ist so verfallen, daß wir sie auf den ersten Blick gar nicht wahrnahmen. Erst jetzt, bei näherem Hinsehen, lassen sich Fundamente einstiger Gebäude erkennen. Lopon Tenzin Namdak, der aus der Zeit seines Aufenthalts am See diesen Ort gut kennt, behauptet, die Festung stünde in Verbindung mit der letzten Shang-Shung-Dynastie. Doch das ist reine Spekulation, denn es finden sich in der Bon-Literatur keinerlei Hinweise darauf. Ganz anders freilich verhält es sich mit der nächsten Festung, die wir am darauffolgenden Tag erreichen.

Khyung Dzong –
Die Burg des Garuda

Khyung Dzong eilt ein legendärer Ruf voraus. Schon Tsultrim Namgyal, der alte Mönch im Sezhig-Kloster, hatte glänzende Augen, als er uns davon erzählte. In alten Bon-Texten wird der Ort als einer der vier Eckpfeiler des Shang-Shung-Reichs gerühmt und in einem Atemzug mit Khyunglung Ngulkar Karpo genannt, dem Silberpalast im Garuda-Tal. Diese vier Festungen, die an geomantisch bedeutsamen Positionen standen, sollen verschiedenen Shang-Shung-Königen als Residenzen gedient haben. Unsere Erwartungen sind deshalb entsprechend hoch, als wir uns dem Burgfelsen nähern. Doch was sich heute davon dem Auge des Betrachters darbietet, kann mit der Überlieferung nicht mithalten. Die spärlichen Relikte befinden sich auf der Spitze eines Kalkfelsens, dessen Gipfel so klein ist, daß schwer vorstellbar erscheint, er könne einmal viel mehr getragen haben, schon gar nicht so etwas wie eine Königsresidenz. Doch der heutige Eindruck kann täuschen und der Felsen einstmals wesentlich größer gewesen sein. Die vielen abgesprengten Felstrümmer und der ganze Schutt ringsum könnten ein Indiz dafür sein. Das Gebiet liegt in einer geotektonisch aktiven Zone und wurde auch in jüngster Zeit mehrfach von Beben heimgesucht. So wissen die Einheimischen von einer Höhle zu berichten, in der Waffen und magische Kultgegenstände deponiert waren, die bei einer solchen Erschütterung einstürzte. Gut möglich, daß durch starke Erdstöße in der Vergangenheit auch größere Teile der Felsklippe abbrachen und die darauf befindlichen baulichen Anlagen mit hinunterstürzten. Ob dies tatsächlich der Fall war, werden nur archäologische Ausgrabungen klären können. Bis es soweit ist, sind wir auf die Bon-Quellen angewiesen, und die sprechen eine deutliche Sprache. In seltener Einhelligkeit berichten sowohl Schrifttum als auch Folklore von Khyung Dzong und von der einstigen Bedeutung dieser Region im allgemeinen für Shang Shung. Nach einem Bon-Text namens »Tise Kachag«, der aus dem Kailash-Gebiet stammt, war das Königreich Shang Shung in drei Bereiche unterteilt: in ein inneres Shang Shung, das im wesentlichen die heutige Region Ngari (Westtibet) umfaßt; ein mittleres, zu dem dieses Gebiet zählte, und ein äußeres, das bis nach Sumbug, eine Gegend in Nordosttibet, reichte. Derselbe Text enthält eine Liste, in der 18 Shang-Shung-Könige aufgeführt sind. Der 13. in dieser Reihe ist König Shelgyung, Träger der funkelnden Hornkrone, und der 14. ist König Ligmur Namkha, Träger der lapislazulifarbenen Hornkrone. Beide Könige lebten dem Text zufolge im Dangra-Gebiet. Vor allem aber steht Khyung Dzong in Zusammenhang mit dem letzten König von Shang Shung, dessen gewaltsamer Tod gleichsam den Untergang des Reiches besiegelte.

So wenig wir über die Anfänge von Shang Shung wissen, so gut sind wir über das Ende unterrichtet. Gleich zwei Quellen berichten davon im Detail, allerdings auf widersprüchliche Weise. Die eine ist eine alte tibetische Chronik aus dem zehnten Jahrhundert, die der französische Orientalist Paul Pelliot zusammen mit mehr als 2000 anderen Schriften im Jahr 1908 aus der berühmten Höhlenbibliothek von Dunhuang nach Paris gebracht hat. Die älteste Höhle dieser einzigartigen buddhistischen Anlage datiert aus dem Jahr 366. Im achten Jahrhundert war sie vorübergehend im Besitz der Tibeter, die das Yarlung-Reich nach dem Fall Shang Shungs bis nach Zentralasien ausgedehnt hatten. Die Schriften, die dort zu Beginn des 20. Jahrhunderts von einem einfachen Mönch entdeckt wurden, waren in einer vermauerten Nische verborgen gewesen. Sie waren in verschiedenen Sprachen abgefaßt, unter anderem in Tibetisch.

Die Chronik berichtet, daß sich im siebten Jahrhundert das aufstrebende zentraltibetische Yarlung-Reich und das Shang-Shung-Reich, dessen Zentrum in Westtibet lag, als Rivalen um die Vorherrschaft in Tibet gegenüberstanden. Und dies, obwohl die beiden Könige Songtsen Gampo und Ligmigya – offenbar einer politischen Tradition folgend – miteinander verschwägert waren. Der tibetische König Songtsen Gampo war mit Lithigmen, der Schwester des Shang-Shung-Königs Ligmigya, verheiratet, und dieser hatte Prinzessin Sadmarkar, die Schwester Songtsen Gampos, zur Frau genommen. In der polemischen buddhistischen Geschichtsschreibung wird die Shang-Shung-Frau Songtsen Gampos verschwiegen, weil sie dem Bon-Glauben anhing, ganz im Gegensatz zu seinen beiden anderen Gattinnen, nämlich der kaiserlichen chinesischen Prinzessin Wencheng und der Nepalesin Bhrikuti, die Buddhistinnen waren. Fakt ist aber, daß zu diesem Zeitpunkt in Tibet keine andere Religion als der Bon existierte und sowohl Ligmigya als auch Songtsen Gampo Bonpo waren. Diesbezüglich gab es also keine Differenzen in den Beziehungen. Zu einer ernsthaften Störung kam es erst, als Sadmarkar begann, in geheimen Botschaften an ihren Bruder gegen Ligmigya Stimmung zu machen, und ihn schließlich unverblümt aufforderte, gegen den Shang-Shung-König zu Feld zu ziehen, offenbar aus Rache, weil dieser – wie die Quelle verrät – seinen ehelichen Pflichten nicht nachkam und Sadmarkar zugunsten seiner anderen Gattin vernachlässigte. Doch Songtsen Gampo zögerte, den Shang-Shung-König in einer offenen Schlacht herauszufordern; statt dessen schickte er seinen Minister Mang Chung zur Residenz von Ligmigya, dem Silberpalast im Garuda-Tal, um die Lage auszukundschaften. Als er aber von Sadmarkar erfuhr, daß

Ligmigya zum nächsten Vollmond nur in Begleitung einer kleinen Eskorte eine Reise nach Sumpa, an die äußeren Grenzen seines Reiches, unternehmen werde, schmiedeten sie gemeinsam den Plan, den Shang-Shung-König in einen Hinterhalt zu locken. Sadmarkar, die ihren Ehemann begleitete, sollte auf einem Paß am Dangra eine verschlüsselte Botschaft hinterlassen, die verrate, wo und wann der günstigste Moment sei, um den Angriff auszuführen. So geschah es. Sadmarkar deponierte an der vereinbarten Stelle eine mit Wasser gefüllte Schale, in der ein Goldstück, eine Muschel und eine vergiftete Pfeilspitze lagen. Songtsen Gampo, der mit einem großen Heer angerückt war, deutete die Botschaft richtig: »Die mit Wasser gefüllte Schale bedeutet, daß Ligmigya beim nächsten Vollmond kommen wird; das Goldstück und die Muschel weisen uns die Goldgrotte und die Muschelhöhle am Dangra-See als Versteck an, während die Pfeilspitze uns auffordert, ihn rücksichtslos zu töten.«

Nach dem Tod Ligmigyas war sein Königreich eine leichte Beute. Im Jahr 644 eroberte Songtsen Gampos Armee Shang Shung – und damit erlosch das unabhängige Königreich für immer. Wenn man dieser Chronik Glauben schenkt, dann wurde der Fall von Shang Shung im königlichen Schlafzimmer besiegelt, durch das, was dort passierte beziehungsweise eben nicht passierte.

Der zweiten Textquelle liegt dasselbe Motiv, also Verrat, zugrunde. Es handelt sich dabei um eine Bon-Schrift mit dem Titel »Dzogpa Chenpo Shang Shung Nyen Gyu Gi Logyu Lama Gyupa Namthar Chenmo«. Gemäß dieser Quelle ist der Anschlag erst in der Zeit von König Trisong Detsen erfolgt. Der Name seines Ministers, an dem der Bon-Text kein gutes Haar läßt, lautet Nangnam Ledup. Dieser war es, der bei Sanangton Legma, der dritten Frau von Ligmigya, Neid schürte und sie mit dem Versprechen, Trisong

Detsens Hauptfrau zu werden, zum Verrat an ihrem Ehemann aufwiegelte. Unter dem Einfluß des listigen Ministers wurde ein Plan geschmiedet, den König auf seiner Reise nach Sumpa zu überfallen. Die Tat wurde jedoch genauso ausgeführt, wie in der ersten Quelle beschrieben.

Dung Phug – die Muschelhöhle –, in der sich die Angreifer versteckt hielten, soll nach Informationen der Einheimischen nicht weit entfernt von hier in den Bergen östlich des Yubun-Klosters liegen. Der Paß, über den sie kamen und auf dem die verschlüsselte Botschaft hinterlassen worden war, müßte demnach der Yubrug La sein. Ser Phug – die Goldgrotte –, in der der Meuchelmord geschah, wird an der Westseite des Sees lokalisiert. Dieses Ereignis findet in weiteren Kommentaren sowohl in der buddhistischen als auch in der Bon-Literatur seinen Niederschlag. Während die buddhistische Überlieferung die Tat als heroischen Akt feiert und als Meilenstein, um dem Buddhismus in Tibet den Weg zu bereiten, sehen die Bonpos dies naturgemäß ganz anders und betonen die militärische Überlegenheit Shang Shungs, das nur durch diesen hinterhältigen und feigen Anschlag auf das Leben des Königs besiegt werden konnte. »Weil der König von Shang Shung eine Armee besaß, die die Erde bedeckte, während die des tibetischen Königs nicht einmal ein ausgebreitetes Yakfell füllen konnte«, heißt es in einem Bon-Kommentar, »wagte er es nicht, ihn offen anzugreifen.«

In den Textstellen, die über den Fall von Shang Shung berichten, liegt eine zeitliche Diskrepanz von etwa 150 Jahren. Songtsen Gampo herrschte um die Mitte des siebten Jahrhunderts, während die Regierungszeit Trisong Detsens von 755 bis 797 dauerte. Lopon Tenzin Namdak hat dafür eine interessante Erklärung parat. Er glaubt, daß sich der Name Ligmigya nicht auf einen einzelnen König, sondern auf die ganze Dynastie bezieht. Während der Zeit Songtsen

Gampos verlor diese Dynastie die Kontrolle über ihr Stammgebiet mit dem Silberpalast im Garuda-Tal als Zentrum, worauf die Residenz nach Khyung Dzong verlegt wurde. Hier konnte sie sich noch anderthalb Jahrhunderte halten, wenngleich sie nur noch über ein Rumpfgebiet herrschte, bis schließlich unter Trisong Detsen die endgültige Niederlage erfolgte. Ob dies zutrifft oder nicht, bleibt letztlich für den weiteren Verlauf der Geschichte unerheblich. Tatsache ist, daß nach dem endgültigen Fall von Shang Shung, gleichgültig ob er bereits zu Songtsen Gampos Zeit erfolgte oder erst später, die Bon-Religion ihre weltliche Machtbasis verlor. Shang Shung war ein Bon-Reich, und nach seinem Untergang begann sich die *Sonne des Ewigen Bon* zu verdunkeln. Grund dafür war die Verbreitung des Buddhismus indischer Herkunft.

Mit den beiden buddhistischen Gattinnen Songtsen Gampos wurde ein erster Same gesät, aber nicht mehr. Es gibt keine Anzeichen, daß der König sich für den Buddhismus interessierte. Alles spricht dafür, daß er nach wie vor der Bon-Religion anhing, genauso wie seine Untertanen und der ganze Hofstaat. Seine beiden Gattinnen brachten zwar Buddha-Figuren als Mitgift nach Tibet und bestanden darauf, ihre Religion auszuüben, aber von einem buddhistischen Einfluß konnte keine Rede sein. Erst unter Trisong Detsen begann sich das Blatt für die Bonpos zu ihren Ungunsten zu wenden. Er war es, der zunächst den indischen Guru Shantarakshita und schließlich Padmasambhava ins Land rief und mit dem Bau des ersten buddhistischen Klosters beauftragte. Ob der König tatsächlich ein so glühender Verfechter der buddhistischen Lehre war, wie es die spätere buddhistische Geschichtsschreibung darstellt, oder eher aus machtpolitischen Erwägungen handelte, um die Macht des einflußreichen Bon-Adels und der Bon-Priesterschaft zurückzudrängen, die am Hof das Sagen hatten, sei dahingestellt. Die Bon-Überlieferung sieht in ihm den Haupt-schuldigen für den Verfall ihrer Religion und verteufelt sein Werk. »Ein bösartiger Dämon hat vom König Besitz ergriffen«, heißt es in einer Chronik. Mit diesem Dämon war Padmasambhava gemeint, der sich – so fährt die Quelle fort – »nur als Mönch tarnte, aber in Wirklichkeit von den fünf Giften verseucht war.«

Doch so feindselig, wie die Bon-Überlieferung glauben machen will, dürfte Trisong Detsen ihrer Religion zunächst keineswegs gegenübergestanden haben, sonst hätte er wohl kaum an seinem Hof einen Disput veranstaltet, um zu klären, welche der beiden Lehrtraditionen die überlegene ist. Auf der Seite der Buddhisten standen Padmasambhava und Shantarakshita. Die Bonpos wurden durch Drenpa Namkha aus Shang Shung, einen der hervorragenden Gelehrten seiner Zeit, und den Bon-Meister Lishu Taring aus Samye vertreten. Von Lishu Taring ist bekannt, daß er eine Reihe von Reisen nach Shang Shung unternahm, um dort Schriften zu holen, die er dann in die tibetische Sprache übersetzte.

Nach monastisch-buddhistischer Auffassung kam die Schrift 623 nach Tibet, und zwar durch einen Minister des Königs Songtsen Gampo, der sie aus Indien entlehnte. Die Bonpos allerdings behaupten, es hätte schon vorher eine Schrift in Tibet gegeben, die dieser Thonmi Sambhota nur weiterentwickelte. Damit ist die Schrift von Shang Shung gemeint, weil die heiligen Texte des Bon dort entstanden und in dieser Schrift abgefaßt wurden.

Der Disput endete für die Bonpos mit einem Desaster. Als Folge konvertierte Trisong Detsen zum Buddhismus, und die Bonpos wurden aufgefordert, entweder seinem Beispiel zu folgen oder ins Exil zu gehen. Drenpa Namkha soll sich daraufhin sein langes Haar, das äußerliche Zeichen eines Bon-Schamanen, abgeschnitten haben und formell zur Lehre Buddhas übergetreten sein. Im geheimen freilich praktizierte er weiterhin Bon. Zu diesem Zweck zog er sich in eine Höhle am Garuda-Berg zurück, das ist jene Felsklippe, auf der die Relikte der Shang-Shung-Burg Khyung Dzong stehen. Die Höhle wird bis heute für Klausuren benutzt. Dort übersetzte er weiterhin Bon-Texte.

Viele Bonpos folgten seinem Beispiel und nahmen zum Schein den Buddhismus an, um wenigstens einen Teil ihrer Lehren zu retten. Andere zogen es vor, in die Grenzregionen zu gehen oder ins Exil, wie Lishu Taring, der sich weigerte, auch nur zum Schein seiner Religion abzuschwören. Bei seinem Abgang aus Lhasa belegte er den König mit einem Fluch und prophezeite ihm den Untergang seiner Dynastie. Die Voraussage sollte sich erfüllen. Unter den Nachfolgern Trisong Detsens spitzte sich die Auseinandersetzung zwischen Bonpos und Buddhisten immer mehr zu und nahm Züge eines finalen Kulturkampfs an. Bereits seit dem Jahr 785 war die Bon-Religion offiziell verboten, doch nun kam es zu regelrechten Verfolgungen. Sie erreichten ihren Höhepunkt unter dem schwachen König Ralpachan (817–836), der den Buddhisten in allem nachgab. Aus dieser Zeit ist ein Text überliefert, der einen Eindruck von der Polarisierung vermittelt, die diese Phase des Konflikts prägte. »Der Bon-Anhänger ist wie ein Insekt im Spinnennetz«, heißt es darin. »Je mehr er sich zur Wehr setzt, um so enger schließt sich das Netz um ihn. Bekenne dich so schnell wie möglich zum Buddhismus. Das Leben ist zu kurz, um es Irrlehren zu widmen.«

Ralpachan fiel schließlich einer Palastintrige zum Opfer, angezettelt von Bon-Anhängern am Hof, die sich gegen die Verfolgung ihrer Religion empörten. An seiner Stelle wurde der bon-freundliche ältere Bruder Langdarma (836–842) auf den Thron gesetzt. Jetzt drehten die Bonpos den Spieß um, und die Buddhisten waren nun die Verfolgten. Alle ihre

Klöster wurden geschlossen, die Mönchsgemeinschaften aufgelöst, die Schriften verbrannt und die Buddhisten überall im Land blutig verfolgt. In höchster Not, als der Buddhismus nahezu zum Erliegen gekommen war, gelang es einem Eremiten, den König durch einen Pfeilschuß zu töten. Er hatte sich als Bonpo verkleidet in eine Tanzaufführung gemischt, der der König beiwohnte. Auf der Flucht entkam er seinen Verfolgern durch eine List. Er hatte seinen Schimmel mit Holzkohle und Fett schwarz beschmiert. Als er den Fluß Kyichu bei Lhasa durchritt, ging die falsche Farbe ab, und das nun wieder weiße Pferd täuschte seine Verfolger. Mit dem Tod Langdarmas hatte sich die Prophezeiung des Bon-Meisters Lishu Taring erfüllt. Die Yarlung-Dynastie fand ihr Ende.

Doch der Buddhismus erneuerte sich. Er verbreitete sich in einer zweiten Welle, und zwar ausgerechnet von dort aus, wo Jahrhunderte zuvor das Herz des Bon-Reichs Shang Shung geschlagen hatte, nämlich der westlichsten Ecke Tibets. Hier entstand im zehnten Jahrhundert auf den Trümmern des untergegangenen Shang Shung ein neues Reich – Guge. Gleichzeitig kam es zu einer neuerlichen Unterdrückung des Bon. Schon während der ersten Verfolgungen hatten die Bonpos mit der Niederschrift ihrer mündlichen Überlieferungen, aber auch mit der Übersetzung von Texten aus der Shang-Shung-Sprache begonnen. Mit dem Untergang Shang Shungs ging diese Sprache verloren beziehungsweise wurde zugunsten des Tibetischen aufgegeben.

Die Texte – die späteren Termas – wurden, um sie vor der drohenden Vernichtung zu bewahren, versteckt und die betreffenden Orte versiegelt. Vorzugsweise geschah dies in Höhlen oder Chorten, in deren Sockel seit jeher Reliquien eingemauert wurden. Vor allem im elften und zwölften Jahrhundert, als es zu einer Renaissance des Bon kam, wurden solche Schriften entdeckt – unter anderem in Khyung Dzong. In einem von Prof. Samten Karmay übersetzten Bon-Text findet sich eine Stelle, die darauf Bezug nimmt. Demnach ist dem Bon-Meister Maten Roldzin, der hier in einer Höhle am Fuß der Burg praktizierte, im Jahr 1108 ein Yogi aus Shang Shung erschienen, der mit einer türkisfarbenen gefederten Robe bekleidet war. Er trug Schriften bei sich. Maten Roldzin verstand die Botschaft richtig und begann zu suchen. Dank seiner visionären Kraft fand er schließlich eine Kiste voller alter Texte. Darunter befanden sich eine Anleitung für Bestattungsriten, eine Medizinschrift und eine Schrift zur Praxis der Lehre der Großen Vollkommenheit (Dzogchen), die dem Bon-Kanon einverleibt wurden. Ein Hirte, der uns auf einem Pilgerpfad um den Garuda-Berg führt und uns die betreffenden Stellen zeigt, berichtet, daß hier bis in die Gegenwart immer wieder Schriften und Kultgegenstände zum Vorschein kamen. Der ausgetretene Weg beweist, wie stark Khyung Dzong noch in der Erinnerung der Bon-Gläubigen verankert ist, und die ungebrochene Anziehungskraft, die von diesem Ort bis heute ausgeht, obwohl es mindestens 1300 Jahre her ist, seit der letzte Shang-Shung-König hier wandelte.

Ich wäre noch gern zu der Kulthöhle aufgestiegen, die oberhalb der Burg liegt und in der einst Drenpa Namkha lebte, aber Gyaltsen drängt entschlossen zum Aufbruch. Er möchte an diesem Tag noch den Paß überqueren, dessen Umrisse sich bereits im Norden abzeichnen. Der ist zwar nach kurzem Aufstieg überwunden, aber dahinter folgt unmittelbar ein weiterer, der Khyung La. Als wir schließlich auf seiner Höhe ankommen, fällt der Blick ins Leere und fängt sich erst wieder ein paar 100 Meter tiefer, am Grund eines Beckens, das mit Terrassenfeldern überzogen ist. Sattgrüne Gerstenfelder und Farbtupfer aus gelbem Raps leuchten uns entgegen. Dazwischen windet sich ein

Bach, der silbern aufblitzt. An seinem Ufer schlagen wir unsere Zelte auf.

Am nächsten Tag führt der Weg weiter durch kultiviertes Land, vorbei an mehreren Siedlungen, aber ich nehme die Umgebung nur noch beiläufig wahr. In Gedanken bin ich dabei, die vielen Eindrücke der vergangenen Tage zu sortieren, versuche sie einzuordnen und merke, wie sich dabei immer neue Fragen auftun. Wie kommt es, daß hier überall die Spuren eines vergangenen Königreichs, ja einer ganzen untergegangenen Kultur herumliegen und die Fachwelt diese immer noch für Legende hält? »Es ist reine Phantasie«, schreibt David Snellgrove, »zu glauben, daß es ein großes Shang-Shung-Reich gab, das dem tibetischen vorausging und von seinem Zentrum Khyunglung Ngulkar Karpo (= Silberpalast im Garuda-Tal) aus über Tibet und angrenzende Regionen Westnepals und des indischen Himalaya herrschte.«

Die Worte des Briten wiegen schwer, denn immerhin gilt Snellgrove als einer der führenden Vertreter seiner Zunft. Er hat ausgedehnte Reisen im Himalayaraum unternommen und war der erste westliche Forscher, der eine bedeutende Bon-Schrift übersetzt und bearbeitet hat. Sein Urteil gründet sich vor allem darauf, daß er weder der schriftlichen noch der mündlichen Bon-Überlieferung Glauben schenkt. Er ist der Überzeugung, daß das Schrifttum der Bon mehr oder weniger von buddhistischen Vorlagen abgekupfert ist. Die Shang-Shung-Sprache hält er für eine Abwandlung des Tibetischen und ist in seinen Augen eine künstliche Neuschöpfung der Bonpos aus dem elften Jahrhundert, um sich gegen den übermächtigen Buddhismus zu emanzipieren und ihre kulturelle Eigenständigkeit zu dokumentieren. Die mündliche Tradition bezeichnet er als reine Folklore.

Selbst wenn all das stimmte, muß man sich fragen, ob es nicht voreilig ist, das Bon-Reich Shang Shung als reine

Fiktion abzutun, nur weil es bisher lediglich in der literarischen und der mündlichen Überlieferung existiert und keine archäologischen Befunde vorliegen – noch nicht vorliegen –, die diese bestätigen. Was ist mit all den Relikten, die wir allein beim Marsch entlang der einen Seite des Dangra Yumco gesehen haben und die zweifellos einer vorbuddhistischen Kultur entstammen. Ist das alles Phantasie? Sicher, auch hier gibt es keine durch archäologische Untersuchungen verifizierten Daten, aber sind nicht die physischen Anzeichen und die große Übereinstimmung zwischen der mündlichen und der schriftlichen Überlieferung ein Beweis? Sie zeichnen einhellig das Bild einer frühen Hochkultur.

Meine Überlegungen werden durch ein ungewohntes Geräusch gestört. Motorenlärm und Hupen ist zu hören. In eine Staubwolke eingehüllt, nähern sich uns Fahrzeuge. Augenblicke später halten die beiden Vehikel bei uns an. Eines davon ist der Jeep, der uns nach Sangsang chauffiert hatte, das andere ein Kleinlaster. Der Abholdienst hat also geklappt, wir können es kaum fassen – und dann noch am vereinbarten Tag, eine solche Pünktlichkeit haben wir nicht erwartet. Der Vertreter unserer Reiseagentur in Lhasa umarmt jeden von uns, als hätte er längst verlorengeglaubte Personen wiedergefunden. Immer wieder erklärt er, wie sehr er sich freue, uns wohlauf zu sehen. Seine Freude ist echt, wenn auch nicht ganz uneigennützig, denn er ist für uns verantwortlich. Eigentlich hätte er uns begleiten müssen, aber wir hatten ihn überredet, es nicht zu tun, indem wir ihm sagten, es wäre viel wichtiger für das Gelingen der Reise, wenn er dafür Sorge trage, daß wir am vereinbarten Ort und Tag empfangen würden. So eine verantwortungsvolle Aufgabe könne man nicht einfach einem Fahrer überlassen. Das hatte er sofort eingesehen. Auf diese Weise hatten wir ihn los, und er brauchte sich nicht die Füße wund zu laufen und konnte sich statt dessen eine schöne Zeit in Lhasa machen.

Dann geht alles ganz schnell. Im Nu ist die Karawane aufgelöst, sind die Lasten auf den Truck umgeladen. Vor uns liegt eine viertägige Fahrt im Jeep, die uns noch einmal über den Transhimalaya führt und dann weiter nach Kathmandu.

Bereits nach dem Besuch im Kloster Sezhig habe ich beschlossen, der neuen Spur auf meiner Suche nach dem Ursprung des Mythos von Shangri-La nachzugehen, nämlich dorthin zu reisen, wo Olmolungring meiner Theorie nach lag. Jetzt kommt ein weiterer Grund hinzu: Shang Shung. Wenn es hier in dieser Gegend, die sich an der Peripherie des alten Königreichs befand, noch so viele Relikte gibt, so meine Überlegung, um wieviel mehr muß erst dort zu finden sein, wo einstmals das Zentrum lag. Wo haben die Shang-Shung-Könige residiert, wo und wie wurden sie bestattet? Nichts davon ist bisher bekannt.

Südwestlich des Kailash ist dem Garuda ein ganzes Tal gewidmet – Khyunglung. Dort soll sich einstmals Ngulkar Karpo, der sagenhafte Silberpalast, befunden haben.

Doch der erste Versuch scheiterte. Zwar gelang es, bis zu dem Ort im Garuda-Tal vorzudringen, den ich für den Silberpalast halte, doch die Umstände ließen es nicht zu, mehr als einen flüchtigen Blick aus der Ferne darauf zu werfen. Es gab keine Möglichkeit, den Ort zu erkunden, ja nicht einmal, ihn zu betreten. Außerdem blieb ungeklärt, ob es in diesem Tal noch weitere bauliche Relikte von Shang Shung gibt – vor allem in jenem Teil des Sutley-Canyons, der heute zu Fuß unzugänglich ist.

Ein Jahr später bin ich wieder in Kathmandu, um neuerlich in den Sutley-Canyon aufzubrechen, diesmal mit Booten und hoffentlich auch mit den richtigen Papieren im Gepäck.

KAPITEL III

Das verlorene Paradies der Bon

*Das Bon-Land Olmolungring umfaßt
ein Gebiet von fünfzig mal fünfzig Phaktse.
In seiner Form ähnelt es dem Berg Meru mit
seinen vier Kontinenten.
Es liegt im Nordosten von Jambudvipa,
südlich des Berges Nimidhara,
an der Basis des Jambu-Baumes,
zu Füßen des Berges Tise,
neben dem türkisfarbenen See Mapham,
im Gebiet der Quellen der vier großen Flüsse
und in der Nähe des Berges Bon Ri.*

»A Tibetan History of Bon«
übersetzt von Samten G. Karmay

◀ Tibetische Pilger beim Saga-Dawa-Fest am Kailash, in dessen
Mittelpunkt das Neubeflaggen und Aufstellen eines Mastes steht.
Auch darin lebt alte Bon-Tradition fort.

Der Ort, an dem wir uns an diesem Abend verabredet haben, klingt vielversprechend. Das Restaurant Shambhala Garden im Hotel Shangri-La versprüht eine gediegene Atmosphäre. Gleichzeitig ist es eine wohltuend angenehme Oase inmitten des geschäftigen und von chronischem Verkehrsinfarkt geplagten Kathmandu. Die großzügige Gartenanlage ist so abgeschirmt, daß kaum etwas vom Lärm und Gehupe draußen auf der Straße zu hören ist. Auf dem gepflegten Rasen stehen gedeckte Tische und dazwischen laufen im flackernden Schein von Fackeln weiß uniformierte Bedienstete umher. Das Personal ist deutlich in der Überzahl. Seit den Morden an der Königsfamilie und dem Maoistenproblem bleiben die Gäste aus. Die meisten Hotels stehen halb leer, und wie viele andere Bettenburgen versucht sich auch das Shangri-La durch niedrige Preise und verstärktes Bemühen um Klientel aus dem indischen Nachbarland über Wasser zu halten.

»Ist mit unserer Reise alles in Ordnung?« frage ich Topden, meinen lokalen Partner, mit dem ich seit Jahren zusammenarbeite und auf dessen organisatorisches Geschick wir angewiesen sind.

»Maoists are no problem«, antwortet er und wiegt dabei seinen Kopf hin und her, als wolle er eine Verrenkung bekämpfen. Diesen Spruch höre ich von ihm schon seit Jahren. Er ist so etwas wie eine Standardformel, die er gebetsmühlenartig wiederholt, wann immer das Gespräch auf die *Maobadi* kommt. Daß die Maoisten kein Problem seien, bezieht sich natürlich nur auf uns, denn für ihn sind sie sehr wohl eines, ein großes sogar. Auch seine Kundschaft ist rar geworden, und wie zahllose Kleinexistenzen in Nepal, die direkt oder indirekt vom Trekkingtourismus abhängig sind, muß er ums Überleben kämpfen. Seit Beginn der bewaffneten Auseinandersetzung mit der Regierung haben die Maobadi die Staatsmacht immer weiter in die Defensive gedrängt. Inzwischen kontrollieren sie zwei Drittel des Landes. Ausländische Besucher ließen sie bisher unbehelligt, sieht man einmal davon ab, daß sie in manchen Gebieten eine »Trekkinggebühr« erheben, so wie die Regierung übrigens auch. Nur: Bei den Maoisten wird sie ganz offiziell als Parteispende deklariert.

»Und was ist mit den Chinesen?« mischt sich Jan ein und bringt das Gespräch auf den entscheidenden Punkt, denn an die Maoisten, das wissen wir mittlerweile, brauchen wir keinen Gedanken zu verschwenden. Sie sind nicht unser Problem, eher schon unsere Papiere für Tibet. Nach meinen Erfahrungen im Jahr zuvor will ich diesmal sicher sein, daß wir die richtigen Permits im Gepäck haben und nicht fürchten müssen, von jedem dahergelaufenen Soldaten aufgehalten werden zu können. Deshalb habe ich Topden gegenüber zur Bedingung gemacht, daß wir nur dann nach Tibet aufbrechen, wenn für unsere geplante Route schriftliche Genehmigungen aus Lhasa vorliegen.

»No problem«, sagt er lächelnd und zieht dabei einen Umschlag aus seiner Tasche. Er enthält Kopien unseres Gruppenvisums und eines Ausweises mit der Aufschrift »Aliens Permit«. Darin sind unsere Namen, Paßdaten und die erlaubten Besuchsorte verzeichnet. Topden liest jeden der Ortsnamen einzeln vor und wir gleichen ihn mit unserer Reiseroute ab. »Das ist einwandfrei«, loben wir ihn. Die Originale, so versichert er, befänden sich bereits in den Händen seiner tibetischen Partner, die uns an der Grenze empfangen werden.

Wir wollen schon die Gläser zum Anstoßen erheben, doch Topden zögert.

»There is a little problem«, preßt er verlegen hervor. Ich

ahne es schon. Die schlechte Nachricht kommt wie immer zum Schluß.

»Which problem?« fragt Jan nach.

»The rafting boats … But don't worry, our Tibetan partners will manage«, beeilt er sich beschwichtigend hinzuzufügen.

»No problem«, gebe ich Entwarnung. Auf unserer Reisebewilligung steht zwar nichts von einer Bootsfahrt, aber das bekümmert mich wenig. Denn dort, wo wir sie unternehmen wollen, brauchen wir keine Papiere. Dieser Teil des Sutley-Canyons ist völlig unbekannt, heute unbegehbar und unbewohnt. Ob das auch in der Vergangenheit so war, das wollen wir klären. Jedenfalls wurde dieser Abschnitt bislang nicht von westlichen Reisenden erkundet, geschweige denn mit Booten durchfahren. Ob uns das gelingt und wie weit wir kommen werden, ist völlig offen. Darüber entscheidet einzig und allein die Natur. Boote wollen wir erst dann einsetzen, wenn Straßen und Pfade enden, und bis dorthin werden wir mit Fahrzeugen reisen, wofür wir die Erlaubnis besitzen.

Ich bin mit Jan nach Kathmandu vorausgereist, einerseits, um organisatorische Dinge zu erledigen, vor allem jedoch, um am Kailash nach Spuren der Bon-Religion zu suchen. Karl und Carsten, die andere Hälfte unseres vierköpfigen Teams, werden erst in drei Wochen nachkommen. Was Wildwasser anbelangt, ist Karl der erfahrenste unter uns. Er stand früher einmal an vorderster Front der alpinen Kajakfahrer. Nach dem tödlichen Unfall seines Partners hat er sich vom extremen Paddeln zurückgezogen. Jetzt reizt ihn vor allem das Unbekannte, die Möglichkeit, den Canyon eines der größten Flüsse des Himalaya erstmals zu befahren. Karl ist wie ich gebürtig aus der Steiermark, und wir kennen uns schon viele Jahre. Mit Carsten hingegen habe ich noch keine gemeinsamen Touren unternommen. Der

Kontakt entstand durch seine Tätigkeit bei einem der führenden Outdoor-Ausrüster Deutschlands. Er war bislang zwar nie in jenen Schwierigkeitsgraden auf dem Wasser unterwegs wie Karl, aber immerhin hat er bedeutende Flüsse im alpinen Raum und sogar in Nepal befahren.

Meine eigenen Erfahrungen mit dem Element Wasser resultieren weniger aus sportlichem Ehrgeiz. Für mich ist es einfach Bestandteil wilder Natur, und ich habe mich für die Fortbewegung auf Wasserwegen immer dann entschieden, wenn sie anboten, auf logische und elegante Weise ein Ziel zu erreichen. Das war in den tropischen Regenwäldern Neuguineas der Fall gewesen, ebenso bei der Durchquerung Borneos. Es war nie Selbstzweck, sondern stets Mittel zum Zweck. Das gilt auch für diese Reise. In diesem Fall gäbe es gar keine Alternative, denn der Flußweg bildet den einzig möglichen Zugang zu dem Teil des Sutley-Canyons, den ich erkunden will. Jan, der vierte im Bund, ist der einzige von uns, der außer ein paar Übungsfahrten mit Karl keinerlei Erfahrung auf Wildflüssen mitbringt. Er begleitete mich im Jahr zuvor auf einer Karawanentour in die Gobi und auf einer Reise zum Kailash. Obwohl er bis dahin mit Expeditionen so gut wie nichts am Hut hatte – er kommt aus der Filmbranche –, fand er schnell Gefallen daran und entwickelte ein erstaunliches Geschick. Als er von meinen neuen Reiseplänen erfuhr, war er sofort Feuer und Flamme.

Mit dem Verlauf des Gesprächs im Shangri-La sind wir hochzufrieden. Der Ort hat nicht zuviel versprochen. »Jetzt ist es an der Zeit, ins wahre Shangri-La aufzubrechen«, scherzt Jan. Das hindert uns nicht daran, den Abend noch an der Hotelbar ausklingen zu lassen. Sie heißt – wie könnte es anders sein – Hilton's Lost Horizon.

Am nächsten Morgen steige ich mit Topden noch etwas müde und schlaftrunken die steilen Treppen zum Bon-Kloster Thiten Norbuche hoch. »Warum müssen diese Tibeter ihre Klöster auch immer auf die Bergspitzen setzen«, entfährt es mir ob des schweißtreibenden Aufstiegs zu so früher Stunde. Am Eingang empfängt uns Tsewang, der Sekretär des Klosters, der für alle weltlichen Belange zuständig ist. Er führt uns noch eine Etage höher in der wabenähnlich übereinandergebauten Anlage. Dort herrscht Hochbetrieb. Die Mönche haben gerade ihre Morgenandacht beendet und bevölkern gestikulierend und laut schnatternd eine Dachterrasse. Auf ein Zeichen des Lehrers hin nehmen alle plötzlich Haltung an. Es beginnt der tägliche religiöse Disput. Dabei stehen sich je zwei Mönche gegenüber, genauer gesagt sitzt einer der beiden mit überkreuzten Beinen am Boden, während der andere ihm im wahrsten Sinn des Wortes Fragen an den Kopf schleudert. Abgefragt wird die Kenntnis überlieferter Texte. Dieses Frage-Antwort-Spiel läuft nach einem festen Ritual ab. Jede Frage wird von großem Körpereinsatz begleitet. Der stehende Mönch tritt ein paar Schritte zurück, nimmt Anlauf und springt mit einem Satz auf den sitzenden zu. Dabei ruft er seine Frage und klatscht kräftig in die Hände. Die disputierenden Mönche entwickeln dabei einen solchen Eifer, daß man glaubt, der eine wolle den anderen buchstäblich in Grund und Boden stampfen.

Ich bin überrascht, wie sehr hier alles einem buddhistischen Kloster gleicht. Wenn ich es nicht besser wüßte, würde ich kaum auf die Idee kommen, daß es sich um ein Bon-Heiligtum handelt. Die ganze Architektur, die Kleidung der Mönche, die klösterliche Ordnung, ja selbst die Liturgie unterscheiden sich äußerlich nicht von jener der Buddhisten. Tsewang führt uns in die große Versammlungshalle, das zentrale Gebäude des Klosters. Der von hölzernen Säulen getragene Innenraum wird beherrscht von einer monumentalen Figur des Bon-Stifters Shenrab Mibo. Er ist als Buddha dargestellt, und nur an kleinen

Attributen und Zeichen wie dem linksdrehenden Swastika läßt sich erkennen, daß es sich um den Bon-Buddha handelt. Der einzige wesentliche Unterschied zu einer buddhistischen Versammlungshalle befindet sich am Eingang. Dort schmücken nicht die vier Richtungsgötter die Wände zu beiden Seiten der Tür, sondern Darstellungen vom Bon-Paradies Olmolungring und des Kosmos. Die Vorstellung vom Kosmos scheint aus Indien entlehnt. Genauso wie bei den alten Indern erhebt sich in der Mitte des Universums der Berg Meru, auf dessen Spitze ein Götterpalast thront. Darüber liegen die verschiedenen Himmelswelten. Rund um den Meru erstrecken sich ringförmig angeordnet Kontinente, die durch Ringmeere voneinander getrennt sind. Die menschliche Welt – unsere Erde also – ist nur ein kleiner Inselkontinent an der Peripherie. Doch an zwei Stellen unterscheidet sich das Bon-Konzept vom indischen Vorbild. Jambudvipa nämlich, unser Kontinent, liegt bei den Bonpos nicht im Süden, sondern im Westen. Außerdem sind darauf zwei geographische Orte verzeichnet: der Kailash mit den von dort ausgehenden vier Flüssen und nordwestlich davon das heilige Land Olmolungring.

»Olmolungring war Teil von Shang Shung«, erläutert Lopon Tenzin Namdak, gelehrtes Oberhaupt des Klosters, der uns zu einer Audienz empfängt. »In unseren überlieferten Texten ist von drei Toren Shang Shungs die Rede, einem äußeren, einem mittleren und einem inneren Tor. Das innere Tor ist Olmolungring.«

Und er fügt noch hinzu: »Die drei Tore, vom inneren ausgehend, repräsentieren auch den Weg des Yungdrung-Bon von seiner Entstehung bis zur Verbreitung über ganz Tibet.«

Meine Ankündigung, im Kailash-Gebiet nach Olmolungring zu suchen, quittiert er mit einem mitleidigen Lächeln. »Olmolungring ist ein verborgenes spirituelles Land. Es existiert zwar auf dieser Welt, aber es ist kein gewöhnlicher geographischer Ort. Am Kailash und in seiner Umgebung könnt ihr lediglich ein irdisches Abbild davon finden.«

Seine letzten Worte klingen noch nach, als wir die Treppen des Klosters wieder hinuntersteigen. Sie ermutigen mich sogar. Denn genau das ist es, was ich suche: ein irdisches Abbild. Wer sagt denn, daß es nicht genau umgekehrt ist? Vielleicht ist ja das Abbild in Wirklichkeit das Original und das rein spirituelle Olmolungring nur dessen spätere Projektion.

Auf der alten Salzstraße über den Himalaya

Von Kathmundu gibt es zwei Routen zum Kailash. Die eine ist eine Autopiste, die zunächst Richtung Lhasa führt und dann entlang des Yarlung Tsangpo westwärts. Die Fahrt dauert gewöhnlich vier Tage. Mit dem Auto kommt man zwar schnell voran, aber man sieht weniger, denn das Land ist nur noch Kulisse, nichts weiter als eine rasante Abfolge flüchtiger Eindrücke. Die zweite Möglichkeit ist der Fußweg über den Himalaya von Westnepal nach Westtibet. Er folgt nicht nur einem alten Pilgerweg zum Kailash, sondern gleichzeitig einer der wichtigsten Routen der Salzstraße. Für diese Variante haben wir uns entschieden.

Eigentlicher Ausgangspunkt für unsere Wanderung über das höchste Gebirge der Erde ist aber nicht Kathmandu, sondern Simikot, ein Marktflecken im westlichsten Distrikt Nepals. Bis 1994 war dieses Gebiet wegen der Grenznähe zu Tibet für Ausländer gesperrt. Heute ist es zwar offen, aber es gehört zu jenen Teilen Nepals, die ganz von Maoisten kontrolliert werden. Da am Airstrip von Simikot nur die kleinsten Maschinen landen können, wird er nicht direkt von dem weit entfernten Kathmandu aus angeflogen, sondern nur von Neplagunj, einer Stadt, die ganz im Südwesten an der indischen Grenze liegt.

Der Flug nach Neplagunj führt auf Augenhöhe den Himalaya-Hauptkamm entlang. Das Gebirge präsentiert sich dabei wie auf den Panoramapostkarten, die es in Kathmandu überall zu kaufen gibt. Mehrere 8000er reihen sich aneinander. Zuerst kommt der Manaslu, er steht ganz allein da, dann folgt das mächtige Annapurna-Massiv, vor dem fast unscheinbar der berühmte »Fischschwanz« (Machupuchare) über Pokhara aufragt. Nach dem Annapurna gibt es einen Bruch im Gebirge, wo der Kali-Gandaki-Fluß in einer gigantischen Schlucht den Himalaya zerteilt. Der Blick schweift nach Norden, über das halbautonome Mustang hinweg bis zum Grenzpaß nach Tibet. Dann schiebt sich ein weiterer 8000er ins Blickfeld, der Dhaulagiri, der schönste von allen. Eine formvollendete Pyramide, deren Südwand so schrecklich steil in das Kali-Gandaki-Tal abbricht, daß man leicht versteht, warum an ihr bisher alle Besteigungsversuche scheiterten. In wenigen Minuten überfliegen wir ein Gebiet, für dessen Durchquerung man zu Fuß viele Wochen benötigen würde.

Danach dreht die Maschine nach Süden ab, die Berge unter uns werden immer niedriger, schließlich laufen sie in eine grüne Ebene aus, flach wie ein Billardtisch, das Terai. Unter Wasser stehende Reisfelder blitzen auf, Bauern stehen darin und Wasserbüffel. Kurze Zeit später landen wir in Neplagunj. Feuchte Hitze schlägt uns entgegen. Das Terai ist Nepals unterste Treppe. Alles mutet sehr indisch an. Die Gesichter der Einheimischen, die Landschaft, die Überbevölkerung. Die Menschen sind von dunklerer Hautfarbe als jene aus den Bergen. Irgendwie wirkt hier alles ärmlicher, außer die Natur. Sie ist von üppiger Pracht. Teiche mit blühendem Lotos säumen die Straße. Sie erinnern mich daran, daß dies hier die Gegend ist, in der einst Gautama Buddha wandelte. In einer Zeit, in der Herkunft und Kastenzugehörigkeit das Leben der Menschen determinierten, lehrte Buddha, daß alle gleich sind und jeder den Pfad vom Dunkel der Unwissenheit zum Licht der Erkenntnis beschreiten kann. So wie der Lotos, der im Schlamm wurzelt, vom Grund des Wassers an die Oberfläche strebt und dann, wenn er das Licht erreicht hat, in den reinsten und schönsten Farben erblüht.

Auf der Straße herrscht heilloses Chaos. Sie ist Lebensraum und Arbeitsplatz zugleich. Heilige Kühe liegen mit stoischer Ruhe inmitten der Fahrbahn, fliegende Händler schieben ihre Verkaufsstände einher, dazwischen spielende Kinder. Fahrradrikshas und Ochsenkarren teilen sich die Straße mit Lastwagen und Bussen.

Der klapprige Jeep, der für uns am Flughafen bereitstand, bringt uns direkt zum Quartier. Es liegt auf halber Strecke in die Stadt und trägt den einladenden Namen Traveller's Lodge. Ich kenne es bereits. Es kündet vom Versuch einer Amerikanerin, den Nepalesen Disziplin und Ordnung zu lehren – ihre Art von Ordnung.

»Der ›General‹ erwartet euch schon«, sagt Yangjor, unser Sherpa-Begleiter, schmunzelnd.

»Wer ist der ›General‹?« fragt Jan ahnungslos.

»So nennen wir Candy, die Amerikanerin, der der Laden hier gehört«, kläre ich ihn auf.

Mehr brauche ich ihm nicht zu sagen, denn in diesem Augenblick erscheint Candy an der Tür und ruft uns ins Haus. Das Hotel verfügt nur über wenige Zimmer, dafür bietet es Familienanschluß. Im Wohnhaus von Candy und ihrem nepalischen Ehemann befinden sich die Küche und das Eßzimmer für die Gäste sowie ein Zimmer, das als Rezeption dient. Dort erwartet uns Candy bereits zum Check-in.

Blick auf das Targo-Massiv,
das Bergheiligtum der Bonpos.
Der kleine See im Vordergrund
gilt als das Auge der Seegöttin
Dangra, die zusammen mit der
Berggottheit Targo Ngomar als
göttliches Paar verehrt wird.

Weite, menschenleere Hochflächen
breiten sich jenseits des Transhimalaya nach Norden hin aus.
Hier beginnt die Changthang, die
berüchtigte Kältesteppe Tibets.

Gunsang, unser
Karawanenführer, bei
der Überquerung
des Transhimalaya.

Wie ein Lauffeuer hat sich
unsere Anwesenheit bei
den Nomaden herum-
gesprochen. Die ersten
Kontakte sind von gegen-
seitiger Neugier geprägt.

Unsere Yakkarawane bei den
Vorbereitungen zum Auf-
bruch. Jeden Tag schlagen
wir unser Lager auf, ohne
irgendwo festen Fuß zu
fassen.

Unser Lager am Shuro Tso. Die Eisberge sind
bereits die südlichen Ausläufer des Targo-Massivs.

rechts oben: Helmut bei einem seiner Gleitschirm-
flüge. Der Berg mit der Eiskappe im Hintergrund
ist der über 6000 Meter hohe Targo Ngomar.

rechts unten: Die Nomaden führen im Transhimalaya ein Leben am Rande des Existenzminimums. Die Yaks sind viel zu kostbar, um
als Fleischquelle zu dienen, so daß die Jagd auf
Wildtiere immer noch eine wichtige Rolle im
Kampf ums Überleben spielt. Die traditionelle
Arbeitsteilung sieht vor, daß der Mann auf Jagd
oder Handelsreisen geht, während die Frau sich
um die Yaks kümmert.

Unsere Yakkarawane beim Marsch um den See Dangra Yumco.
Dieser See gilt den Bonpos als heilig und wird wie ein Schrein gegen
den Uhrzeigersinn umwandelt.

rechts von oben nach unten:

Die Ruinen von Khyung Dzong am Ufer des Dangra-Sees beweisen,
daß sich einstmals das Bon-Reich Shang Shung über den größten Teil
Tibets erstreckte.

Tsultrim Namgyal ist einer der letzten Wissensträger der Bon-Religion
in dieser Gegend. Auf seine Initiative hin wurde das zerstörte Kloster
Sezhig wieder aufgebaut.

Das Bon-Kloster Sezhig hält einsame Wache am Fuße des heiligen
Berges Targo Ngomar. Der Überlieferung zufolge soll es hier einst
auch eine Shang-Shung-Burg gegeben haben.

Beim Wiederaufbau des zerstörten Bon-Klosters Sezhig kamen alte Wandbilder zum Vorschein, die die Hauptgottheiten der Region zeigen: Targo Ngomar und Dangra.

Der grimmige Berggott Targo Ngomar (*oben*) ist von feuerroter Gestalt, trägt einen Helm und reitet auf einem Pferd einher, das von einem Flammenkranz umgeben ist. Die Seegöttin Dangra (*links*) hingegen erscheint als anmutig schöne Frau, die in der einen Hand eine mit Lebensnektar gefüllte Vase hält und in der anderen den Langlebenspfeil.

»Es gibt Zimmer mit Ventilator oder mit Air Condition«, sagt Candy in breitem kalifornischen Slang. Trotz des Lärms, den die vorsintflutlichen Klimaanlagen verursachen, ziehen wir in Anbetracht der bedrückenden Schwüle Zimmer mit AC vor.

Von unserem Sherpa habe sie gehört, fährt Candy sogleich fort, daß ich schon einmal hier gewesen sei. Deshalb gehe sie davon aus, daß ich die Hausordnung kenne. Ich nicke stumm.

»Um 19 Uhr gibt es Abendessen, das Frühstück morgen dann um fünf, damit ihr rechtzeitig wieder am Flughafen seid«, sagt sie, während sie uns die Zimmerschlüssel aushändigt.

»Ich dachte, der Flug nach Simikot ist vom Wetter abhängig«, werfe ich ein.

»Morgen ist das Wetter gut«, antwortet sie mit einer Bestimmtheit, die keinen Zweifel aufkommen läßt, daß es so sein wird. Wir hören es gern, denn es gibt für uns keinen Grund, hier länger zu bleiben als notwendig.

Was das Wetter betrifft, so wird sich morgen herausstellen, ob Candy auch darüber Befehlsgewalt ausübt. Bei ihren Bediensteten, zu denen offenbar auch ihr Ehemann zählt, den sie schon körperlich um Kopfeslänge überragt, ist dies unbestritten der Fall. Die Amerikanerin führt ein straffes Regiment, das keinen Widerspruch duldet. Das Resultat ist zwiespältig. Auf der einen Seite ein blitzsauberes Quartier, in dem penible Ordnung herrscht, und andererseits Bedienstete, die wie geprügelte Hunde umherschleichen.

Am nächsten Tag herrscht in der Tat ideales Flugwetter. Der Flug nach Simikot gilt unter den Piloten als eine der schwierigsten Strecken in Nepal. Wegen der Thermik kann Simikot überhaupt nur in den ersten Morgenstunden angeflogen werden. Hinzu kommt, daß der Ort in einem engen Tal liegt, das von den himmelhoch aufragenden Bergen des

Himalaya förmlich eingekesselt ist. Wenn hier unten in Neplagunj gute Wetterbedingungen herrschen, besagt das noch lange nicht, daß es oben in Simikot genauso ist. Da nur auf Sicht geflogen werden kann, genügt eine einzelne Wolkenbank, die über dem Taleingang hängt, um den Anflug zu verhindern. Und nach Regenfällen kann es Tage dauern, bis der aufgeweichte Boden wieder so fest ist, daß Start und Landung möglich sind. Doch heute ist alles perfekt. Die kleine Twin Otter der Yeti Airlines ist nur halb voll, nicht aus Ermangelung an Passagieren, sondern unseres umfangreichen Gepäcks wegen. Es würde die Gewichtskapazität des Fliegers übersteigen, wenn alle Sitzplätze belegt wären.

Es ist eine Wohltat, ins Flugzeug zu steigen, abzuheben und in wenigen Minuten der feuchten Hitze zu entkommen. Mit einem Mal sind die Berge wieder da. Grüne, gestaffelte Wellenkämme, die sich nach allen Richtungen hin ausbreiten und rasch höher wachsen. Winzige Bauerndörfer kleben an den Steilhängen, und Saumpfade schlängeln sich über Grate und durch Schluchten. Unter uns taucht der Humla Karnali auf. Von oben betrachtet, erscheint der mächtige Fluß als braunes Band mit weißen Schaumkronen darauf. In unzähligen Windungen bahnen sich seine Wasser den Weg durch das Gebirge. Er ist Lebensspender einer ganzen Region. Auf dem langen Weg von seiner Quelle am Kailash zum Meer überwindet er zunächst die Barriere des Himalaya, dann durchfließt er Westnepal und tritt schließlich in die Tiefländer Indiens hinaus.

Der Pilot läßt mich auf meine Bitte hin in das Cockpit, als er nun direkt auf den Himayala-Hauptkamm zusteuert. Wie eine in den Himmel geschriebene Grenze steigen die eisbedeckten Gipfel vor uns auf. Die dominierende Berggestalt ist der über 7000 Meter hohe Saipal. Weil er ganz allein dasteht, erscheint er weit höher und noch mächtiger. Der Pilot zieht jetzt die Maschine nach unten und fliegt in ein enges Tal hinein. Bedenklich nahe treten die Bergwände zu beiden Seiten zusammen. Spätestens jetzt gibt es kein Zurück mehr. Das Tal ist viel zu eng für ein Umkehrmanöver, und die Berge sind zu hoch, um noch darüber hinwegzukommen. Die letzte Phase des Landeanflugs hat begonnen. Der Humla Karnali macht einen Bogen nach Westen, doch die Twin Otter behält ihre Richtung bei. Es sieht aus, als würden wir im nächsten Augenblick gegen die jenseitigen Talwände prallen. Erst im letzten Moment dreht der Pilot ab, hält auf eine Naturterrasse zu, auf der sich zwischen Häuserreihen eine freie Fläche abzeichnet, die aus der Ferne nicht viel größer als ein Fußballfeld erscheint. Die Piloten nennen sie »Stamp«, weil sie von oben wie eine Briefmarke aussieht. Und es ist alles andere als einfach, auf einer solchen nepalischen »Briefmarke« zu landen. Mit einem Ruck setzt die Maschine auf und rollt unter ohrenbetäubendem Motorenlärm auf der holprigen Piste aus.

Kaum ist sie zum Stillstand gekommen, wird sie von Menschen umringt. Darunter erkenne ich viele bekannte Gesichter. Sie gehören zu Topdens Leuten, die hier schon seit Tagen auf uns warten. Mit manchen von ihnen war ich schon Monate auf Trekkingtouren unterwegs, und das Wiedersehen ruft sofort alte Erinnerungen wach. Immer wieder staune ich, wie gut alles organisiert ist, vielleicht sogar ein wenig zu gut, denn es wird einem buchstäblich alles abgenommen. Flinke Hände schaffen unser Gepäck zur alten Schule hoch. Davor warten bereits die Maultiere, um bepackt zu werden. Im Innenhof ist eine Feldküche aufgebaut. Da stehen gedeckte Tische mit Getränken, und bald darauf läßt Anga, der Koch, uns ein warmes Essen servieren. In keinem anderen Land der Erde spielt Trekking als Tourismuszweig eine so große Rolle wie in Nepal. Kein Wunder, denn das Land ist weitgehend Fußgängerzone, und die Hauptsehenswürdigkeit ist der Himalaya. Durch den verschärften Wettbewerb – allein in Kathmandu gibt es mehr als 300 Trekkingagenturen – wurde der Standard immer weiter in die Höhe getrieben, so daß den Trekkern heute selbst unterwegs die Annehmlichkeiten eines Hotels geboten werden, die ihnen auf Träger- oder Tierrücken hinterherbefördert werden.

Topden muß da mitziehen, sonst würde er im Rennen um die verwöhnte Klientel schnell ins Hintertreffen geraten. Es ist ohnehin ein kleines Wunder, daß er als Outsider im harten Trekkinggeschäft in Kathmandu Fuß fassen konnte. Inzwischen beschäftigt und ernährt er damit die meisten Angehörigen seiner Großfamilie. Zu verdanken hat er das alles nicht zuletzt der Schweizer Ethnologin Hanna Rauber. Sie forschte in den 70er Jahren in dieser Region und lernte dabei Topdens Familie im unweit von Simikot gelegenen Dorf Torpa kennen. Topdens Eltern waren viel zu arm, um ihre Kinder in eine gute Schule schicken zu können. Hanna finanzierte zusammen mit einer amerikanischen Kollegin zunächst für Topdens Bruder eine höhere Ausbildung in Kathmandu. Tsewang hat es inzwischen sogar zum Minister in der vom König ernannten Regierung gebracht. Später konnte auch Topden in Kathmandu studieren. Namgyal, ein weiterer Bruder, war der tibetischen Tradition folgend Mönch geworden. Weil aber die beiden anderen Brüder nach Kathmandu zogen, mußte er sein Mönchsdasein aufgeben und den Hof der Eltern übernehmen. Die Familie lebt von Landwirtschaft und Tierhaltung. Namgyal wird uns mit seinen Maultieren begleiten. Anga, unser Koch, ist ebenfalls mit Topden verwandt, genauso wie Yangjor und Sherab. Sie sind ein eingeschworenes und eingespieltes Team, das sich ohne viele Worte versteht. Jeder weiß, was er zu tun hat.

Während wir noch unser Gepäck aussortieren, ist Yangjor bereits mit den Reisepässen zur lokalen Polizeistation gelaufen. Dort werden Visa und Trekkingpermits geprüft. Kaum sind wir mit dem Essen fertig, werden auch schon die Maultiere beladen. Trotzdem will ich nicht länger warten. Meine chronische Ungeduld drängt mich zum Aufbruch. Ich sage Jan, daß ich schon mal ein Stück vorausgehe, schultere den Rucksack und marschiere los. Was den Troß betrifft, so verlasse ich mich ganz auf Yangjor. Wir verstehen uns blind. Er weiß, wie gern ich allein vorauslaufe, und bezüglich des Weges und der Lagerplätze bedarf es keiner Absprachen mehr. Es ist das zwölfte Mal, daß ich diese Wegstrecke gehe, und ich kenne sie in- und auswendig. Diese Vertrautheit läßt aber keine Routine aufkommen oder gar eine Abstumpfung der Sinne. Ich habe das Gefühl, jedes Mal etwas Neues zu entdecken, ein Stück weiter hinter die Kulissen zu blicken, weil das Auge nicht mehr von Vordergründigem angezogen wird. Außerdem lassen sich durch die regelmäßigen Besuche über ein ganzes Jahrzehnt hinweg Veränderungen wahrnehmen, man bekommt ein Gespür für Entwicklungen sowie für die Richtung und die Geschwindigkeit, in der sie sich vollziehen.

Was Simikot betrifft, so hat sich seit meinem ersten Besuch im Jahr 1994 wenig geändert. Geplante Projekte wie eine Verbesserung der Stromversorgung oder der Ausbau der Kommunikation liegen seit Jahren auf Eis. Die Präsenz der Regierung in Kathmandu hat sich auf Militär reduziert, und das ist mit den Maoisten beschäftigt. Es gibt kaum mehr eine funktionierende zivile Verwaltung, jedenfalls keine, die von der Zentralgewalt ausgeht. Es scheint, als habe Kathmandu diese Region bereits abgeschrieben. Armut und Rückständigkeit sind die Folge. Ein idealer Nährboden für die Maoisten, die das Machtvakuum füllen.

Der Weg, der aus Simikot hinausführt, windet sich einen Bergrücken hinauf, der wie eine Kanzel in die Humla-Karnali-Schlucht vorspringt. Weil die Felsen auf der einen

Seite so steil in das Hunderte Meter tiefer gelegene Flußbett abbrechen, ist man gezwungen, bis zum höchsten Punkt aufzusteigen. Unterhalb des Passes, in Sichtkontakt zu Simikot, liegen einige Soldaten auf Lauer – allerdings nur tagsüber, nachts ziehen sie sich in die Kaserne zurück. Sie sind der letzte Außenposten der Staatsmacht. Als ich im Frühjahr 1994 zum ersten Mal diesem Weg folgte, gab es von Simikot bis zur Grenze nach Tibet ein ganzes Netz nepalischer Polizei- und Verwaltungsstationen, doch in den letzten Jahren haben die Maoisten hier die Staatsmacht förmlich weggebombt und die Kontrolle übernommen. Nur noch in Simikot können sich Regierungssoldaten halten, eingebunkert zwischen Sandsäcken und Stacheldraht. Die Frage ist, wie lange noch? Kürzlich ging in der Kaserne sogar das Licht aus, als die Maoisten die Solaranlage und den Notstromgenerator sprengten.

Die Soldaten haben ein Büchlein dabei und notieren fleißig den Namen und die Paßdaten jedes Ausländers, der diese Stelle passiert. Jenseits der Paßhöhe, die mit einer Steinpyramide und bunten Gebetsfahnen markiert ist, geht es steil bergab. Ich blicke auf die verschachtelten Dächer kleiner Bauerndörfer, deren Häuser von hier oben wie zu einem Block zusammengeschweißt scheinen. Der ausgetretene Pfad schlängelt sich in schroffen Serpentinen und zum Teil aus dem Fels geschlagenen Treppen zum Fluß hinunter. Bäuerinnen kommen mir entgegen mit riesigen Strohballen auf dem Rücken, Hirten, die ihre Tiere heimtreiben. Als ich unten ankomme, bin ich nur 800 Höhenmeter tiefer, aber Zehen und Sohlen brennen, als wäre ich über glühende Kohlen gelaufen. Nach meiner Erinnerung müßte bald ein schattiger Rastplatz kommen. Der Pfad führt nun an einer Reihe mannshoher herabgestürzter Felstrümmer vorbei. Sie sind schwarz, wie erstarrte Lava. Auf dem flachen Grund dazwischen wachsen Obstbäume. Nach einer scharfen Biegung stehe ich vor einem kleinen Anwesen. Als ich zum ersten Mal hier vorbeikam, war es ein Teehaus, und wir rasteten in der von Bäumen beschatteten Laube und schlürften süßen Milchtee. Ein steinalter Mann mit weißem Turban und eine ebenso betagte Frau, die gebeugt am Stock ging, betrieben den Laden. Eines Tages gab es kein Teehaus mehr, weil die Frau gestorben war. Die Laube aber ist immer noch da – und der alte Mann. Zwar ist er zu gebrechlich, um das Teehaus zu betreiben, seiner Berufung jedoch geht er weiterhin nach. Er ist Dhami, Dorfschamane, für das nahe gelegene Majgaon. Obwohl die Bewohner offiziell dem Hinduismus anhängen, lebt in seiner Person der Schamanismus längst vergangener Zeiten fort. Seine Hauptaufgabe ist es, die lokale Gottheit, von der Schutz und Wohlergehen der Dorfgemeinschaft abhängig sind, durch entsprechende Opfer und Rituale günstig zu stimmen.

Ich kenne nicht einmal seinen Namen. Für mich ist er der alte weise Mann auf dem Weg. Ich glaube, es gibt niemanden, der diesen Weg entlangkommt und hier nicht haltmacht. Neben der Laube gibt es eine Quelle, an der sich der müde Wanderer an kristallklarem Wasser laben kann. Meistens sitzt der Alte am Fenster und verfolgt das Geschehen auf der »Straße«, oder er hat sich auf der hölzernen Terrasse seines Hauses ausgestreckt und raucht Wasserpfeife. Ich bedaure, kein Wort seiner Sprache zu verstehen. Was hätte er alles zu erzählen? Gewiß haben früher die Salzkarawanen hier Rast gemacht. Er hat sie kommen und gehen sehen, und wenn sie ausblieben, dann wußte er, warum. Er hat den Geschichten der Händler gelauscht, ihren eigenen und denen, die ihnen unterwegs zugetragen wurden.

Wenn er reden würde und ich verstehen könnte, würde ich vielleicht die Geschichte des Salzhandels erfahren, die große Saga von Reichtum und Verfall. Als der Salzhandel florierte, gehörte diese Region zu den wohlhabendsten in

ganz Nepal. Die Menschen konnten gut leben von Acker-
bau und Tierhaltung als Lebensgrundlage und vom Handel
mit Tibet, der reiche Einnahmen brachte. Nur bis auf den
Himalaya-Hauptkamm hinauf trotteten die Yaks der Tibeter, dann wurde das Salz umgeschlagen, die Lasten in
kleine Ledersäcke genäht und auf Ziegenrücken gepackt.
Von da an waren es die Humla-Leute, die den Salzhandel
abwickelten und sich dabei eine goldene Nase verdienten.
Mit Herden, die Hunderte von Ziegen zählten, zogen sie
talwärts bis nach Simikot und sogar noch weiter, bis an den
Rand der indischen Ebene, um ihre wertvolle Fracht zu verkaufen. Je entfernter die Märkte, desto bessere Preise konnten sie erzielen. Doch dann, im Jahr 1950, war es mit einem
Schlag vorbei. Als Maos Truppen in Tibet einmarschierten,
wurde die Grenze geschlossen, und der gesamte transhima-
laysche Handel kam zum Erliegen. Die Auswirkungen auf
die Menschen waren enorm. Indem das Standbein Salzhandel wegbrach, verarmte die ganze Region. Erst Mitte der
90er Jahre begannen die chinesischen Besetzer Tibets wieder einen lokal begrenzten Handel zuzulassen. Der Salzhandel flammte neu auf, aber nur für kurze Zeit. Seit die
Maoisten hier das Sagen haben und den Händlern »Parteispenden« abpressen, geht es wieder bergab.

Das alles hat sich innerhalb einer einzigen Lebensspanne
abgespielt, seines Lebens. Doch der Alte schweigt und
blickt mich nur mit müden Augen an. »Ramro pani« –
Gutes Wasser –, sage ich anerkennend, nachdem ich meine
Trinkflasche an seinem Brunnen aufgefüllt habe. Meinen
Geldschein als Bezahlung lehnt er entrüstet ab. Den Apfel
hingegen, den ich ihm zum Abschied in die Hand drücke,
nimmt er dankbar an. »Pheri arko barsha bhetaula!« – Bis
zum nächsten Jahr! –, rufe ich ihm noch zu. »Namaste,
pheri bhetaula« – Auf Wiedersehen, Fremder –, antwortet
er mit schwacher Stimme. Ein Gefühl von Wehmut über-

kommt mich, denn ich weiß, irgendwann werde ich wiederkommen und er wird nicht mehr da sein. Dann wird das alte Teehaus vollends verwaist sein und die Laube längst schon verfallen. Vielleicht aber täusche ich mich und werde ihn noch viele Male wiedersehen. Ich hoffe es.

Der Weg zieht sich nun flach am Ufer des Humla Karnali entlang. Schon bald kommen die Häuser von Majgaon in Sicht. Es ist das zweite von drei Thakuri-Dörfern, die am Humla Karnali liegen. Vom ersten sah ich nur die Dächer, denn der Weg führte oberhalb daran vorbei, beim dritten werden wir heute lagern. Die Thakuri sind eine sehr kleine Volksgruppe. Obwohl sie lediglich etwas mehr als ein Prozent der Bevölkerung ausmachen und nur hier im Westen Nepals zu finden sind, gehören sie zur Elite im hierarchischen Kastensystem der Hindugesellschaft. Sie sind Bauern und bewohnen die südlichen Abhänge des Himalaya in Höhen bis knapp 3000 Meter. Das ist zugleich die äußerste Grenze, in der Reisanbau möglich ist.

Majgaon ist das kleinste der drei Thakuri-Dörfer. Der Weg führt mitten durch den Ort. Ein Schar Kinder läuft mir hinterher und fordert lautstark »Pen« – Kugelschreiber. Für solche Fälle habe ich extra welche im Troß mitgebracht, nur zu dumm, daß ich vergaß, einige davon in meinen Rucksack zu stecken. Jetzt sind sie alle im großen Gepäck auf den Maultieren. In der Hoffnung, daß Jan welche dabeihat, mache ich ihnen klar, daß »Mister Pen« erst noch komme und sie auf ihn hier warten sollen. Damit bin ich sie los. Jan wird mich verfluchen, falls sich die wilde Horde um so entschlossener auf ihn stürzt und er auch keine mithat.

Der Weg zieht sich nun in ständigem Auf und Ab an der rechten Talseite entlang. Die Hänge sind mit Terrassenfeldern überzogen, dazwischen wachsen vereinzelt Aprikosen- und Walnußbäume. Von Norden her stürzt ein tosender Wildbach herab, der eine tiefe Schlucht gerissen hat.

Auf der anderen Seite sind bereits die Häuser von Dharapuri zu sehen und davor ein einzelnes Gebäude mit einer von Steinen umzäunten Wiese. Das ist unser Lagerplatz. Dharapuri ist stufenförmig gegen den Berghang gebaut. Vom ehemaligen Check-post der nepalischen Regierung steht nur noch eine ausgebrannte Ruine. Der Gebirgsbach heißt Yakba Khola und läßt sich auf einer Hängebrücke einfach überqueren. Ich lege mich im Schatten eines Findlings ins Gras, um auf die anderen zu warten. Es dauert nicht lange, dann kommen Jan und Yangjor, und selbst die Maultierkarawane ist erstaunlich schnell da. Die verbleibende Zeit bis zum Einbruch der Dunkelheit verbringen wir mit einem Bad im eiskalten Wasser des Yakba Khola.

In den vergangenen Jahren war es immer hier gewesen, daß wir ungebetenen Besuch bekamen. Meistens erschienen die Maobadi nach Einbruch der Dunkelheit, um uns abzukassieren. Doch an diesem Abend bleiben wir von ihnen verschont. Als auch am Morgen keiner kommt, frohlocken wir bereits, ihnen diesmal entwischt zu sein. »Sie werden kommen«, dämpft Yangjor unsere voreilige Freude. »Der Weg bis zur Grenze ist noch lang, und niemand entgeht ihrer Aufmerksamkeit.«

Während Yangjor sich um den Troß kümmert, ziehe ich mit Jan schon los. Wir wollen die ersten Morgenstunden nutzen, in denen es angenehm kühl ist, und hoffen, zur Mittagszeit den Kessel von Kermi, in dem sich die Wärme wie in einem Backofen staut, bereits hinter uns zu haben. Gestern hat uns die Hitze schwer zu schaffen gemacht, aber da hatten wir keine andere Wahl, als während der heißesten Stunden zu laufen.

Frauen in langen Röcken auf dem Weg zu ihren Feldern kommen uns aus Dharapuri entgegen. Mit ihrer bunten Kleidung und dem üppigen Silberschmuck erwecken sie den Anschein, als wären sie eher zu einem Fest unterwegs als zur Arbeit. Der Pfad folgt weiterhin der Schlucht des Humla Karnali. Immer wieder gilt es Nebenflüsse zu queren oder Felsabbrüche zu überwinden. Filigrane Wasserfälle stürzen herab. Die Berge auf der anderen Seite des Flusses baden im Licht der Morgensonne, während unser Weg noch im kühlen Schatten liegt. Erst als wir einen mächtigen Bergrücken queren, trifft uns die Sonne mit voller Kraft. Nun beginnt der Pfad anzusteigen, windet sich hinauf zum Dorf Kermi, das bereits in 3000 Meter Höhe liegt.

Binnen weniger Marschstunden hat sich die Welt um uns gewandelt – ethnisch, kulturell und landschaftlich. Die Landschaft wird offener und trockener. Wir nähern uns dem Himalaya-Hauptkamm, wo der Monsun, der alljährlich Niederschläge bringt, schon viel schwächer ist. Weil es weniger regnet, haben die Häuser hier flache Dächer. Tibetischstämmige Bewohner sind an die Stelle der Thakuri getreten. Die Gebetsfahnen, die von den Dächern der Häuser von Kermi wehen, zeigen an, daß die Bewohner der buddhistischen Lehre folgen. Das hindert sie allerdings nicht daran, den Wildtieren nachzustellen. Die Kermi Pa sind berüchtigte Jäger. Doch der Wildreichtum vergangener Zeiten ist nur noch Legende. Unkontrollierte Jagd und die Vernichtung ihres Lebensraums haben dafür gesorgt, daß Schneeleopard, Bär, Luchs und Moschustier weitgehend verschwunden sind. Nur ein einziges Mal sah ich hier noch einen Bären, den schwarzen Kragenbären, den die Tibeter Tomteh nennen und der einstmals im ganzen Himalaya verbreitet war. Die Jäger von Kermi, wie mir ein glaubwürdiger Augenzeuge berichtete, schrecken nicht einmal davor zurück, Wälder anzuzünden, um Tiere herauszutreiben.

Wir laufen unterhalb von Kermi zwischen Terrassenfeldern hindurch, auf denen Gerste gezogen wird. Die einstigen Wälder auf den umliegenden Bergen wurden bis in die Gipfelbereiche hinauf abgeholzt. Dieser Prozeß hat sich in den letzten Jahren noch beschleunigt. Zwar existieren zahlreiche Verordnungen, die die letzten Wälder hier schützen sollen, doch es gibt niemanden, der ihnen Geltung verschafft. So wird weiter gerodet, was das Zeug hält. Die Folgen sind überall zu sehen. Denn ist der schützende Wald erst einmal verschwunden, wird bei jedem Monsunregen ungeschütztes Erdreich einfach fortgespült. Ganze Hänge rutschen ab, übrig bleibt nackter Fels. Der Boden ist für immer unfruchtbar.

Nach Kermi beginnt ein langer Aufstieg. Die Sonne dörrt uns zunehmend aus. Da hilft nur trinken. An jeder Möglichkeit, die sich unterwegs bietet, trinken wir ausgiebig, kippen uns Wasser über den Kopf und füllen die Flaschen bis zum Anschlag. Der Aufstieg endet erst auf dem Selima-Paß, der durch eine riesige Steinpyramide markiert ist. Hier zweigt der Weg nach Limi ab, ein abgeschiedenes Tal jenseits des Himalaya-Hauptkamms, das direkt an der Grenze zu Tibet liegt. Wir aber steigen hinunter an die Ufer des Selima Khola. Seit Stunden kann ich nur noch an die Badegumpen denken, die uns dort erwarten. Längst habe ich mir ausgemalt, in welchen dieser Naturpools ich mich legen werde. Beim Abstieg über die steile staubige Halde gesellt sich zum Wunsch nach Abkühlung noch der nach Reinigung. Unten angekommen, entledigen wir uns der verschwitzten Kleider und tauchen ins eiskalte Wasser ein. Es dauert nicht lange, da erscheint Yangjor.

Wir hatten vereinbart, erst hier zu entscheiden, wo wir an diesem Tag unser Lager aufschlagen werden. Eigentlich ist dies mein bevorzugter Lagerplatz, aber um die morgige Etappe zu verkürzen, haben wir überlegt, noch ein Stück weiterzulaufen, und wollten dies von der Zeit abhängig machen, zu der die Karawane eintrifft. »Die Maultiere sind in einer halben Stunde da«, erklärt Yangjor. Damit ist die Entscheidung gefallen: Wir gehen weiter. Der Pfad verschwindet vor uns in einer engen Felsschlucht, durch die der Humla Karnali hindurchbricht. Als wir am anderen Ende herauskommen, stehen wir vor einer üppig grünen Wiese, die sich auf einer Terrasse oberhalb des Flußufers ausbreitet. In früheren Zeiten diente dieser Ort als Marktplatz, wo sich die Händler trafen, um Waren zu tauschen. Heute sind es nur ein paar Salzmänner, die hier mit ihren Ziegen lagern. Die prallgefüllten Ledersäcke mit dem Salz haben sie zu Mauern aufgeschichtet, die notdürftig Schutz vor Wind und Wetter bieten. Um ihre scharfen Wachhunde nicht zu provozieren, schlagen wir unser Lager in großem Respektabstand auf.

Vor den Maoisten jedoch können selbst diese nicht schützen. Kaum ist es dunkel geworden, sind sie auch schon da. Yangjor nimmt sich ihrer an. Nach einiger Zeit kommt er zu meinem Zelt, um mich über das Ergebnis der Unterredung zu informieren.

»Dai (Bruder), sie wollen mehr Geld als letztes Jahr.«

»Wieviel?«

»100 Euro oder 120 Dollar für jeden von euch.«

»Kommt gar nicht in Frage, im letzten Jahr waren es 100 Dollar. Das ist der Standard.«

Da drückt mir Yangjor ein Papier in die Hand, das ihm die Maoisten quasi als Legitimation für ihre Forderungen mitgegeben haben. Es ist in englischer Sprache verfaßt und trägt die Unterschrift des Ober-Maoisten. In einer kurzen Einleitung werden die hehren Ziele erläutert, die den bewaffneten Kampf rechtfertigen. Darauf folgt eine Lobrede auf all die wohltätigen Projekte, mit denen sie das unterjochte Volk beglücken und zu deren Finanzierung sie von ausländischen Besuchern einen Solidaritätsbeitrag in Form einer Parteispende erheben. Dagegen wäre nichts einzuwenden, wenn es tatsächlich solche Projekte gäbe. Aber sie sind ein Märchen.

»Hast du auf dem Weg irgendeine gemeinnützige Einrichtung gesehen, die von den Maobadi errichtet wurde?« frage ich Yangjor.

»Nein, Dai.«

Ich bin wütend und würde die Maoisten am liebsten zur Rede stellen, aber das verkneife ich mir. Es geht mir nicht um die 20 Dollar mehr oder weniger, aber es widerstrebt mir, ihre Waffenkäufe mit zu finanzieren oder Satellitentelefone, mit denen sie beim Klassenfeind die aktuellen Devisenkurse abfragen. Daß es in Nepal Maoisten gibt und daß sie so stark geworden sind, hat seine guten Gründe, und die Regierung in Kathmandu hat dazu wesentlich beigetragen. Seit der sogenannten Demokratisierung in den 70er Jahren wechselten die Regierungen wie bei uns die Fußballtrainer. Vetternwirtschaft und eine wuchernde Korruption führten dazu, daß die herrschende politische Klasse jegliches Vertrauen beim Volk verspielte. Während sich Regierungsvertreter hemmungslos die Taschen füllten, wuchs die Armut auf dem Land. Das bereitete den Nährboden für die Maoisten. Sie versprachen, den Armen zu geben, was sie den Reichen wegnehmen wollten. Mit derartigen Botschaften und Programmen fanden sie viel Unterstützung in den armen Bevölkerungsschichten und selbst unter jungen Intellektuellen, die sich eine gerechtere Gesellschaft erhofften. Indessen ist viel vom anfänglichen Sympathiebonus aufgebraucht. Immer mehr kommt das wahre Gesicht der Maobadi zum Vorschein. In den Dörfern werden junge Männer zwangsrekrutiert und in andere Teile des Landes gebracht, um ihre Familienbande zu durchtrennen. Dort werden sie einer Indoktrinierung unterzogen. Auch die Armen werden zur Kasse gebeten oder müssen zumindest Naturalien abliefern.

»Auch wir müssen bezahlen«, sagt Yangjor. »Zwar nicht soviel wie ihr, aber selbst für die Maultiere verlangen sie eine Gebühr – und sogar für jedes Zelt, das wir aufgestellt haben.«

»Das ist pure Wegelagerei«, empört sich Jan.

»Wie viele sind es?« will ich wissen.

»Nur zwei«, antwortet Yangjor.

»Sind sie bewaffnet?«

»Nein, Dai.«

»Dann jagen wir sie einfach davon«, sage ich scherzhaft.

Doch Yangjor nimmt meine Bemerkung ernst und warnt mich. »Dann wird es uns so ergehen wie jener Trekkinggruppe, die Soldaten zum Schutz mitnahm, um nicht zahlen zu müssen. Als die ersten bewaffneten Maoisten auftauchten, ergriffen die Soldaten die Flucht. Die Trekkinggruppe mußte zahlen und trotzdem umkehren, weil ihnen die Maoisten zur Strafe den Weg verlegten.«

»Ich zahle 100 Dollar und keinen Cent mehr«, beende ich das leidige Thema. Nachdem wir Yangjor das Geld gegeben haben, sage ich ihm, er solle den Maoisten ausrichten, daß auf dem Papier nur etwas von einer »Parteispende« stehe, aber kein bestimmter Betrag, und daß üblicherweise die Höhe einer Spende im Ermessen desjenigen liege, der sie gebe. Und Jans und meine betrage eben 200 Dollar.

Die Tatsache, daß ich an diesem Abend nichts mehr von ihm höre, werte ich als Zeichen, daß sich die Maoisten damit zufriedengeben. Am nächsten Morgen bin ich bereits früh unterwegs. Ich möchte mir genügend Vorsprung verschaffen, um das Kloster besuchen zu können, dessen Umrisse bereits vom Lager aus zu erkennen waren. Trotz meines schnellen Schrittes werde ich bald von Yangjor eingeholt, der mir mit einem der Maoisten im Schlepptau hinterherlief. Der Grund: Ich hatte vergessen, das Spendenpapier zu unterzeichnen. Der guten Ordnung halber bekomme ich sogar noch eine lupenreine Spendenquittung ausgestellt. Immerhin: Was Parteispenden anlangt, scheinen die Maoisten Nepals eine korrektere Buchführung zu betreiben als manch eine unserer politischen Parteien.

Yalbang Gompa, wie das Kloster im Volksmund genannt wird, liegt etwas oberhalb des gleichnamigen Dorfes. Die weißgetünchten Mauern mit den roten Dächern heben sich deutlich von den anderen Gebäuden ab. Mit heiligen Silben bemalte Felsen, Gebetsfahnen und Chorten weisen den Weg. Als ich in den Innenhof des Klosters trete, wirkt alles verlassen. Doch der erste Eindruck trügt. Kaum habe ich mich auf die Stufen der Gebetshalle gesetzt, da bin ich auch schon von Mönchen umringt. Einer von ihnen spricht sogar gutes Englisch und öffnet mir auf meine Bitte hin bereitwillig die mit einem schweren Vorhängeschloß gesicherte Tür. Eine große Statue von Padmasambhava, die einen zentralen Platz am Altar einnimmt, zeigt an, daß es sich um ein Kloster der Nyingmapas handelt, jener ältesten buddhistischen Traditionslinie, die im achten Jahrhundert in Tibet entstand und auf den indischen Guru zurückgeht. Nyingmapa ist jene Lehrmeinung im tibetischen Buddhismus, die die meisten Gemeinsamkeiten und Verbindungen zum Yungdrung-Bon des Shenrab Mibo aufweist. Das ist nicht verwunderlich, denn sie entstand in einer Zeit, als die Bon-Religion noch die dominierende geistige Orientierung in Tibet war.

Sowohl Bonpos als auch Nyingmapas klassifizieren ihre Schriften in Sutra, Tantra und Dzogchen. Letztere gilt als Quintessenz der Lehren aller Buddhas der drei Zeitalter. Nach Auffassung der Nyingmapas wurde Dzogchen, die Lehre der Großen Vollkommenheit, im achten Jahrhundert von Padmasambhava, Vimalamitra und dem Übersetzer Vairochana von Indien nach Tibet gebracht. Ihrer Überlieferung zufolge war Vairochana ursprünglich ein Bonpo, konvertierte dann aber zum Buddhismus, um die Bon-Lehren vor der Ausrottung zu bewahren. Als eigentliche Quelle der

Dzogchen-Lehre wird ein aus Oddiyana stammender Guru namens Garab Dorje genannt. Oddiyana war im Altertum ein im Südwesten an Shang Shung angrenzendes Gebiet, das von Fachgelehrten mit dem Swat-Tal im heutigen Pakistan identifiziert wird, das ja auch die Heimat von Padmasambhava ist.

Es gibt allerdings gute Gründe anzunehmen, daß die Dzogchen-Lehre noch viel älter ist und bereits im Bon-Reich Shang Shung bekannt war. In einer Bon-Schrift mit dem klingenden Titel »Die nicht untergehende Bon-Lehre der Shang-Shung-Übertragung« (Shang Shung Nyengyu Gi Bon Ma Nub Pa Ten), die vom Bon-Meister Gyerchen Nangsher Lopo vermutlich im achten Jahrhundert verfaßt wurde, werden 24 Linienhalter genannt, durch die die mündliche Übertragung der Dzogchen-Lehre erfolgte. Die Linie geht dabei ungebrochen bis auf Shenrab Mibo zurück, der als Begründer der Lehre gilt. Als 13. Linienhalter in dieser Übertragungskette wird ein Mann namens Shang Shung Garab aufgeführt. Lopon Tenzin Namdak und Namkhai Norbu, Schüler des bekannten italienischen Tibetologen Giuseppe Tucci, der sich eingehend mit Shang Shung befasst hat, glauben, daß jener Shang Shung Garab und Garab Dorje ein und dieselbe Person sind. Das würde bedeuten, daß die Dzogchen-Lehre der Nyingmapas und die der Bonpos einen gemeinsamen Ursprung haben und daß sich erst nach einer Übertragungskette von zwölf Bon-Dzogchen-Lehrern der buddhistische Zweig entwickelte, der bis heute von den Nyingmapas praktiziert wird.

Einer der jungen Mönche schenkt mir Tee aus einer chinesischen Thermoskanne ein. Die tibetische Tradition gebietet es, daß die Schale nach jedem Schluck, den der Gast trinkt, bis zum Rand nachgefüllt wird. Nachdem ich mich ausgiebig am süßen Nepali-Cha – den strengen tibetischen Butter-tee habe ich höflich abgelehnt – gelabt habe, überreicht mir ein älterer Mönch das Spendenbuch. Die meisten der Mönchsschüler in Yalbang Gompa sind Flüchtlinge aus Tibet, die unter großen Gefahren und Risiken über die Grenze gebracht wurden, weil ihre Eltern sie in tibetischer Tradition ausbilden lassen wollen, was in chinesischen Schulen nicht möglich ist. Die Spenden tragen zum Unterhalt dieser Flüchtlingskinder bei.

Die besondere Anziehungskraft dieses Klosters auf Tibeter hat noch einen anderen Grund. Ursprünglich stand dieses Heiligtum nämlich in Tibet, und zwar an einer markanten geomantischen Position: an der Quelle des Humla Karnali. Das Kloster wurde nach seiner Zerstörung während der chinesischen Kulturrevolution nicht mehr an seinem ursprünglichen Platz wiederaufgebaut, sondern weiter flußabwärts, eben hier in Nepal. Die Wurzeln des Heiligtums freilich dürften viel weiter zurückreichen, als der Zusammenhang mit den Nyingmapas suggeriert: Der Humla Karnali ist einer jener vier großen Flüsse, die am Kailash entspringen und in der Bon-Überlieferung in der Beschreibung von Olmolungring genannt werden. Im »Tise Kachag«, dem Bon-Führer zum Kailash, heißt es dazu: »Im südlichen Shang Shung gibt es einen Berg, dessen Form zwei sich küssenden Pfauen gleicht. Dort entspringt Mapchen Khambab – der Fluß, der aus dem Pfauenmaul kommt – und fließt in südlicher Richtung.« Es kann keinen Zweifel daran geben, daß damit der Humla Karnali gemeint ist, der bis heute von den Tibetern an seinem Oberlauf Mapchen Tsangpo genannt wird.

Und: Der eigentliche Name des Klosters lautet Namkha Khyung Dzong – Himmelsburg des Garuda. Dieser Name sowie die enorme Bedeutung des Kailash mit seinen vier Flüssen als zentraler Kraftort Shang Shungs und des Yungdrung-Bon von Shenrab Mibo lassen vermuten, daß Namkha Khyung Dzong ursprünglich ein Bon-Heiligtum war, das nach dem Fall Shang Shungs und der Verfolgung des Bon von den Nyingmapas in ein buddhistisches Kloster konvertiert wurde. Solcher Beispiele gibt es viele. Es scheint ein typisches Muster zu sein, daß wenn eine Religion eine andere ablöst, sie ihre Kultstätten häufig genau dort errichtet, wo bereits die Vorgänger welche hatten. Einerseits um die Überlegenheit der neuen Religion über die alte zu demonstrieren, andererseits weil es besondere Plätze sind, Orte der Kraft eben. So wurden islamische Moscheen an der Seidenstraße auf den Trümmern von buddhistischen Klöstern oder von Feuertempeln des Manichäismus erbaut, und christliche Kirchen stehen oft auf Fundamenten römischer Tempel oder präkolumbischer Pyramiden.

Von der Höhe des Klosters läßt sich ein gutes Stück des Weges einsehen, den ich gekommen bin. Beim Herannahen des Maultiertrosses breche ich auf. Einer der Mönchsschüler begleitet mich ein Stück, um mir eine Abkürzung zu zeigen, die mich wieder auf den Hauptpfad bringt. Der alte Karawanenweg teilt sich hier und führt entweder in luftiger Höhe über einen Paß oder folgt weiter der Schlucht des Humla Karnali, die sich zunehmend verengt. Erst seit die Engstelle mittels in den Felsen gehauener Treppen und hölzerner Stege ausgebaut wurde, ist sie für Maultiere begehbar. Zuvor mußten die Karawanen die ungleich längere und kraftraubende Paßstrecke nehmen. Zunächst führt unser Weg durch einen der beiden Teile des Dorfes Yalbang, das durch einen Bergrücken praktisch getrennt ist. Der eine Teil liegt unterhalb des Klosters, der andere vor dem Eingang zur Felsschlucht. Es ist die eindrucksvollste Siedlung, an der wir bisher vorbeikamen. Die Route verläuft im Zickzackkurs mitten durch den Ort, durch schmale Gassen und zum Teil durch tunnelartige Gänge. Am Eingang wie am Ende steht jeweils ein Chorten. Dann geht es steile Geröllhänge querend auf ein Felstor zu, in dem der Humla Karnali verschwindet. Die Felsen treten so eng zusammen, daß alles in ein Halbdunkel getaucht ist. Uralte Bäume mit seltsam gewundenen Ästen wachsen am Grund des Canyons. Der Duft von vermoderndem und verbranntem Holz erfüllt die Luft. Unter einer überhängenden Gesteinswand finden sich die Spuren früherer Reisender, die hier gelagert haben. Auf einem der hölzernen Stege, die an abschüssigen Wänden kleben, kommt mir eine Salzkarawane entgegen. Ich drücke mich an die Felswand, damit die Ziegen mit ihren Ledersäcken auf dem Rücken passieren können. Es herrscht ein unglaubliches Gedränge und Geschiebe, und die beiden Händler haben alle Hände voll zu tun, damit keines der Tiere abstürzt.

Von einem Schritt zum nächsten öffnet sich die Schlucht wieder und gibt ein Tal mit kleinen eingesprenkelten Wiesen frei. Der Pfad führt nun zum Ufer des Humla Karnali hinunter, den eine von Stahlseilen getragene Hängebrücke überspannt. Auf der anderen Flußseite beginnt der Aufstieg nach Muchu. Die Häuser dieses Ortes stehen nicht dicht gedrängt wie in den Dörfern, die wir vorher sahen, sondern liegen auf einer fruchtbaren Terrasse verstreut. Dazwischen gibt es Felder und Obstgärten. Bis zum Jahr 2001 stand hier eine große Polizeistation, in der auch die Ausreiseformalitäten abgewickelt wurden. Sie wurde von den Maoisten dem Erdboden gleichgemacht. Jenseits von Muchu steigen wir in einen ausladenden Talboden hinab. Am Ende erhebt sich eine dunkle Bergpyramide, auf dessen Spitze ein würfelförmiges Gebäude steht – Dumkot Gompa. Zu Füßen des Klosterbergs schlagen wir unser Lager auf. Wieder einmal bewundere ich das gute Gespür der Klostergründer für die Wahl des richtigen Platzes. Das Gebäude fügt sich nicht nur harmonisch in die Landschaft ein, sondern wacht auch über einen markanten Wegpunkt. Hier laufen drei Täler zusammen. Das Bauwerk ist auffallend schlicht, doch der äußere

Schein trügt. Im Innern befinden sich Wandbilder von erlesener Qualität. Leider ist das Heiligtum in denkbar schlechtem Zustand. Das Dach ist undicht, und an vielen Stellen bröckeln die Mauern ab. Es gibt keinen Mönch mehr, der es bewohnt, sondern nur noch einen Schlüsselverwalter, der den Besuchern die Tür aufsperrt und gegen eine Spende Butterlampen und Räucherwerk entzündet.

Am nächsten Morgen verlassen wir den Humla Karnali, der in einer unbegehbaren Schlucht nordwärts verschwindet, und folgen statt dessen dem Tal des Yari Chu. Mit Yangjor steige ich den Berghang hinter dem Kloster hoch. Wir haben uns entschlossen, eine neue Route zu probieren, die uns interessant erscheint. Während sich die Maultierkarawane auf der anderen Talseite zu einem Paß hinaufquält, turnen wir auf schmalen Saumpfaden über Geröllhänge, die steil zum Bett des Yari Chu abfallen. Zu unserer Enttäuschung zwingt uns das Gelände schließlich, bis zum Talgrund abzusteigen. Wir hatten gehofft, möglichst viel an Höhe beibehalten zu können, um größere Aufstiege zu vermeiden. Jetzt müssen wir aber den ganzen gegenüberliegenden Berghang wieder hochsteigen, um zurück auf den Hauptweg zu gelangen. Einziger Lichtblick: Die höchste Stelle bleibt uns erspart, weil sie jenseits des Passes liegt, an dem sich die Wege treffen. Die dünne Luft in zunehmender Höhe zwingt uns, in regelmäßigen Abständen kurze Rastpausen einzulegen. Als wir oben ankommen, sehen wir bereits die ersten Maultiere über den Paß kommen. Kurze Zeit später stehen wir vor einem Teehaus. Der Platz heißt Pani Palbang und bietet das einzige gute Wasser weit und breit. Nicht nur das. Als die Wirtin mich sieht, stellt sie wie zufällig chinesisches Bier und Softdrinks in Dosen ans Fenster.

»Dai, hier gibt es *Lhasa pani*«, macht mich Yangjor darauf aufmerksam. Das ist der Nepali-Name, den wir zur allgemeinen Erheiterung (*pani* heißt Wasser) dem Bier der Marke Lhasa gegeben haben.

»Beim Abendessen im Lager würde ich gern eines trinken, aber nicht hier«, antworte ich ihm.

»Ich werde zwei Flaschen davon mitnehmen«, bietet sich Yangjor an.

»Dann laß mich bezahlen, wenn du es schon schleppst.«

»Gaa cho re?« – Wieviel kostet es? – frage ich die Wirtin auf Tibetisch.

»Gormu sumgye« – 300 nepalische Rupies. Das sind etwas mehr als drei Euro. Erstaunlich billig, wenn man bedenkt, daß es auf einem tagelangen Fußweg von Tibet herangeschafft wurde. Jetzt nehmen wir es mit in die Richtung, aus der es gekommen ist.

Als ich zahle, entdeckt die Wirtin den Gzi-Stein, den ich am Hals trage. Sie faßt ihn an, streicht mit den Fingern mehrmals über die Oberfläche und sagt anerkennend: »Yokpo doo«, was soviel wie »gut« bedeutet. Dann holt sie unter ihrer Kleidung eine Kette hervor, auf der gleich mehrere dieser Gzi-Perlen aufgefädelt sind. Obwohl ich glaube, daß es sich um Fälschungen handelt, befinde ich sie ebenfalls für gut. Niemals würde ich einem Tibeter sagen, sein Gzi sei schlecht, denn ich weiß nur zu gut, wie sehr sie an die schützende Wirkung dieser Steine glauben.

Heute sind echte, das heißt antike Gzi-Steine nur noch selten zu finden und werden zu astronomischen Preisen gehandelt. Ich habe meinen vor fast 20 Jahren bei einem Händler am Barkhor in Lhasa erworben. Damals hatte ich weder von der Bedeutung dieser Steine noch von deren Wert eine Ahnung. Er gefiel mir einfach, allerdings wunderte ich mich über den relativ hohen Preis und war mir sicher, daß mich der Händler ordentlich abzockte. Daß es sich um einen besonderen Stein handelte, merkte ich erst an der Reaktion der Tibeter. Immer wieder wurde ich darauf angesprochen und der Gzi auf dieselbe Art und Weise begutachtet, wie es die Wirtin nun tut.

Das machte mich neugierig, und ich begann alle Informationen darüber zu sammeln, derer ich habhaft werden konnte. Doch so sehr ich mich bemühte, Herkunft und ursprüngliche Bedeutung ließen sich nicht ergründen. Das einzige, was ich in Erfahrung bringen konnte, war, daß sie heute als wirksame Amulette gelten, die den Träger vor allerlei Kalamitäten wie Krankheiten, Unheil und den Angriffen böser Geister beschützen. Ob das jedoch auch die ursprüngliche Funktion war, bleibt fraglich. Namkhai Norbu, der seinen Aufsatz über Shang Shung mit »Eine Halskette aus Gzi-Steinen« überschrieben hat, spekuliert, daß diese eventuell in vorbuddhistischer Zeit als Zahlungsmittel verwendet wurden. Der Umstand, daß bis heute solche Steine vorwiegend auf antiken Ruinenfeldern gefunden werden, spricht dafür. Auch die legendenhafte mündliche Überlieferung weist in die vorbuddhistische Zeit Shang Shungs. So wird berichtet, die Gzi-Steine stammten vom Garuda, der sie beim Flug über die Erde fallen ließ. Andere wiederum behaupten, sie seien Beutestücke aus der Schatztruhe von Gesar Ling, einem populären Heros, der sie dem König von Tazig abgejagt hat. Und Tazig gilt in der Bon-Überlieferung ja als die Heimat des Lehrers Shenrab Mibo.

Verlorengegangen ist auch die Technik, mit der sie einstmals hergestellt wurden. Wissenschaftliche Untersuchungen belegen, daß es sich um geätzte Achate handelt. Entsprechende Techniken sind auch aus anderen Teilen Asiens bekannt und werden bis ins dritte Jahrtausend vor Christus zurückdatiert. Die tibetischen geätzten Achate übertreffen an Qualität und Härtegrad bei weitem die ihrer Nachbarländer. Die Vielfalt der Muster ist enorm. Es gibt welche mit ein bis zwölf »weißen Augen«. Mit Abstand als am wertvollsten gilt der neunäugige Gzi. Mir wurde einmal ein solcher von einem tibetischen Händler in Kathmandu für 20 000 Euro angeboten. Manche tragen das Symbol einer »Himmelstür«, wie es in China bekannt ist. In wieder andere sind Lotos, Vasen oder Diamantenzepter (tib.: Dorje) eingeätzt. Zur Herstellung dieser Designs wurden die betreffenden Stellen vermutlich mit einer alkalischen Substanz bestrichen. Wenn diese getrocknet war, hat man sie hohen Temperaturen ausgesetzt, wodurch sie tief in den Stein eindrang und die Muster buchstäblich eingebrannt wurden. Der Stein war dann am Ende schwarz, und die Muster zeichneten sich darin in weißer Farbe ab. Es gibt auch weiße Gzi-Steine, deren Muster in Form schwarzer Linien erscheinen. In diesem Fall wurde der ganze Stein mit der alkalischen Substanz bestrichen und nur das Muster freigelassen beziehungsweise abgedeckt.

Die Wirtin fragt mich, ob ich einen ihrer Steine kaufen möchte. Ein weiteres Indiz dafür, daß es sich nicht um genuine Gzi-Steine handelt. Nur selten trennt sich ein Tibeter von einem echten Gzi, und wenn, dann nur zu einem sehr hohen Preis. Ich mache ihr deutlich, daß ich keinen anderen als den, den ich bereits am Hals trage, haben möchte. Die Tibeter behaupten nämlich, wenn einem das Glück widerfährt, einen alten Gzi zu bekommen, dann müsse man ihn zeit seines Lebens tragen. Im Augenblick des Todes würde er brechen, weil seine Funktion, den Träger zu schützen, erfüllt und seine schützende Kraft aufgebraucht sei.

Heute werden Gzi-Steine in großem Stil synthetisch hergestellt. Die billigsten sind aus Plastik, andere aus Glas oder Porzellan. In Taiwan, wo sie unter chinesischen Buddhisten hoch im Kurs stehen, werden sie so raffiniert gefälscht, daß sie den genuinen aus Tibet täuschend ähneln und selbst Tibeter sie manchmal für echt befinden. Dazu werden echte

Achate benutzt und die Muster mittels einer Sodakarbonatlösung eingebrannt.

Von Pani Palbang führt der leicht ansteigende Pfad zum Rand eines Hochplateaus hinauf. Oben angekommen, blikken wir über ein wogendes Meer von Gerste, die in allen Grünschattierungen schimmert. Am anderen Ende liegen die Häuser von Yari. Es gibt zwei Routen, die von Yari über den Himalaya führen. Die eine überquert den Tinkar La und stellt eine Verbindung zu Indien her. Der Grenzpaß hat traurige Berühmtheit erlangt, als dort in den 60er Jahren des letzten Jahrhunderts der Khampa-Führer Wangdu, der mit seiner Gruppe von Osttibetern bis zuletzt gegen die chinesischen Besetzer Tibets erbitterten Widerstand leistete, von Nepali-Soldaten, die mit den Chinesen kollaborierten, in einen Hinterhalt gelockt und getötet wurde – und zwar nachdem er einem Aufruf des Dalai Lama folgend seine Waffen niedergelegt hatte. Die andere Route leitet über den Nara La nach Tibet. Wir bleiben auf der nördlichen Seite des Dorfes, das von einem tief eingekerbten Flußtal in zwei Hälften geteilt wird, und nach den letzten Häusern beginnt der Aufstieg zum Nara La. Laut einer Vereinbarung zwischen Nepal und China sollte es hier eine Straße geben, die Purang mit Simikot verbindet. Im Jahr 2001 wurde auch tatsächlich mit den Bauarbeiten begonnen, doch wegen der allgegenwärtigen Maoisten wurden sie wieder eingestellt.

Wir schlagen unser Lager auf einer Blumenwiese oberhalb von Yari auf. Auf den Berghängen ringsum grasen Yaks und Schafe, die vor Einbruch der Dunkelheit von den Hirten ins Dorf getrieben werden. Von Händlern, denen wir begegneten, konnten wir in Erfahrung bringen, daß es kaum noch Schnee am Paß gibt und der Weg deshalb selbst für die Packtiere problemlos zu bewältigen ist. Ich habe einmal erlebt, daß wir hier alle unsere Tiere zurücklassen mußten, weil zuviel Schnee lag und das ganze Gepäck auf Menschenrücken über den Paß geschleppt werden mußte.

Es ist noch dunkel, als wir am nächsten Morgen aufbrechen. Die Sterne leuchten am Himmel, als wären sie um Lichtjahre näher. Auch unten auf Erden leuchten ein paar Lichtlein. Es sind unsere Stirnlampen, in deren Schein wir uns vorantasten. Als sich der Horizont im Osten rot einfärbt, sind wir bereits in mehr als 4000 Meter Höhe unterwegs. Wir gehen im Gänsemarsch, und ich habe das Tempo so gewählt, daß wir kaum Rastpausen einlegen müssen. Kaum ist die Sonne da, wird es warm, und wir entledigen uns der dicken Jacken. Der Anstieg zum Paß, jedenfalls von dieser Seite, ist leicht und relativ kurz. Schon nach anderthalb Stunden stehen wir vor dem letzten Geländeaufschwung. Oben zeichnet sich bereits die Einkerbung ab, die die Paßhöhe markiert. Der Nara La gehört nicht zu jener typischen Art tibetischer Pässe, an denen man leicht verzweifeln kann, weil man eine Niederlage nach der anderen erlebt. Immer wenn man glaubt, hinter der nächsten Kuppe ist Schluß, stellt man enttäuscht fest, daß statt des ersehnten Passes nur eine weitere folgt. Hier kann man bereits aus beträchtlicher Entfernung den Steinhaufen sehen und die Gebetsfahnen, die im Wind flattern, als wollten sie einem zuwinken. Das Ziel vor Augen beflügelt. Die Morgensonne hat gerade die Paßhöhe erreicht und mit goldfarbenem Licht übergossen, da stehen wir vor der mächtigen Steinpyramide und rufen vielstimmig den Dank an die Götter in die Weite Tibets hinein. »Lha gye lo, lha so so so« – Die Götter sollen siegen – lautet der mächtige Ruf.

Nachdem wir den Haufen umkreist und dabei ein paar Steine darauf geworfen haben, machen wir uns an den Abstieg. Er ist viel länger als der Aufstieg und mindestens so anstrengend. Zuerst geht es auf Geröllhalden steil nach unten, dann zieht sich der Pfad eine Bergflanke entlang in ein Seitental hinein, das man bis zum Ende ausgehen muß. Es ist sogar noch ein Gegenanstieg zu überwinden, ehe man vor den letzten Steilhängen steht, die schließlich zum Humla Karnali hinunterführen. Mit der Überquerung des 4500 Meter hohen Nara La sind wir nämlich wieder ins Humla-Karnali-Tal gelangt, das wir zwei Tage zuvor bei dem Kloster Dumkot Gompa verlassen haben. Auf halbem Weg kommt uns eine nepalische Handelskarawane entgegen. Sie hat billige chinesische Massenware geladen: Bettdecken aus Kunststoff, Thermoskannen, Transistorradios und Dutzende Kartons mit Lhasa-Bier.

Die Marktbuden von Hilsa markieren den letzten Fleck des Territoriums von Nepal. Auf der anderen Seite des Humla Karnali, den wir auf einer stählernen Hängebrücke überqueren, beginnt das chinesisch besetzte Tibet. Ein einzelner ummauerter Gebäudekomplex mit Wachtürmen und einer roten Flagge mit Hammer und Sichel darauf droht von oben herab. Soldaten halten Wache, den Weg bis zum Paß hinauf überblickend. Als ich im Jahr 1994 zum ersten Mal hier ankam, war weit und breit kein einziger chinesischer Grenzwächter zu sehen. Wir konnten völlig ungehindert die Grenze überschreiten und in Sher, dem ersten Dorf Tibets, unsere Zelte aufschlagen. Heute gibt es hier eine Grenzstation, und jeder Reisende samt Gepäck wird einer strengen Kontrolle unterzogen. Bei westlichen Reisenden wird vor allem nach Dalai-Lama-Bildern gesucht, die in Tibet heute verboten sind. Über dem Eingang eines neuen Warteraums, der den Charme einer McDonald's-Filiale versprüht, hängt eine große Uhr. Sie kündet vom Willen der Machthaber im fernen Beijing, sich als Herren über die Zeit aufzuschwingen. Trotz der Tatsache, daß wir hier mehr als 3000 Kilometer westlich von Beijing und somit in einer anderen Zeitzone sind, gilt – wie in ganz China – Beijing-Zeit. Nur die Sonne hält sich nicht daran. Sie steht gerade erst im Zenit, obwohl es doch schon 16 Uhr ist. Aus Protest gegen diesen Unfug weigern wir uns, unsere Uhren vorzustellen.

Tsering, mein langjähriger lokaler Begleiter, erwartet uns schon. Er ist ein ehemaliger Mönch, der in den Laienstand zurückgetreten ist. Ursprünglich stammt er aus dem Saipalgebiet Westnepals, doch heute lebt er mit seiner Familie im 40 Kilometer entfernten Purang. Er spricht fließend fünf Sprachen: Tibetisch, Nepali, Hindi, Chinesisch und Englisch. Ich kenne keinen, der sich in Westtibet besser auskennt als er. Als ehemaliger Lama wird er zwar von den chinesischen Behörden mißtrauisch beäugt, aber in den Klöstern und bei der lokalen Bevölkerung ist er dafür hoch angesehen.

Zwei Jeeps und ein Lastwagen stehen für uns zur Weiterfahrt bereit. Hier werden nur Gepäck und Permits kontrolliert, die Tsering aus Lhasa besorgt hat, die Einreiseformalitäten mit Visum- und Paßkontrolle erfolgen erst in Purang. Aus diesem Grund wird uns ein Soldat als Aufpasser in eines der Fahrzeuge gesetzt, der darauf achten soll, daß wir auf direktem Weg dorthin fahren.

Innerhalb weniger Kilometer vollzieht sich nun ein dramatischer Landschaftswechsel. Nirgendwo gibt es mehr einen Baum oder Strauch. Wir befinden uns im trockenen Schatten des Himalaya, wo der feuchte Monsun nicht hinkommt, und sehen das Gebirge nun von der anderen Seite. Wie Zacken einer Krone steigen die eisbedeckten Gipfel über den braunen Hochsteppen auf. In die Gebirgsfalten eingesprenkelt liegen kleine grüne Oasen. Bauerndörfer, die von einem Ring aus Gerstenfeldern umgeben sind. Nur dort, wo Wasser vorhanden und künstliche Bewässerung möglich ist, gibt es Leben. Die Häuser machen einen gediegenen Eindruck. Über den Eingängen hängen Yakschädel zur Abwehr böser Geister und auf die Türen sind seltsame

Zeichen gemalt. Da ist eine Sonne, darunter ein liegender Halbmond und ein Hakenkreuz. Das sind die Ziele unserer Reise. Die Sonne steht für den Manasarovar und der liegende Halbmond für den Rakshastal, die beiden Seen zu Füßen des Kailash. Das Hakenkreuz (Swastika) aber hat nichts mit Nazismus zu tun, sondern symbolisiert den Kailash, in dessen Felsbändern an der Südwand die Gläubigen dieses uralte Zeichen zu erkennen glauben.

Auf halber Wegstrecke kommen wir in ein Dorf, dessen Häuser sich um ein mächtiges rotgetünchtes Bauwerk scharen. Eine der Mauern ziert ein riesiges Mantra. Die überdimensionalen Buchstaben sind mit weißer Kalkmilch aufgetragen. Das Kloster Khojarnath, wie es die Nepali nennen, gehört zu den wenigen Heiligtümern Westtibets, die unzerstört blieben. Es zählt zu einem jener legendären 108 Klöster, die einstmals Rinchen Zangpo – eine Art tibetischer da Vinci – in der Zeit des Guge-Reichs, das auf den Trümmern Shang Shungs entstanden war, erbauen ließ.

Kurze Zeit später treffen wir in Purang ein. Dieser Ort vermittelt einen ganz anderen Eindruck – einen chinesischen. Plattenbetonbauten, die allesamt aus dem Supermarkt der totalitären Architektur geordert scheinen, prägen das Bild. Das Gästehaus, in dem wir absteigen müssen, fügt sich nahtlos in dieses Bild ein. Wir trösten uns damit, daß es nur für eine Nacht ist. Schon morgen früh wollen wir weiter zum Kailash.

Die sakrale Geographie
von Shang Shung

Dank der Beijing-Zeit, die für alle öffentlichen Stellen gilt und der Lokalzeit um mehr als zwei Stunden voraus ist, können wir sämtliche Behördengänge schon in aller Frühe erledigen und brechen noch am Vormittag auf. Es gibt keinen Grund für uns, hier länger zu bleiben, denn das wenige, was vom alten Purang übrig ist, beschränkt sich auf die Ruine eines großen Gelugpa-Klosters, das einstmals hoch oben auf einer Bergspitze thronte, und ein kleines Höhlenheiligtum, das in die Uferwände des Humla Karnali geschlagen wurde. Beide stammen aus buddhistischer Zeit, und ich habe sie schon des öfteren besucht. Diesmal ist mein Augenmerk auf die vorbuddhistische Kultur gerichtet. Da bietet Purang kaum Spuren, denen es nachzugehen lohnt. Zwar geht aus Bon-Quellen hervor, daß es hier einstmals eine Shang-Shung-Burg gab, doch Tsering behauptet, davon sei nichts erhalten geblieben. Ich sehe keinen Grund, an seinen Worten zu zweifeln.

Was es noch gibt, sind vor allem Höhlen, nicht nur am Ufer des Flusses, sondern in der ganzen Umgebung. Manches spricht dafür, daß sie ursprünglich Behausungen waren, denn sie befinden sich fast immer in der Umgebung heutiger Siedlungen. Die Höhlen boten einen natürlichen Schutz vor Wind und Wetter, aber auch vor feindlichen Übergriffen. Erst als sich die Menschen sicher genug fühlten und technologische Fortschritte bessere Lebensbedingungen schufen, verließen die Bewohner die Felsquartiere, um im Tal in festen Häusern zu siedeln. Im südöstlich gelegenen Mustang, wo es ähnliche Höhlen gibt, konnten Forscher Aufschluß über die Siedlungsgeschichte der ganzen Region gewinnen. Ob dies auch hier möglich ist, werden erst zukünftige Forschungen erweisen. Bisher wurde keine der Höhlen mit modernen wissenschaftlichen Methoden untersucht. Die strategisch günstige Lage von Purang am Kreuzungspunkt uralter Karawanenwege, die Tibet mit Nepal und Indien verbanden, läßt vermuten, daß der Ort bereits in Shang-Shung-Zeit eine bedeutende Rolle spielte, wenngleich bis heute die Belege dafür fehlen.

An Landschaft hingegen mangelt es nicht. Sie ist von einer derart vitalen Kraft, daß alles menschliche Machwerk dagegen verblaßt. Selbst die modernen chinesischen Hochbauten mit ihren Glasfassaden wirken nur wie Miniaturen inmitten dieser alles beherrschenden elementaren Natur. Geriffelte und zu überdimensionalen Orgelpfeifen geformte Konglomerate säumen die Ufer des Humla Karnali, und darüber erhebt sich wie eine Kampferklärung an das uniforme Braun der Bergwüste der blendend weiße, gezackte Kamm des Himalaya. Von der Mächtigkeit des Humla Karnali, der uns in Nepal großen Respekt einflößte, ist hier noch nicht viel zu spüren. Er ist ein kümmerlicher Bach, den man leicht durchwaten kann und der vor uns in einem Gewirr kahler Bergketten verschwindet. Bei ihrem Anblick werden alte Erinnerungen wach. Vor drei Jahren waren wir hier an dieser Stelle aufgebrochen, um nach der Quelle des Humla Karnali zu suchen. Ich erinnere mich, wie sehr wir staunten, als uns die tibetischen Begleiter zu einer Stelle führten, wo unterhalb einer Mani-Mauer ein gebündelter Wasserstrahl aus der Uferböschung schoß und sich in den Humla Karnali ergoß. Denn sie sagten uns: »Das ist Mapchen Khambab«, der Fluß, der aus dem Pfauenmaul kommt. Dabei deuteten sie auf einen nahe gelegenen Bergrücken, den sie als zwei sich küssende Pfauen interpretierten. Religiöse und glaziale Quelle sind also weit voneinander entfernt. Die glaziale Quelle befindet sich viel weiter oben in den Bergen versteckt. Doch mit der religiösen

Quelle hatten wir unser Ziel erreicht, denn sie markierte das südliche Eingangstor zum Kailash-Mandala. Heute weiß ich, daß die vier Flüsse und ihre Quellen von Schutzgottheiten aus dem Bon-Pantheon bewacht werden. Die Bon-Beschützerin des Humla Karnali, deren Shang-Shung-Name Tingna Gyalmo lautet, trägt einen blau-schwarzen Umhang, und der Thron, auf dem sie sitzt, wird von einem mythischen Pfau getragen.

Ein Wechsel in der Landschaft reißt mich aus meinen Gedanken. Die Gestalt eines mächtigen Eisbergs schiebt sich immer dominanter ins Blickfeld und zieht alle Aufmerksamkeit auf sich. Riesige Gletscher fließen von allen Seiten herab und drängen weit in die braune Hochsteppe hinein. Mit seinen 7728 Metern ist der Gurla Mandhata der höchste Berg dieser Region. Er spielt in der religiösen Geographie eine bedeutende Rolle. Die Tibeter nennen ihn Menmo Nanyi. Anders als am Kailash wurde hier die ursprüngliche Bon-Gottheit nicht vertrieben und durch eine buddhistische ersetzt. Und obwohl es nirgendwo mehr von Menschenhand errichtete Zeugnisse von Shang Shung gibt, ist das alte Königreich allgegenwärtig. Es lebt in den Namen der Berge, Seen und Flüsse fort und in den Gottheiten, die diese bevölkern. Menmo ist ein Shang-Shung-Name und bezeichnet die Gefährtin von Nyipangse, einer Gottheit, die als Hüter der Bon-Lehre von der Großen Vollkommenheit (Dzogchen) gilt.

Das staubige Band der Straße windet sich nun zu einem Paß hinauf, dem Gurla La. Generationen von Pilgern, die sich dem Kailash von Süden her näherten, haben auf der Paßhöhe ihre Spuren hinterlassen. Mini-Kailash-Berge in Form von aufgeschichteten Steinen und einer großen Steinpyramide, von der ganze Bündel bunter Gebetsfahnen wehen. Wenn man heute im Auto über den Paß fährt, läßt sich kaum ermessen, welche Freude und Dankbarkeit frühere Pilger empfunden haben müssen, wenn sie nach wochenlangen Märschen von Indien oder Nepal über den Himalaya an dieser Stelle standen und den Kailash zum ersten Mal erblickten. Die Natur hat es so eingerichtet, daß er sich noch nicht in seinem vollen Glanz zeigt. Nur die oberste Spitze ragt über gerundete Bergrücken hervor, aber man spürt seine Nähe, ahnt schon, daß das große Mysterium unmittelbar bevorsteht. Als wir den Paß hinunterrollen, verschwindet der Kailash wieder, aber nur für kurze Zeit, dann folgt der ersehnte öffnende Blick. Wie der Vorhang auf einer Bühne treten die Berge zur Seite, geben die Sicht auf den Kailash frei. Er dominiert seine Umgebung wie ein König seinen Hofstaat. Und wie jeder Palast einen Teich besitzt, so liegen dem Kailash gleich zwei Seen zu Füßen – der Manasarovar (Mapham Tso) und der Rakshastal (Langna Tso). Letzterer breitet sich nun wie ein blauer Teppich vor uns aus. Hin und wieder kräuselt ein Windstoß seine Oberfläche, die dann zu glitzern beginnt, als würden Millionen von Kristallen darauf tanzen. Der Kailash aber zieht alle Blicke auf sich. Sein makellos weißer Eisdom erhebt sich über einem Gürtel niedriger Bergketten, die das gegenüberliegende Ufer säumen.

Wir springen aus dem Fahrzeug, laufen ein Stück zum Seeufer hinunter. Jeder sucht sich einen Platz, um ungestört in diese Landschaft einzutauchen, sich mit ihr zu verbinden. Nach buddhistischer Auffassung ist der Rakshastal von Dämonen bewohnt, und die alten Schriften warnen den Pilger: Wenn er schon am Ufer entlang müsse, so heißt es da, dann solle er jeden Blick auf den See vermeiden. Das schaffen wir nicht. Im Gegenteil. Wir sitzen lange da, schweigend, während die Augen über den See schweifen, ohne Schaden dabei zu nehmen.

Den Bonpos schien der Langna Tso weniger Furcht einzuflößen, denn im »Tise Kachag« wird überliefert, daß der

Shen Dangwa Jiring auf einer Insel dieses Sees den Bon gelehrt hat. Dangwa Jiring war der Hofpriester des Shang-Shung-Königs Punggyung Gyer – der mit der gehörnten Krone von Korallen aus klarem Licht –, dessen Burg einstmals in Purang stand. Daraus läßt sich schlußfolgern, daß es zur Shang-Shung-Zeit an diesem See eine größere Gemeinschaft gegeben haben muß – denn wem hätte der Shen sonst den Bon lehren sollen – und daß zumindest einer der Shang-Shung-Könige in Purang residierte. Darüber hinaus wird in derselben Quelle gesagt, daß der Langna Tso einer von vier Seen ist, die den Bonpos in dieser Region als heilig gelten. Als Beschützerin des Sees gilt eine Göttin mit dem Shang-Shung-Namen Tseltsame. Sie erscheint auf Rollbildern (Thangkas) als eine Frau in goldener Rüstung und mit Helm, die auf einem Tiger einherreitet.

Unser »Reittier« hingegen ist ein staubiger Toyota Landcruiser, und der chinesische Fahrer, der ihn lenkt, veranstaltet ein wildes Hupkonzert, um uns zum Einsteigen zu bewegen. Für ihn ist es völlig unverständlich, daß wir uns so lange an einem Ort wie diesem aufhalten, wo es nichts anderes zu sehen gibt als einen Berg und einen See. Er würdigt uns keines Blickes, streift sich die weißen Handschuhe über und rast los, als wären alle Dämonen des Sees leibhaftig hinter ihm her. Doch die Fahrt ist nur von kurzer Dauer. Kaum haben wir eine Anhöhe erreicht, liegt uns der nächste See zu Füßen, der heiligste von allen, auf den gleich drei Religionen Anspruch erheben. Manasarovar – See aus Brahmas Geist – nennen ihn die Hindus, Mapham – See aus göttlichem Atem – heißt er bei den tibetischen Buddhisten und den Bonpos. Auf einem der umliegenden Hügel erkennen wir eine Pyramide aus Gebetsfahnen. Dort wollen wir hin. Der Fahrer protestiert und erklärt, weiter vorn gäbe es einen besseren Platz. Er meint den Hügel mit dem Chiu-Kloster, den gewöhnlich die Touristengruppen anfahren und wo sogar die Belichtungszeiten fürs Photographieren angeschlagen sind. Was nicht heißt, daß der Platz dort weniger schön ist, aber dieser hier wurde von den Pilgern markiert, weil es die einzige Stelle ist, an der man beide Seen sehen kann. Um die Heiligkeit des Manasarovar noch zu unterstreichen, ist er gleich mit zwei Berggestalten gesegnet. Auf der einen Seite erhebt sich der Kailash, und ihm gegenüber, auf der anderen Seite des Sees, steht der Gurla Mandhata. Eine verschlüsselte Botschaft liege in dieser Landschaft verborgen, schrieb Lama Anagarika Govinda, der unmittelbar vor dem Einmarsch der chinesischen Truppen in Tibet diesen See umwanderte. Er verglich den Manasarovar mit den hellen und lichtvollen Kräften des Universums, während sein Nachbar, der mondsichelförmige Rakshastal, für die dunklen, die dämonischen Kräfte steht.

Waren es früher einige wenige Inder gewesen, deren Vermögen, den Strapazen und Härten des langen Fußwegs über den Himalaya standzuhalten, darüber entschied, ob sie ihre Sünden schließlich durch ein Bad im eiskalten Wasser des Mapham abwaschen konnten, so sind es heute ganze Horden, die von Kathmandu hierhergekarrt werden und den See zumeist auch mit Fahrzeugen umkreisen. Unter dem Motto »Schlecht gefahren ist besser als gut gelaufen« ziehen es ebenso immer mehr Tibeter vor, die See-Kora motorisiert anstatt zu Fuß zu vollziehen. Dem religiösen Verdienst tut dies ihrer Meinung nach keinen Abbruch. Vor diesem Hintergrund erwogen lokale tibetische Kader sogar den Bau einer Straße um den Kailash, ließen das Projekt nach Protesten jedoch fallen. Der Widerstand kam aus den Kreisen des buddhistischen Klerus, aber auch von Vertretern der lokalen Touristikbranche, die negative Auswirkungen vor allem auf das Geschäft mit westlichen Besuchern fürchteten.

Obwohl alle Klöster und Heiligtümer, die heute den Pilgerweg rund um den See säumen, buddhistischer Natur sind, waren es Bon-Schamanen, die diesen Kraftort zuallererst entdeckten. Sie dürften vor allem die zahlreichen Höhlen, die sich an der West- und Nordseite des Mapham Tso befinden, als Praxisplätze genutzt haben. Von dort aus konnten sie in meditativer Versenkung auf den See blicken und nach Zeichen Ausschau halten, die für das Auge des gewöhnlichen Menschen nicht wahrnehmbar sind. Mit Erfolg, wie sich den Quellen entnehmen läßt. So heißt es im »Tise Kachag«, daß es nebst anderen Schätzen in der Mitte des Sees einen Wunschbaum gebe, der Früchte für die Wesen aller drei Sphären – der Götter-, der Menschen- und der Unterwelt – trage. In einer anderen Bon-Quelle findet sich folgende wundersame Erscheinung beschrieben: »Im glorreichen Land Shang Shung vereinigte sich die Kraft des Schneebergs Tise und des Sees Mapham mit der Windenergie. Ein Blitz schlug aus dem Schneeberg und ließ die Felsen erglühen. Der Lichtstrahl, der daraus hervorging, traf den See, und drei Eier wurden daraus geboren.« Bei näherem Hinsehen entpuppt sich das Wunder als ein natürliches Phänomen. Berge erfüllen ihre Umgebung mit tätigem Leben, denn an ihnen entsteht das Wetter, sammeln sich die Wolken, aus denen Blitze, Donner, Schnee und Wasser kommen.

Das Motiv vom Ei kommt in der Bon-Überlieferung häufig vor. Es steht im Zusammenhang mit dem Schöpfungsprozeß und scheint stark von indischen Vorbildern inspiriert zu sein. Sowohl in der Hindu-Auffassung als auch bei den Bonpos herrscht der Glaube vor, daß die Welt durch ein Verschmelzen der subtilen Energien der fünf Elemente – Raum, Luft, Feuer, Wasser und Erde – entstand. Daraus formte sich ein kosmisches Ei. Bei den Hindus ist es das Brahma-Ei, das alles enthält, vom höchsten Himmel bis zur tiefsten Hölle. Nach der Bon-Vorstellung entstanden aus diesem kosmischen Ei allmählich 18 weitere. Aus einem davon soll die menschliche Rasse hervorgegangen sein. Und der Mapham soll einem türkisen Ei entsprungen sein.

Sogar im »Kristallspiegel«, dem buddhistischen Pilgerführer zum Kailash, wird der Manasarovar mit Shenrab Mibo in Verbindung gebracht. Demnach war es der große Lehrer des Bon, der den See, der ursprünglich der Palast des Königs der Schlangendämonen war, in den Türkissee Mapham verwandelte und Tingtsame, eine Göttin in blauer Rüstung und mit türkisfarbenem Helm, als Beschützerin einsetzte.

Die nächsten Kilometer fahren wir zwar in geringer Entfernung zum See nordwärts, doch meistens folgen wir gewundenen Tälern, so daß uns der Blick auf den Mapham verwehrt bleibt. Erst auf der Höhe des Chiu-Klosters öffnet sich das Gelände wieder. Das Angebot unseres Chauffeurs, dort zu halten, lehnen wir dankend ab. Uns drängt es zu einem anderen Ort, an dem wir noch mehr Spuren der Bon-Religion zu finden hoffen – Zeugnisse, die sich nicht nur auf mündliche oder schriftliche Überlieferungen beschränken. Nach meinen Recherchen gab es nördlich des Sees ein bis in jüngste Zeit bewohntes Bon-Kloster, das aber wie die meisten Klöster Tibets der Zerstörungswut der chinesischen Kulturrevolution zum Opfer fiel. Es soll am Fuß des Bon Ri gestanden haben. Dieser Berg ist neben dem Kailash einer der heiligsten Plätze der Bonpos in dieser Region. Doch nicht einmal der ortskundige Tsering kennt den genauen Standort des Klosters. Immerhin weiß er, wie man zum Bon Ri gelangt. Sobald wir einmal am Fuß des Berges sind, so glauben wir, wird es nicht schwierig sein, die Überreste des Klosters zu finden.

Der Berg der Bon

Zunächst bewegen wir uns aber noch auf bekanntem Terrain, genauer gesagt auf der Route zum Kailash. Die Piste, der wir folgen, zieht sich einen goldgelben Bergrücken hinauf. Als wir an Höhe gewinnen, taucht der Kailash wieder auf. Zuerst sehen wir nur seine Spitze, dann beginnt er zu wachsen, türmt sich höher und höher vor uns auf, bis er sich in seiner vollen Gestalt zeigt. Ein Meer bunter Gebetsfahnen, die im Wind flattern, markiert die Stelle, an der man dem Berg in Augenhöhe gegenübersteht. Da ist nichts mehr dazwischen, weder ein anderer Berg noch ein See, nur eine weite grüne Ebene, aus der sich der Kailash stufenförmig erhebt. Ich kann mich nicht mehr entsinnen, wie oft ich schon an diesem Platz stand und das Bild in mich aufnahm, dennoch hat es nichts von seiner Strahlkraft verloren. Die Gesichter dieses Berges scheinen unerschöpflich, und ich habe das Gefühl, jedes Mal ein neues zu entdecken.

Seit meinem ersten Besuch im Jahr 1987 sind fast zwei Jahrzehnte vergangen. In dieser Zeit kam ich nahezu jedes Jahr hierher, manchmal sogar zwei Mal im Jahr, denn ich hatte mir vorgenommen, das gesamte Natur-Mandala des Kailash zu Fuß zu erwandern, die Quellen jener vier Flüsse zu besuchen, die in dieser Umgebung entspringen, die beiden Seen Manasarovar und Rakshastal sowie den Kailash auf den traditionellen Wegen der Pilger zu umwandeln. Im Zuge dieser Reisen näherte ich mich dem heiligen Berg aus allen erdenklichen Richtungen, sah ihn in vielen verschiedenen Stimmungen, doch die Frage blieb immer dieselbe: Was ist das Besondere dieses Berges, das ihn über alle anderen erhebt und ihn in den Brennpunkt der religiösen Verehrung von gleich vier Religionen Asiens rückte? Außer den Hindus, den Buddhisten und den Bonpos gilt er nämlich auch noch den indischen Jainas als heilig. Seine Höhe konnte es nicht sein. Der Kailash ist nur 6714 Meter hoch, und im Himalaya sind viele Berge deutlich höher. Was war es dann? Seine Form? Wohl kaum, denn es gibt viele andere formschöne Berge im Himalaya und anderswo. Je öfter ich kam, desto mehr glaubte ich, daß es ursprünglich die Flüsse waren, die dem Berg seine Bedeutung verliehen. Von ihm kommt das Wasser, von dem die Menschen abhängig sind, kommt alles Leben. Meine Vermutung hat sich bestätigt, als ich erfuhr, daß der bis heute gebräuchliche tibetische Name des Kailash, Tise, in der Shang-Shung-Sprache Wasser bedeutet.

Dieses Mal habe ich in besonderem Maß das Gefühl, den Kailash neu zu entdecken. Bisher habe ich ihn in erster Linie als Pilgerberg der Buddhisten und der Hindus begriffen und ihn überwiegend aus buddhistischer Sicht betrachtet. Die Buddhisten sehen in ihm und seiner Umgebung ein Mandala des Chakrasamvara, einer tantrischen Gottheit, die tibetisch Demchog heißt. Meine einzige frühere Berührung mit der Bon-Religion waren gelegentlich Bonpo-Pilger, die mir auf dem Umwandlungsweg entgegenkamen, weil sie den Berg ja in der umgekehrten Richtung umkreisen, und die wohlbekannte Legende von Milarepa. Der Mitte des elften Jahrhunderts geborene Yogi gehört zu den populärsten Gestalten im tibetischen Buddhismus. Er gilt vielen Tibetern als Vorbild, weil er es schaffte, sein durch böse Taten beflecktes Karma zu reinigen und innerhalb nur einer Lebensspanne zur Befreiung zu gelangen. Milarepas Taten, die von einem seiner Schüler in Form von Gesängen aufgeschrieben wurden, kennt jedes Kind. Einer dieser Gesänge kündet von einem magischen Wettstreit zwischen Milarepa und dem Bonpo Naro Bonchung, in dem es darum ging, welcher Religion der Kailash gehören sollte.

»Über diesen Berg gebiete ich, der Bonpo! Wer hier lebt, muß meiner Tradition folgen.« Mit diesen Worten trat Naro Bonchung Milarepa entgegen.

»Der Buddha hat prophezeit, daß dieser Berg für die Anhänger der buddhistischen Lehre bestimmt ist, und besonders mir«, entgegnete dieser. Nach allerlei Wortscharmützel und einigen magischen Wundertaten, in denen Milarepa seine Überlegenheit bewies, schlug ihm Naro Bonchung eine letzte Prüfung vor.

»Über den Berg solle gebieten«, sagte der Bonpo, »wer an diesem Vollmond schneller auf dem Gipfel des Tise ankommt.« Im Morgengrauen des Vollmondtags kleidete sich Naro Bonchung in seinen grünen Mantel, erhob sich in die Lüfte und schlug dabei seine Bon-Trommel. Milarepa aber schlief seelenruhig im Tal. Als dessen Schüler sahen, daß sich der Bonpo allmählich dem Kailash-Gipfel näherte, wurden sie unruhig, weckten den Meister und drängten ihn zu handeln.

»Nun paßt auf«, sagte Milarepa. Sie blickten empor und sahen, daß der Bonpo plötzlich nicht mehr höhersteigen konnte, weil Milarepas magische Kraft ihn daran hinderte, sondern im Kreis um den Berg flog. In diesem Moment ging die Sonne auf, Milarepa wurde eins mit ihrem Lichtstrahl, und seine Gestalt erschien auf dem Gipfel des Kailash. Als der Bonpo dies sah, stürzte er vor Schreck von seiner Trommel, die über die Südwand hinabpolterte und dort eine tiefe Spur hinterließ, die sich als markante Rinne abzeichnet.

Erst jetzt gab sich Naro Bonchung endgültig geschlagen. »Der Berg Tise gehört dir«, räumte er kleinlaut ein. »Ich möchte aber wenigstens irgendwo leben, wo ich diesen Ort sehen kann«, bat er Milarepa. Dieser ergriff einen Stein vom Kailash-Gipfel und schleuderte ihn nach Osten. Dort, wo er niederfiel, erhebt sich der Bon Ri, der Berg der Bon.

In dieser Geschichte lebt historische Wahrheit fort. Aus ihr geht hervor, daß der Kailash ursprünglich im Besitz der Bonpos war und diese nicht bereit waren, ihren angestammten Platz kampflos zu räumen. Daß die Übernahme durch die Buddhisten erst ein halbes Jahrtausend nach dem Untergang des Bon-Reichs Shang Shung erfolgte und die Bonpos den Berg offensichtlich selbst während der Zeit der schlimmsten Verfolgungen ihrer Religion im neunten und zehnten Jahrhundert halten konnten, ist ein eindrücklicher Beweis, wie bedeutungsvoll diese Region für sie war. Der Verlust ihres Stammlands mit dem Kailash als zentralem Kraftort muß ein herber Schlag für sie gewesen sein. Der einzige Ort, an dem sie nun noch geduldet wurden, war der Bon Ri. Allerdings dürfte dieser Berg schon lange vorher eine Rolle in der religiösen Geographie der Bonpos gespielt haben und nicht erst, nachdem Milarepa ihnen diesen Ort als Ersatz für den Kailash zugewiesen hatte. Gemäß der Bon-Schrift »Tise Kachag« residierten zwei der 18 Shang-Shung-Könige in einer Burg am Fuß des Bon Ri. Außerdem wird darin überliefert, daß der Shen Dzutrul Yeshe östlich des Bon Ri eine große Bon-Gemeinde begründete und unterwies. Der Shang-Shung-König, der zu dieser Zeit regierte, war Tagna Siji – der mit der gehörnten Eisenkrone.

Die Erinnerung der Menschen hier scheint keine Spuren davon zu bewahren, denn Tsering beteuert, noch nie von einer alten Burg in dieser Gegend gehört zu haben. Die einzigen Relikte, die es am Bon Ri gebe, seien jene des zerstörten Bon-Klosters. Aber vielleicht wurde das Kloster auf den Ruinen der alten Shang-Shung-Burg errichtet, so wie es beim Sezhig Gompa am Targo der Fall war? Es ist anzunehmen, daß beim Fall von Shang Shung die Burgen zerstört wurden. Erst Jahrhunderte später begannen die Bonpos nach dem Vorbild der Buddhisten Klöster zu bauen. Das geschah nicht an beliebigen Plätzen – wie wir am Dangra-

See gesehen haben –, sondern genau dort, wo sich bereits zur Shang-Shung-Zeit Kultstätten oder Wehrburgen befunden hatten. Alles, was mit Shang Shung zu tun hat, gilt den Bonpos bis heute als heilig, weil es das Land ist, aus dem Shenrab Mibo und die Bon-Lehre kommen.

Von unserem Aussichtspunkt läßt sich die gesamte Bergkette überblicken, die im Osten an den Kailash anschließt. »Dort ist der Bon Ri«, sagt Tsering und deutet dabei auf einen Gipfel, der sich nur durch seine dunklere Farbe von den anderen abhebt. Was mag die Bonpos bewogen haben, gerade diesen Berg zu wählen? Er sieht sehr gewöhnlich aus, selbst im Vergleich zu den Nebengipfeln, vom Kailash gar nicht zu reden.

Dann fahren wir hinunter in die weite Barkha-Ebene. Hier treffen wir auf die Hauptstraße, die Westtibet mit Lhasa verbindet. Wir folgen ihr in östlicher Richtung, bis wir dem Berg nahe genug sind, um selbst mit freiem Auge Einzelheiten zu erkennen. Das einzige Bauwerk, das wir entdecken, ist ein viereckiges Gebäude oberhalb eines ausgetrockneten Flußbetts. Es sieht zwar neu aus, aber vielleicht ist es ein Fingerzeig und befinden sich die Klosterruinen ganz in der Nähe. Jetzt folgt der schwierigste Teil der Suche, nämlich den Fahrer zu überzeugen, die befestigte Straße zu verlassen. Tsering redet minutenlang vergeblich auf ihn ein. Er läßt sich erst erweichen, als wir eine Reifenspur finden, die den unumstößlichen Beweis liefert, daß es möglich ist, hier mit dem Auto entlangzufahren. Die Spur führt uns genau zu dem einzelnen Haus. Es ist eine Enttäuschung. Das Gebäude dient einer Nomadenfamilie als Winterquartier. Von Ruinen keine Spur. Außerdem befinden wir uns in einer Sackgasse. Um ins nächste Tal zu kommen, müssen wir wieder zurück zur Straße. Der Fahrer schaut auf die Kilometeranzeige und streckt uns grinsend eine Hand mit gespreiztem Daumen und Zeigefinger entgegen.

Das soll heißen, wir müssen für jeden Kilometer zusätzlich acht chinesische Yuan berappen.

Auch das nächste Tal, das zum Bon Ri führt, ist eine Fehlanzeige. Jetzt suchen wir mit den Augen die höheren Lagen des Berges ab, vor allem die Stellen, an denen es vielleicht eine Quelle geben könnte. Denn nur dort, wo es Wasser gibt oder gab, kann ein Kloster oder eine Burg gestanden haben. Vielleicht liegen die Überreste irgendwo in der ausgeprägten Falte, die knapp unterhalb des Gipfels ansetzt und sich nach unten verbreiternd bis zum Fuß des Berges zieht. Wir lassen das Fahrzeug zurück und steigen die trockene Rinne hoch. Schon bald finden wir die ersten Steine, in die heilige Silben eingeritzt sind, dann eine ganze künstlich aufgeschichtete Mauer. Schließlich sehen wir tatsächlich Gebäuderuinen. Sie sind im Lauf der Zeit farblich so mit der Umgebung verschmolzen, daß man sie von unten nur erkennen kann, wenn man weiß, wo sie sind. Die Mauern sind aus Stein und waren mit Lehm beschmiert, der weitgehend abgebröckelt ist. Die Verwendung grob behauener Steine als Baumaterial weist zwar auf Shang Shung hin, aber die Architektur der Gebäude gleicht der tibetisch-buddhistischer Klöster, was darauf hinweist, daß das Kloster frühestens aus dem elften Jahrhundert stammen kann, aus der Zeit der Bon-Renaissance, als es zu vielen Klostergründungen kam. Frische Gebetsfahnen und Yakschädel, die als Opfergaben niedergelegt wurden, bezeugen, daß der Ort von den Bonpos noch nicht völlig aufgegeben ist. Ringsum liegen Schieferplatten, in die Mantras und Bildnisse des Bon-Lehrers Shenrab Mibo eingemeißelt sind.

Jetzt erst zeigt sich, wie sorgfältig die Lage ausgewählt war. Von hier aus läßt sich die gesamte Barkha-Ebene bis zum Kailash und dem Manasarovar überblicken. Davor aber gibt es noch einen anderen See, und er ist der Grund, warum dem Bon Ri eine derartige Bedeutung zukommt.

Nach der Bon-Überlieferung sind es nämlich vier Seen und nicht zwei wie bei den Buddhisten, die in der religiösen Geographie dieser Landschaft eine Rolle spielen. Einer davon ist der kleine Gurgyal Lhamo Tso, der dem Bon Ri zu Füßen liegt.

»Man nennt ihn auch den göttlichen See«, so heißt es im »Tise Kachag« zum Gurgyal Lhamo, »der aus dem weißen muschelförmigen kosmischen Ei entstanden ist.« Und weiter führt der Bon-Pilgerführer aus: »Es dauert einen Tag, diesen See zu umrunden, der in seiner Form einem silbernen Spiegel gleicht.«

Yangjor mahnt zum Aufbruch, aber es fällt schwer, sich von diesem Bild loszureißen. Die untergehende Sonne hat die Berge im Osten in samtenes Licht getaucht. Der See unter uns gleicht einem Zauberspiegel, dessen Farbe sich ständig verändert. Der Schatten des Bon Ri fällt immer weiter in die Ebene hinaus, bis er sich mit dem See vereinigt. Berg und See sind nun in der Tat zu einem göttlichen Paar verschmolzen, genau so, wie es die Bon-Überlieferung besagt.

Aus dem Tal dringt wütendes Hupen herauf. Wir wollen den Bogen nicht überspannen und laufen schnell den Berghang hinunter. Es war ein langer Tag, und wir sind seit den Morgenstunden unterwegs. Alle wollen nach Darchen, dem kleinen Pilgerort am Fuß des Kailash. Dort wartet bereits unser Truck, und von dort wollen wir morgen aufbrechen, um nach weiteren Spuren des alten Bon-Reichs Shang Shung zu suchen.

Der Neunstöckige Swastika-Berg

Der Fußweg zum Gyangtag-Kloster ist mir inzwischen so vertraut, daß ich ihn mit geschlossenen Augen gehen könnte. Ich nehme fast immer diesen Weg, um an die Westseite des Kailash zu gelangen. Das letzte Mal allerdings kam ich von oben herab, mit Robert Thurman im Schlepptau. Es war drei Uhr früh, und wir waren todmüde. Bei jeder Rast schlief Bob sofort ein, und ich hatte Mühe, ihn wieder auf die Beine zu bringen. Die Batterien der Stirnlampen waren längst leer, und so wankten wir in der Dunkelheit auf Darchen zu. Als wir an den ersten Häusern waren, fielen uns die Hunde an. Schließlich flüchteten wir in das halbfertige neue Gästehaus, dessen Türen nicht abgesperrt waren, und schliefen im Sitzen auf den Stühlen der Empfangshalle.

Wir waren erst am Nachmittag aufgebrochen und hatten eigentlich nur bis zum Beginn des inneren Umwandlungswegs gehen wollen, doch dann stiegen wir weiter. Bob ging langsam, und die zunehmende Höhe machte ihm schwer zu schaffen. Anstatt umzukehren, begann er Mantras zu rezitieren. Ich spürte, daß er daraus Kraft schöpfte, und ging weiter. Robert Thurman ist praktizierender Buddhist. Er lebte lange Zeit in einem exiltibetischen Kloster in Indien, fungierte als Übersetzer des Dalai Lama und lehrt heute als Professor an der Colombia Universität in New York. Zum Kailash reiste er mit einem seiner Söhne, derweil seine Tochter Uma auf der Kinoleinwand als schwertschwingende Rächerin reihenweise Leute massakrierte. »Ich hätte sie gern mitgenommen, aber sie hatte keine Zeit«, sagte er nur traurig.

Es war bereits Abend, als wir vor der Kailash-Wand standen. Jetzt kam der schwierigste Teil des Aufstiegs. Es galt ein Felsband in knapp 6000 Meter zu erreichen, wo eine Reihe weißer Reliquien-Stupas im letzten Licht des verlöschenden Tages aufleuchtete. Das Ziel vor Augen beflügelte Bob, und er verdoppelte seine Anstrengungen. Unausgesetzt rief er Chenresig, den Bodhisattva der Barmherzigkeit, an. Als wir am Felsband standen, senkte sich gerade die Sonne auf die Himalayakette herab. Die Felsen über uns erglühten, während sich über das Tal, aus dem wir gekommen waren, bereits der kalte Schatten der Nacht legte. In einem solchen Augenblick war ich noch nie hier oben gestanden. Bob weinte vor Freude, dann zog er sich hinter einen der Stupas zurück, um eine Puja – eine Gebetszeremonie – zu halten. Obwohl wir wußten, daß uns noch ein langer Abstieg bevorstand, blieben wir sitzen, bis es dunkel wurde. Dann tasteten wir uns im Schein der Stirnlampen über einen Paß, der ins nächste Tal führte. Bob hatte sich beim Aufstieg völlig vorausgabt und war mit den Kräften am Ende. Es war vorherzusehen, aber wie hätte ich es ihm verwehren können? Die Müdigkeit ließ ihn im losen Geröll immer wieder stürzen. Er raffte sich wieder auf und taumelte mir hinterher. Ich half ihm, so gut ich konnte, und irgendwie schaffte er es.

Der Anblick des Gyangtag-Klosters bringt mich aus der Erinnerung in die Gegenwart zurück. Es gilt als Hüter des inneren Bereichs, des Innersten des Mandala. Von allen heiligen Plätzen am Kailash ist Gyangtag der bedeutendste, in der Vergangenheit wie auch heute. Es ist kein Zufall, daß dieses Kloster Sitz des ranghöchsten buddhistischen Würdenträgers ist, denn dort, wo es steht, schlug einst das pulsierende Herz Shang Shungs.

»Die ersten drei Könige von Shang Shung«, überliefert »Tise Kachag«, »die durch den Himmel vorbestimmt waren, hatten ihren Wohnsitz auf dem Schloß Yulo Jonpa am Gyangri, mit Blick auf den Kailash.« Gyangri heißt der schlangenfömige Bergrücken, vor dem ich nun stehe und auf dessen höchster Stelle das Gyangtag-Kloster thront. In seiner Architektur erinnert das zweistöckige turmähnliche Gebäude aus Steinmauern mit seinen kleinen Fenstern und den Zinnen an eine abweisende, wehrhafte Festung. Zwar wurde auch dieses Kloster während der Kulturrevolution zerstört, aber in den letzten Jahren originalgetreu wieder aufgebaut.

Die drei historisch belegten Shang-Shung-Könige, die hier residierten, waren Triwer Lhaje – der mit der gehörnten Goldkrone; Shungshag Silnon – der mit der gehörnten Krone des mächtigen Garuda; und Hrido Gyerpung – der mit der gehörnten Kristallkrone. Der Umstand, daß diese drei auf der Liste der 18 Shang-Shung-Könige, die im »Tise Kachag« aufgeführt werden, am Anfang stehen und der erste von allen – Triwer Lhaje – als Zeitgenosse von Shenrab Mibo bezeichnet wird, legt den Schluß nahe, daß hier der erste Königssitz von Shang Shung war. Der letzte war Khyunglung Ngulkar Karpo, der Silberpalast im Garuda-Tal. Daß es hier einmal eine größere menschliche Siedlung gegeben hat, beweisen die mehr als 30 steinernen Fundamente von Häusern, die oberhalb des Klosters zu finden sind. Der archaische Typus der Bauweise, die Lage in unmittelbarer Nähe zum Shang-Shung-Schloß und nicht zuletzt die Nichterwähnung in der lokalen buddhistischen Überlieferung sind Indizien dafür, daß sie vorbuddhistischen Ursprungs sind.

Abgesehen von der Liste der Könige und der Beschreibung der Orte, an denen sie residierten, findet sich im »Tise Kachag« noch folgende höchst aufschlußreiche Information, die ein erhellendes Licht auf die wahre Herkunft des Bon-Lehrers Shenrab Mibo wirft: »Im Zentrum von Shang Shung, das einer tausendblättrigen goldenen Blüte gleicht, erhebt sich der Gang Tise (Kailash). Zu seinen Füßen, vor dem Sockel des Bon Ri, liegt der See Mapham, und an seinen Ufern erschien der Lehrer Tenpa Sherab. Der Shang-

Shung-König Triwer Lhaje – der mit der gehörnten goldenen Krone – und alle Geschöpfe konnten des besonderen Segens durch die Anwesenheit von Tenpa Sherab teilhaftig werden.« Weiters berichtet die Quelle, daß König Triwer Lhaje der wichtigste Gönner und Förderer des Bon-Gründers war und dies der Grund ist, warum das Kailash-Gebiet und insbesondere die Residenz dieses ersten Königs hier in Gyangtag von den Bonpos als Nabe Shang Shungs verehrt werden.

Wenn es bisher nur eine Vermutung war, daß Olmolungring das spirituelle Zentrum von Shang Shung war, das nicht außerhalb Tibets in einem fernen Land namens Tazig anzusiedeln ist, wie die Bon-Überlieferung behauptet, sondern hier am Kailash, dann ist es spätestens jetzt zur Gewißheit geworden. Somit ist auch Shenrab Mibo hier geboren. »Demzufolge war er Tibeter«, wie auch Namkhai Norbu feststellt, »genauer gesagt Shang Shung Pa, obwohl sich der Bon, den er lehrte, weit über die Grenzen Shang Shungs hinweg in Länder wie Tazig, Indien und China ausbreitete.«

Olmolungring war also kein semi-mythisches Land, wie es heute dargestellt wird, sondern nur ein anderer, wesentlich ehrenvollerer Name für die irdische Heimat von Shenrab Mibo. *Ol* bedeutet das Ungeborene, die Silbe *mo* steht für die Unteilbarkeit, *lung* für die prophetischen Worte und *ring* für das immerwährende Mitgefühl von Shenrab Mibo. In allen alten Bon-Überlieferungen. Mit anderen Worten: Olmolungring ist das Land, aus dem die göttliche, prophetische, von ewigem und unteilbarem Mitgefühl getragene Lehre Shenrab Mibos stammt.

Im bereits erwähnten »Dodo«, der ältesten Biographie Shenrab Mibos, die im elften Jahrhundert als Terma entdeckt wurde, ist eine detaillierte Beschreibung von Olmolungring überliefert. In Versform heißt es da:

Blick vom 4500 Meter hohen Nara La
auf den tibetischen Grenzort Sher, der
inmitten einer grünen Oase oberhalb
des Humla-Karnali-Flusses liegt.

Das Dorf Chala am Fuße des über
7000 Meter hohen Saipal, des höchsten Berges Westnepals. Mächtige
Adler, die als Vorbild für die Gestalt
des Göttervogels Khyung dienten,
ziehen über ihm ihre Kreise.

vorhergehende Doppelseite:
Die »Bergfestung des Nyenpo«
wird das kleine Heiligtum an
der Westseite des Kailash
genannt. Hier wird die Maske
von Tise Lhatsen aufbewahrt,
der ursprünglichen Bon-Gottheit
des Kailash.

Zu Saga Dawa wird am Kailash ein riesiger
Fahnenmast neu beflaggt und aufgestellt. Darin
lebt eine uralte Bon-Tradition fort: das Errichten
des Lebensbaumes, das jedes Frühjahr vollzogen
wurde, um Wohlergehen für die Gemeinschaft
zu sichern.

links: Das Gyangtag-Kloster am Fuße des Kailash
steht auf einem Bergrücken, auf dem sich eine der
Residenzen der Shang-Shung-Könige befand. Die
Architektur des Klosters ist ungewöhnlich und
erinnert in der Tat eher an eine Wehrburg als an
eine Gebetsstätte.

Klosterruine am Bon Ri, einem Berg, der sich über
den Ufern des Manasarovar-Sees (Tso Mapham)
erhebt und den Bonpos als heilig gilt.

Mehrere Nomadenfamilien leben auf der wasserreichen Hochfläche, auf der der Sutley entspringt. Abends treiben sie ihre Ziegenherden vor den Zelten zusammen und binden die Tiere im Reißverschlußsystem aneinander, um sie zu melken.

rechts von oben nach unten:

Nyingmapas, Angehörige der ältesten buddhistischen Tradition Tibets, die sich auf Padmasambhava beruft, sind am Geburtstag des Guru Rinpoche nach Tirthapuri gepilgert.

Tibetische Pilger benutzen die heißen Quellen, die bei Tirthapuri aus der Erde sprudeln, sowohl für rituelle als auch ganz profane Waschungen.

Dieser Fels im Pilgerort Tirthapuri heißt Dämoninleiche und soll Teile der von Padmasambhava bezwungenen und getöteten Dämonin Matra Rutram darstellen, die ursprünglich hier als Bon-Gottheit verehrt wurde.

In einer geheimen Kammer
des Nyenpo-Klosters wird
die furchteinflößende
Maske von Tise Lhatsen
aufbewahrt, der als
ursprüngliche Gottheit
des Kailash von den
Bonpos verehrt wurde.

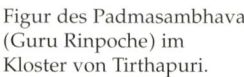

Figur des Padmasambhava
(Guru Rinpoche) im
Kloster von Tirthapuri.

Was Olmolungring, das Land des Shen betrifft,
so hat es eine Ausdehnung von 50 mal 50 Phaktse
Es liegt im Nordosten von Jambudvipa,
zu Füßen des Schneeberges Tise,
neben dem türkisfarbenen See Mapham,
an der Quelle der vier großen Flüsse,
unweit des Berges Bon Ri.

Der Text läßt an Eindeutigkeit nichts zu wünschen übrig und die Namen der Orte entsprechen genau den geographischen Realitäten. Nirgendwo läßt der Text anklingen, daß dies nur eine Metapher sein soll und das Kailash-Gebiet nichts mehr als ein irdischer Abglanz von Olmolungring ist, wie das manche Bonpos heute glauben machen wollen. Nach dem Fall von Shang Shung wurde die Bon-Religion blutig verfolgt und hier, in ihrem Herkunftsgebiet, fast völlig ausgelöscht. Die wichtigsten Kultstätten der Bonpos, an denen einst Shenrab Mibo wandelte und lehrte, einschließlich des Kailash, wurden ihnen von den Buddhisten entrissen. Da ist es nur allzu verständlich, daß sie ihren heiligsten Ort für Menschen unerreichbar machten. Das taten sie, »indem sie«, so schreibt Chogyal Namkhai Norbu, »den Ursprung des Bon nach Tazig verlegten und dort Olmolungring als den Ort lokalisierten, an dem Shenrab Mibo geboren sein soll.«

Der angesehene, in Paris lehrende Tibetologe Samten G. Karmay kommt zu einem ähnlichen Schluß, wenngleich er dazu eine etwas andere Erklärung liefert. Er vermutet, daß nach den Wirren der Religionsverfolgungen und dem Zusammenbruch des zentraltibetischen Yarlung-Reichs das Wissen um die genaue Position von Olmolungring verlorenging. Als dann im zehnten Jahrhundert frisches buddhistisches Gedankengut aus Indien nach Tibet einströmte, sahen sich die Bonpos gezwungen, sich neu zu organisieren und ihr Lehrgebäude zu konsolidieren. Unter anderem erkannten sie die Notwendigkeit, Olmolungring zu lokalisieren, von dem sie nicht mehr wußten, als daß es die Quelle des Bon war. »In der Überzeugung«, schreibt Karmay in seinem Buch über die Geschichte des Bon, »daß es sich dabei um keinen gewöhnlichen Ort handeln kann, plazierten sie Olmolungring in Tazig, einem Land, das ihrer Vorstellung nach irgendwo westlich von Tibet lag.«

Im sonst so ruhigen Gyangtag geht es hoch her. Junge Tibeter beiderlei Geschlechts schleppen Steine und Eimer voll Mörtel den steilen Weg zum Kloster hinauf. Sie singen und lachen dabei, als gäbe es weder die schweren Lasten noch die dünne Luft. Als sie mich sehen, winken sie mir freundlich zu.

»Flavio gapa du?« rufe ich hinauf. Wie auf Kommando deuten alle auf das kleine ummauerte Gebäude unten im Tal. Flavio ist Schweizer und von Beruf Zimmermann. Er lebt hier zusammen mit seiner Frau Ruth, um mitzuhelfen, das alte Kloster wieder aufzubauen. Die beiden sind schon seit Jahren am Kailash. Zuerst arbeiteten sie unten in Darchen in der Medizinschule bei Thakpa, einem tibetischstämmigen Schweizer, der dort eine Ausbildungsstätte für traditionelle tibetische Medizin aufgebaut hat. Jetzt bewohnen sie eine der Mönchsbehausungen. Der Raum ist sehr spartanisch eingerichtet. Ein paar Bücher und ein Bild vom Matterhorn an der Wand sind das einzige, was an ihre Schweizer Heimat erinnert. Bei Tee und süßen Keksen tauschen wir Neuigkeiten aus. Ich spreche Flavio auf die Straße an, die bei meinem letzten Besuch noch nicht da war.

»Das mit der Straße ist so eine Sache«, sagt er. »Rinpoche wollte sie haben, um das Baumaterial leichter hochzuschaffen, aber seitdem ist es mit der Ruhe hier vorbei, weil nun alle mit dem Auto kommen.«

»Aber der Bau ist bald fertig, und dann kann die Straße wieder verschwinden«, wende ich ein.

Er lacht, dann meint er: »Hast du in diesem Land jemals irgendwo gesehen, daß eine Straße, die einmal gebaut wurde, wieder abgerissen wird?«

»Laß uns über etwas Erfreuliches reden«, lenke ich das Gespräch in eine andere Richtung. »Das Kloster ist fast wiederaufgebaut, ihr könnt stolz auf eure Arbeit sein.«

»Ja, die Tibeter machen hier einen guten Job«, gibt er das Lob an seine Leute weiter. Dann lädt er mich zu einem Rundgang ein.

»Habt ihr bei den Arbeiten Relikte gefunden?« frage ich ihn, während wir den Hügel hinaufsteigen.

»Ja, einen Shapje.« Daraufhin ruft er dem Mönch, der uns am Eingang erwartet, ein paar Worte auf Tibetisch zu. Kurze Zeit später schleppt dieser einen Steinblock herbei, der wie geschmirgelt und poliert aussieht. Als Shapje werden naturgegebene Steine bezeichnet, auf denen seltsame Formen zu sehen sind, in denen die Tibeter die Abdrücke göttlicher Wesen zu erkennen glauben. Der Kailash ist voll davon. Überall entlang des Pilgerwegs finden sich Fuß- und Handabdrücke bekannter Gestalten wie Milarepa oder Padmasambhava. Selbst das Pferd des sagenhaften Heros Gesar Ling soll sich auf diese Weise hier verewigt haben.

»Der Lama sagt, das sei ein Fußabdruck Buddhas«, erläutert Flavio.

»Oder Shenrab Mibos«, füge ich hinzu. Von beiden Religionsstiftern wird überliefert, daß sie hier ihre Fußabdrücke hinterlassen haben. Abgesehen davon, ob ein Mensch überhaupt derartiges vollbringen kann, ist es absurd anzunehmen, der Buddha wäre hier gewesen. Buddha lebte bekanntermaßen in Indien und hat Tibet nie besucht. Die Verbindung des Kailash mit Buddha, wie sie auch in Milarepas Auseinandersetzung mit dem Bonpo Naro Bonchung anklingt, in der Milarepa sich darauf beruft, der Berg wäre den Buddhisten von Buddha prophezeit worden, ist pure Legende und erfunden worden, um den Anspruch auf den Berg zu rechtfertigen. Sie führt aber dazu, die autochthonen Wurzeln der tibetischen Kultur zu negieren. Es ist richtig, daß die aus Indien importierte buddhistische Religion die tibetische Kultur außerordentlich stimuliert und geprägt hat, aber es ist falsch, aus übertriebener Gläubigkeit zu ignorieren, daß es schon vorher eine bedeutende Kultur gab, nämlich die Shang Shungs, die eine eigene Religion, Sprache, Schrift, Medizin und Astrologie besaß, darüber hinaus über ein hochentwickeltes Handwerk und eine gut funktionierende Gesellschaftsordnung verfügte.

»Das geistig-religiöse Gesicht, welches Tibet heute zeigt«, so stellt der Religionswissenschaftler Helmut Hoffmann fest, »ist geformt von zwei Kräften: einerseits von der indischen Missionsreligion des Buddha, die äußerlich den Sieg davontrug und seit über 1000 Jahren die Geschicke des Schneelandes bestimmt, andererseits von der autochthonen tibetischen Lebensauffassung, die, äußerlich unterlegen, noch heute alle Kanäle des geistig-seelischen Lebens speist.«

Ich verlasse Gyangtag mit dem Gefühl, dem Geheimnis von Shang Shung ein großes Stück näher gekommen zu sein. Die Übereinstimmung von schriftlicher Überlieferung mit den noch vorhandenen Relikten und der religiösen Geographie der Kailash-Region läßt erkennen, daß hier nicht nur die Keimzelle des Shang-Shung-Reichs lag, sondern daß es aufs engste mit Shenrab Mibo und seiner Bon-Lehre verquickt war. Beide entwickelten sich synchron, und die Verbreitung der Bon-Lehre über ganz Tibet vollzog sich Hand in Hand mit der Ausdehnung des Shang-Shung-Reichs. Die Könige mit der gehörnten Krone waren Gönner und Förderer des Bon. Und während Shang Shung bereits vor über 1300 Jahren unterging, lebt die Bon-Religion bis heute fort.

Die Namen von 18 Shang-Shung-Königen und der Shen (Bon-*Schamanen*), die ihnen zur Seite standen, sowie die Orte, an denen sie zu verschiedenen Zeiten residierten, sind im »Tise Kachag« überliefert. Und in der Bon-Schrift mit dem Titel »Die mündliche Tradition von Shang Shung« (tib.: Shang Shung Nyen Gyupa Gi Namthar) sind die Namen aller Bon-*Meister* aufgeführt, die von Shenrab Mibo an die Bon-Lehre mündlich überlieferten. Dank dieser beiden sich ergänzenden Listen lassen sich, so Namkhai Norbu, die Daten des Shang-Shung-Reichs vage bestimmen. Von Shenrab Mibo bis Nangsher Lopo, dem letzten in dieser Übertragungslinie, sind insgesamt 23 Personen genannt. Nangsher Lopo war ein Zeitgenosse des letzten Shang-Shung-Königs Ligmigya im siebten Jahrhundert, der von Songtsen Gampo am Dangra-See getötet wurde. Wenn man davon ausgeht, daß die Shen ein relativ hohes Alter erreichten, hat Shang Shung bis zur Einverleibung in das tibetische Reich des Songtsen Gampo bereits mindestens 2000 Jahre existiert. Namkhai Norbu hat aufgrund der Königsliste, der in Shenrab Mibos Biographien und in anderen Quellen überlieferten Anhaltspunkte den Versuch unternommen, das Geburtsjahr des Bon-Begründers zu ermitteln, und kam dabei auf das Jahr 1917 v. Chr. Dennoch: Vieles liegt noch völlig im Dunkeln. So verrät die Überlieferung zwar die Namen der Burgen und der Orte, an denen Shang-Shung-Könige lebten, aber nichts darüber, wo und wie sie bestattet wurden. Kein einziges Grab wurde bisher entdeckt. Es wird doch wohl nicht anzunehmen sein, daß sie sich buchstäblich in Luft aufgelöst haben, wie es von Shenrab Mibo berichtet wird. Anderes bleibt Spekulation und kann nur durch zukünftige archäologische Befunde geklärt werden. Keines der steinernen Relikte hier am Kailash wurde bislang archäologisch untersucht, keine der Höhlen erforscht.

Das gilt auch für die alte Burg, die nun vor mir auftaucht und deren zerfallene Mauern wie Zahnstümpfe gegen den Himmel ragen. Ich bin vom Gyangtag über einen Bergrücken zum Selung-Kloster gelaufen und dann das Tal in Richtung Kailash aufgestiegen. Gang Tise Bon Khar, wie die ehemalige Shang-Shung-Festung heute genannt wird, befindet sich im innersten Bereich des Kailash-Mandala.

Sie thront auf einer Bergspitze in 5000 Meter Höhe unmittelbar vor der Südwand des Kailash und überblickt sowohl das Selung-Tal, durch das die innere Kora führt, als auch die weite Barkha-Ebene bis zum Rakshastal-See. Das Vorhandensein einer Festung in dieser exponierten Lage läßt sich nur erklären, wenn man davon ausgeht, daß es zur Zeit Shang Shungs hier eine größere Besiedlung gab, als es heute der Fall ist. Der einzige Weg, der von der Burg talwärts führt, ist der, auf dem ich gekommen bin. Erst beim Selung-Kloster kreuzen sich die Pfade von Darchen und Gyangtag mit der Route, die auf die Westseite des Kailash führt. Ich nehme letztere. Abermals gilt es einen Bergrücken zu überqueren. Von seiner Höhe bietet sich einer der schönsten Blicke auf den Kailash, die ich kenne. Der Tise erscheint hier zwischen zwei Vorbergen, die als Aufenthaltsort verehrungswürdiger Wesen betrachtet werden. Der eine gilt als Versammlungsplatz der 500 Arhats, Heilige, die der Legende nach im Gefolge des Buddha hierherkamen, und der andere wird als Thron der Gottheit Ishvara verehrt. Man ist hier der Südwand des Kailash näher als im Bereich der äußeren Kora, aber noch nicht so nahe, daß sie einen erschlägt, wie in der inneren Kora. Sein makelloser Eisdom erhebt sich am Ende des Tales. Er stellt etwas Endgültiges dar, als würde dort die Welt aufhören. Das einzige Zeichen von Menschen ist der rote Farbklecks des Selung-Klosters am Beginn des Tales, das hier einsame Wache hält.

Hiltons Beschreibung des Tales von Shangri-La kommt mir in den Sinn. Wenn ich nicht wüßte, daß er nie hier war, würde ich behaupten, er kann sie nur von hier haben. Indirekt ist das sogar der Fall. Zweifelsohne wurde Hiltons Shangri-La vom tibetisch-buddhistischen Shambhala inspiriert. Diese Vorstellung eines Reinen Landes, in dem die buddhistische Lehre unbeeinflußt von den Wirren der Zeit blüht und bewahrt wird, ist in das Kalachakra-System eingewoben.

Wie wir wissen, wurde das Kalachakra-Tantra erst sehr spät, nämlich im zehnten Jahrhundert, in den buddhistischen Kanon aufgenommen. Damals hatte sich hier gerade das Guge-Reich etabliert, ein buddhistisches Königreich, das dem untergegangenen Bon-Reich Shang Shung nachfolgte und dessen Zentrum ebenfalls im Sutley-Canyon lag, und zwar nicht weit vom Garuda-Tal entfernt. Und wir wissen, daß das Kalachakra-Tantra auch nicht-buddhistische Elemente aufweist und der Verweis auf Buddha, der es König Suchandra von Shambhala offenbart haben soll, eine aitiologische Sage ist, eine später erfundene Geschichte, die die späte Aufnahme dieses Gedankenguts in den buddhistischen Kanon legitimieren sollte. Außerdem soll der ganze Shambhala-Zyklus in Verbindung mit dem Kalachakra-System in Zentraltibet früher weniger bis kaum bekannt gewesen sein. All das deutet darauf hin, daß er hier in Westtibet entstand. Also weder in Indien, wie die Buddhisten glauben machen möchten, noch in Zentralasien, wie ich anfangs annahm.

Ursprünglich galt Shambhala durchaus als realer Ort, so wie Olmolungring, und erst viel später nahm es mehr und mehr Züge eines mythischen Landes an. Eine Beeinflussung durch Olmolungring, das Ursprungsland der Bon-

Lehre Shenrabs, das, wie wir feststellen konnten, hier am Kailash lag, ist nicht ausgeschlossen. Der Tibetologe Evans-Wentz geht sogar noch weiter, indem er das gesamte Kala-chakra-Tantra auf Bon-Ursprung zurückführt. In seinem Werk »Das Tibetische Buch der Großen Befreiung«, dem ein Padmasambhava-Text zugrunde liegt, findet sich folgende bemerkenswerte Aussage: »Vielleicht wird, wie wir anzunehmen wagen, eine, wenn nicht überhaupt die ursprüngliche Quelle des Kalachakra-Systems die alte vor-buddhistische Bon-Religion Tibets gewesen sein. Die Verbindung des Kalachakra-Systems mit Shambhala, die noch vielen Lamas in [Zentral-]Tibet und Nordtibet scheinbar nicht bekannt ist, mag in diesem Zusammenhang bedeutsam sein.«

Ich blicke auf die große weiße Berggestalt am Ende des Tales, als erwartete ich von ihr eine Antwort oder wenigstens ein Zeichen. Doch der heilige Berg schweigt. Ich wende mich ab und lenke meine Schritte in das nächste Tal hinunter, durch das die äußere Kora verläuft. Tief unten sehe ich klein wie Ameisen die Pilgergruppen laufen. Vollmond steht bevor, da kommen mehr Pilger als sonst. Alle haben dasselbe Ziel. Sie umkreisen einen riesigen Fahnenmast, den Tarboche, der sich am Eingang zum westlichen Tal des Kailash erhebt. Es ist der Vollmond des vierten tibetischen Monats, und da wird in ganz Tibet Saga Dawa gefeiert, ein Fest, das an Buddhas Erleuchtung erinnert. Doch am Kailash hat dieses Fest einen besonderen Anstrich. Im Mittelpunkt steht hier das Neubeflaggen des Tarboche. Zu diesem Zweck muß der Mast umgelegt werden. Von hier oben kann ich erkennen, daß dies bereits geschehen ist. Es sind sogar schon die neuen Gebetsfahnen angebracht, die alten, zerschlissenen liegen auf einem Haufen daneben. Der Höhepunkt des Festes wird erst morgen sein, wenn der Tarboche wieder aufgerichtet wird. Rings um ihn hat sich eine kleine Zeltstadt gebildet, und immer noch strömen Pilger nach. Sie kommen zu Fuß, mit Pferden und Yaks sowie mit allem, was es an fahrbaren Untersätzen gibt. Etwas abseits, am Ufer das Lha Chu, kampieren die westlichen Besucher. Auch da sind ganze Zeltstädte aufgebaut, Flotten von Landcruisern parken daneben. Irgendwo dazwischen entdecke ich unser Lager. Dort stehen zwei Zelte mehr. Ich weiß sofort, wem sie gehören. Karl und Carsten sind eingetroffen. Wir hatten uns hier für diesen Tag verabredet, um das Saga Dawa noch zu erleben, bevor wir in den Sutley-Canyon aufbrechen. Wir sitzen an diesem Abend noch lange beisammen, denn es gibt viel zu erzählen.

Am nächsten Morgen sind wir schon in aller Frühe unterwegs. Alle streben dem Festplatz zu. Der Duft von verbranntem Wacholderreisig erfüllt die Luft, und aus Hunderten Kehlen erschallt halb murmelnd, halb gesungen das Mantra *om mani padme hum*. Die Mönche der umliegenden Klöster haben sich unter der Führung des Rinpoche von Gyangtag in einem kleinen Gebäude zu einer Puja versammelt. Derweil umkreisen die Gläubigen wie Satelliten den umgelegten Fahnenmast, opfern Gerste sowie Räucherwerk und vollziehen Niederwerfungen. Dann ist es soweit. Die Mönche treten aus dem Gebäude, formieren sich zu einer Prozession und schreiten würdevoll zum Tarboche. Zwei von ihnen blasen die Radongs, alphornähnliche Instrumente, andere Trompeten und Muschelhörner. Nun wird der Tarboche langsam aufgerichtet. Früher geschah dies mit Muskelkraft und Yakstärken, heutzutage tun es die Pferdestärken chinesischer Lastwagen.

Auch die Staatsmacht ist dabei. Soldaten spielen sich als Ordnungshüter auf, als ob sie fürchteten, die geknechtete tibetische Volksseele könne das religiöse Fest dazu benutzen, sich zu erheben. In Zukunft werden keine Aufpasser mehr nötig sein, denn es werden kaum noch tibetische Pilger zum Fest kommen. Seit dem Jahr 2005 dürfen sie nämlich nicht mehr auf der Ladefläche von Lastwagen reisen. Mit dieser einfachen Straßenverkehrsverordnung wird der Pilgerstrom zum Kailash unterbunden, denn welcher Tibeter kann sich schon einen Landcruiser leisten. Selbstverständlich gibt es bei uns Religionsfreiheit, verkünden die Behörden zynisch, und steht es jedem Tibeter frei, zu seinen heiligen Orten zu pilgern – nur nicht auf jede Art und Weise.

Inzwischen wird der Fahnenmast immer steiler aufgerichtet. Jeden Ruck quittiert die Menge mit Jubelgeschrei. Es ist ein heikles Unterfangen, denn der Mast ist über zehn Meter hoch und muß in eine absolut senkrechte Position gebracht werden, nur dann, so glauben die Tibeter, würde das folgende Jahr glückverheißend sein. Der Mast wird unten mit Hölzern gestützt, die ständig nachjustiert werden müssen, genauso wie die Seile, die nach allen Seiten verspannt beziehungsweise an Lastwagen gebunden sind. Schließlich gleitet der Mast in das tiefe Loch und bleibt gerade stehen. Ein unbeschreiblicher Jubel bricht aus. Tausende kleiner bedruckter Papierschnipsel werden gen Himmel geschleudert und fallen wie Regen herab.

Das alles hat freilich nur wenig mit Buddhismus zu tun. In diesem Ritual lebt die alte Bon-Religion fort. Es wurde nur äußerlich in ein buddhistisches Gewand gekleidet. Der Tarboche ist nichts anderes als der Lebensbaum der Bon, der jedes Jahr immer wieder neu aufgestellt werden muß, um Fruchtbarkeit und Wohlergehen zu sichern.

Der Mythenforscher Mircea Eliade hat aufgezeigt, daß in archaischen Religionen häufig ein Berg oder ein Baum das Zentrum der Welt oder sogar des ganzen Universums repräsentiert. Berg und Baum stehen für die Verbindung von Himmel und Erde. Alten Mythen zufolge wurde die erste Schamanentrommel aus dem Holz des Weltenbaums geschnitzt. Deshalb kann der Schamane im Trancezustand mit ihr in den Himmel fliegen – oder auch abstürzen wie Naro Bonchung.

Wenn man vor dem aufgerichteten Tarboche steht und auf den Kailash schaut, dann werden Berg und Baum in ihren Linien eins. Beide wurzeln tief in der Erde und ragen weit in den Himmel hinein.

Die Buddhisten betrachten den Kailash als das Zentrum eines Mandala des Chakrasamvara, einer tantrischen Gottheit, die immer in sexueller Vereinigung mit einer weiblichen Partnerin dargestellt wird, der Yogini Vajravarahi. Der Buddhismus bedient sich dieser Bildsprache, um die Auflösung aller Gegensätze darzustellen – eine wesentliche Voraussetzung für die Erleuchtung. Dieses Mandala kann der Pilger am Kailash physisch und psychisch betreten, indem er durch die Tore – das sind die vier Flußquellen – eintritt und sich dann in kreisförmiger Bewegung von der Peripherie zum Zentrum bewegt, vom äußeren Umwandlungsweg zum inneren. Gleichzeitig kann er sich durch die meditative Erfahrung mit der Gottheit verbinden, mit dem Ziel, daß sich das Heilswissen Chakrasamvaras auf ihn überträgt und sein Erlösungsstreben befördert. Chakrasamvara, der das Rad der Wiedergeburt anhält beziehungsweise das damit verbundene Tantra, datiert aus dem achten Jahrhundert.

Zuvor wurde am Kailash eine Gottheit namens Welchen Gekho verehrt. Selbst im »Kristallspiegel«, dem buddhistischen Pilgerführer zum Kailash, wird die Oberhoheit des Bon über diesen Berg anerkannt, wenn man liest: »Der Schneeberg im Süden des Tise (Kailash) heißt ›Gestreifter Tigerberg‹. Dieser Ort soll von der Mutter Yum Drapla einstmals geweiht worden sein.« Was hier als Muttergottheit genannt wird, ist die Gefährtin von Gekho. Auch hier findet sich wieder das Motiv des göttlichen Paares. Gekho ist der männliche Teil – Yab. Seine weibliche Entsprechung – Yum – ist Logbar Tsame, die Königin der Draplas, einer Gattung von Geistern. Sowohl Gekho als auch Tsame sind Worte der Shang-Shung-Sprache. Letzteres ist der Shang-Shung-Begriff für Frau.

Gekho wird, wie auch Chakrasamvara, vielköpfig und vielarmig dargestellt. Der oberste seiner neun Köpfe ist ein Garuda. Er gilt als Dämonenbezwinger, und in zweien seiner Arme hat er Dämonen gefaßt, die er zum Mund führt. Vieles deutet darauf hin, daß diese Gottheit in enger Beziehung zu Shang Shung und dem Yungdrung-Bon-Begründer Shenrab Mibo steht, der sie samt ihrem zahlreichen Gefolge anstelle jener archaischen Götter einsetzte, die vorher von den Menschen verehrt worden waren. Bezeichnenderweise heißt es im »Tise Kachag« dazu: »Vor den Augen des Shenrab Mibo sind die dreihundert himmlischen Bon-Gottheiten im Südwesten des Tise wie Regen herabgefallen und haben singend, tanzend und musizierend unveränderliche Zeichen im Fels hinterlassen.«

Im Zuge der Übernahme des Kailash durch die Buddhisten wurden die Bon-Gottheiten durch Chakrasamvara und sein Gefolge ersetzt. Im »Kristallspiegel« gewinnt man einen Eindruck davon, wie der Kailash umgedeutet und als ein buddhistisches Heiligtum geweiht wurde. Demnach gehörte der Kailash ursprünglich zu jenen unreinen Orten, die von Wesen »mit verkehrten Ansichten und der schwarzen Befreiung (sic!)« beherrscht wurden. Er war eine blutige Opferstätte, die der buddhistischen Lehre zuwiderlief. Schließlich sah der im Tushita-Himmel weilende Buddha Vajradhara die Zeit gekommen, um einzugreifen. »...und während er im Geiste stets das große, unbegrenzte Mitgefühl beibehielt«, so verkündet der Text, »nahm er die äußerst zornvoll erscheinende Gestalt des furchteinflößenden Chakrasamvara mit vier Gesichtern und zwölf Armen an. Und mit dem ungeteilten Weisheitsbewußtsein aller Buddhas der zehn Himmelsrichtungen führte er die Milliarden Handlungen des Befriedens und der Bemächtigung durch. Und in der Sphäre des Bewußtseins des Klaren Lichtes zertrampelte er die hinderlichen Wesen durch einen wütenden Tanz. Dann vollführte er die Handlung des Segnens. So entriß Chakrasamvara diesen Ort den vorherigen Beherrschern und segnete ihn, indem er ihn zu seinem göttlichen Palast machte.« Somit war auf höchster Ebene – der Ebene der Götter – die Übernahme des Kailash vollzogen, die auf der menschlichen Ebene Milarepa gegen Naro Bonchung erkämpfte.

Doch nicht alle alten Götter konnten von Chakrasamvara besiegt werden. Der grimmige Kriegsgott Tise Lhatsen gilt bis heute als Beschützer des heiligen Berges. Ich glaube mich zu erinnern, in einem der alten Reiseberichte gelesen zu haben, daß er besonders im Nyenpo-Ri-Kloster verehrt wird und sich dort sogar eine Darstellung von ihm befindet. Mit Tsering und Yangjor mache ich mich auf den Weg dorthin. Das Kloster ist von unserem Lagerplatz aus zu sehen. Es liegt hoch über dem Tal des Lha Chu, inmitten einer zerklüfteten Felswand, dem Kailash schräg gegenüber. Die Bergfestung des Nyenpo, wie der Name sinngemäß lautet, befindet sich ganz in der Nähe jener berühmten Höhle, von der im »Kristallspiegel« überliefert ist, daß dort Padmasambhava die »28 Ursachen« zähmte. Die Verbindung des Ortes mit Padmasambhava, der sich überall dort in Tibet als »Dämonenbezwinger« profilierte, wo die Bonpos stark vertreten waren beziehungsweise der Verbreitung der buddhistischen Lehre besonderen Widerstand entgegensetzten, ist ein weiteres Indiz dafür, welch große Bedeutung das Kailash-Gebiet für die Bonpos hat. Das ist ja auch nicht weiter verwunderlich, denn schließlich ist es die Heimat Shenrabs und somit der Ursprungsort ihrer Religion.

Wir steigen den steinigen Pfad zum Kloster hinauf, halten hin und wieder an, um unsere Blicke auf den Kailash zu richten, der sich immer mächtiger über den Felskonglomeraten der anderen Talseite aufbaut. Als wir in den Innenhof des Klosters treten, zeigt sich keine Menschenseele, und die Eingangstür des Lhakang ist mit einem schweren Vorhängeschloß versperrt. Ich habe erwartet, am Tag des Saga-Dawa-Fests hier viele Pilger anzutreffen. Tsering verschwindet in einem Nebengebäude und erscheint bald darauf mit dem Tempelwächter, einem großgewachsenen Khampa, der sein langes Haar zu einem Zopf geflochten und mit roten Bändern um den Kopf gebunden hat. Gegen eine Spende entzündet er für uns Butterlampen und Räucherstäbchen vor dem Altar. Daraufhin erläutert er uns die Namen und die Bedeutung der einzelnen Figuren und Bildwerke. Als er damit fertig ist, sage ich ihm, daß wir auch Tise Lhatsen sehen möchten. Bei diesem Namen zuckt er zusammen und starrt mich entgeistert an. Nachdem er sich wieder gefangen hat, hebt er seine Hand wie zur Abwehr und preßt in barschem Ton »Mindoo, mindoo« – Nein, nein – hervor. Ich spüre, daß er nicht die Wahrheit sagt, vor Scheu wagt er nicht einmal den Namen des Schutzgotts in den Mund zu nehmen. Jetzt mischt sich Tsering ein und fragt, ob wir den Gonkhang sehen können. Damit meint er den Tempel der Schutzgottheiten, der in jedem Kloster zu finden ist. Doch der Wächter ist nicht bereit, ihn uns zu zeigen. Er sagt, daß nur der Lama den Schlüssel dazu habe, und der sei nicht da. Er will uns nicht einmal verraten, wann der Lama zurück sein wird. Enttäuscht treten wir den Rückweg an.

Wir hatten geplant, am nächsten Morgen schon in aller Frühe zum Sutley aufzubrechen, aber ich will den Ort nicht verlassen, ohne es noch einmal versucht zu haben. Deshalb steigen wir wieder zum Kloster hinauf. Diesmal ist der

Lama anwesend. Es erweist sich als Glücksfall, Tsering dabeizuhaben. Er kennt den Lama aus der Zeit, als er selbst noch Mönch war. Ohne zu zögern öffnet uns der Lama den Gonkhang. Als die Tür aufgeht und Licht ins Innere fällt, starrt uns das furchteinflößende Antlitz des uralten Kriegsgotts entgegen. Seine feuerrote Maske ist mit Bündeln weißer Seidenschärpen behangen. Daneben stehen altertümliche Gabelflinten, Lanzen und ganze Bündel von Pfeilen. Tise Lhatsen besitzt scharfe Reißzähne im Mund, eine breite Nase und ein großes drittes Auge auf der Stirn. Wenn Tise Lhatsen – wie ich vermute – die ursprüngliche Gottheit des Kailash ist, dann erweist er sich als langlebiger als jede andere Tradition, denn dann hat er die Inbesitznahme des Berges durch die Bonpos, die Umwidmung durch die Buddhisten und selbst den Bildersturm der chinesischen Kulturrevolution überdauert. Ich verlasse das Kloster mit dem Gefühl, in das älteste Antlitz des Kailash geblickt zu haben.

KAPITEL IV

Der Silberpalast
im Garuda-Tal

Seine Fundamente bestehen aus purem Gold,
die Mauern aus Silber.
Die vier eisernen Türen sind mit Achaten
und Muscheln besetzt.
Es besitzt 108 Räume, und sein Dach ragt bis
in den 13 stufigen Himmel hinein.
Khyungs umschwirren seine Mauern,
und Gewitter, die blaue Drachen speien,
toben am Himmel darüber.

Aus einer Bon-Schrift des
13. Jahrhunderts

◄ Die Überreste eines buddhistischen Klosters, das nach dem Untergang Shang Shungs dort errichtet wurde, wo einstmals der Silberpalast stand.

Tsering sitzt weit nach vorn gebeugt im Landcruiser und hält nach Zeichen Ausschau, die zu erkennen geben, daß wir uns noch auf dem rechten Weg befinden oder welche Richtung wir einzuschlagen haben. Vergeblich. Nicht der geringste Hinweis ist zu sehen. Selbst die Reifenspuren, denen wir seit Verlassen der Hauptstraße folgten, haben sich verflüchtigt wie eine Fata Morgana. Real hingegen sind die vielen Löcher und Furchen im Boden, die uns immer wieder aus den Sitzen katapultieren.

Wir hätten auch gleich direkt zum Eingang des Sutley-Canyons fahren können wie im Jahr zuvor bei unserer ersten Erkundung. Diesmal aber haben wir Boote dabei, und auf die wollen wir so früh wie möglich umsteigen. Aus diesem Grund haben wir beschlossen, die Reise in den Canyon dort zu beginnen, wo der Fluß seinen Anfang nimmt. Von dessen Quelle aus wollen wir dem Flußlauf folgen und, sobald der Wasserstand es erlaubt, die Boote einsetzen. Die Quelle sei gut mit dem Fahrzeug erreichbar und einfach zu finden, hat uns Tsering versichert. Doch jetzt irren wir schon seit Stunden umher, und allmählich kommen Zweifel auf, ob unsere Idee wirklich so gut war. Von Zeit zu Zeit halten wir an, um auf den Lastwagen zu warten, der unsere Ausrüstung befördert.

Die Augen zu schmalen Schlitzen zusammengekniffen, späht Tsering in die Runde. Plötzlich entspannen sich seine Gesichtszüge. »Langchen Ri« – Elefantenberg –, verkündet er triumphierend und deutet auf einen unscheinbaren Bergrücken, der sich in großer Entfernung erhebt. Wir können daran nichts Besonderes entdecken. Für uns sieht die Landschaft vor uns genauso aus wie die, die wir soeben durchquert haben. Man muß wohl die visionäre und wundergläubige Natur eines Tibeters besitzen, um darin besondere Zeichen wahrzunehmen. Tsering jedenfalls glaubt in den Formen dieses Berges die Gestalt eines Elefanten zu erkennen und schlußfolgert daraus, daß wir auf der richtigen Fährte sind. Denn der Sutley heißt in Tibet Langchen Khambab, der Fluß aus dem Elefantenmaul.

Wir sind froh, daß die Irrfahrt nun ein Ende hat, und diese Freude steigert sich noch, als wir um den Bergrücken biegen und vor den Mauern eines Klosters stehen. Die gelbgetünchten Mauern des kleinen Heiligtums schmiegen sich an den Berghang. Davor bereitet sich eine üppige wasserreiche Hochfläche aus mit kleinen Tümpeln und Rinnsalen, auf der Yaks und Ziegen grasen. Dulchu Gompa liegt in so weltabgeschiedener Lage, daß man sich unwillkürlich fragt, was Menschen bewogen hat, hier ein Kloster zu gründen. Es befindet sich weder an einem frequentierten Pilgerpfad wie die Klöster im Kailash-Gebiet noch an einem Verkehrsweg oder in der Nähe einer festen Siedlung. Die einzigen Bewohner weit und breit sind zwei Nomadenfamilien, die ihre Zelte am Rand der Hochfläche aufgeschlagen haben. Meiner Ansicht nach gibt es nur einen Grund für die Existenz dieses buddhistischen Klosters, und der besteht darin, daß dieser Ort den Bonpos als heilig galt.

Wie wir gesehen haben, spielen die vier Flußquellen in Zusammenhang mit der religiösen Geographie von Olmolungring eine bedeutende Rolle. Sie sind die vier Wassermünder, aus denen sich die lebenspendenden Flüsse ergießen. Die Buddhisten haben diese vier Kraftorte übernommen und verehren die Quellen als Eingangstore in das Kailash-Mandala. Aus der Sicht der Bonpos ist die Sutley-Quelle die wichtigste von allen. Sie liegt nicht nur dem Kailash geographisch am nächsten, sondern hier nimmt jener Fluß seinen Anfang, an dessen Ufern sich eine ihrer heiligsten Stätten befindet, nämlich das Garuda-Tal mit dem Silberpalast. Nicht zuletzt offenbaren sich die Bedeutung der Quelle und ihre enge Beziehung zum Kailash auch auf göttlicher Ebene. Logbar Tsame, die wir als Gefährtin von Gekho, der Bon-Gottheit des Kailash, kennengelernt haben, ist Wächterin dieses Flusses und seiner Quelle. Bezeichnenderweise wird diese Göttin auf Thangkas auf einem Elefanten reitend dargestellt.

Das Wetterglück läßt uns an diesem Tag auch auf ganz banaler physischer Ebene die Nähe des Kailash erfahren. Wir brauchen nur den Blick nach Nordosten zu richten, um seine unvergleichliche Gestalt über den braunen Bergketten aufsteigen zu sehen. Trotz einer Entfernung von mehr als 30 Kilometern beherrscht er die Szenerie und läßt die anderen Berge ringsum wie arme Verwandte aussehen.

Langchen Khambab, der Elefantenmaulfluß, besitzt nicht nur eine Quelle. Er tritt an mehreren Stellen auf dieser Hochfläche hervor. Wie in einem Schwamm sammeln sich die verschiedenen Quellwasser, vereinigen sich zu einem Bach, der in Richtung Westen abfließt. Eine der Quellen liegt dem Kloster zu Füßen. Sie ist mit Steinen und Gebetsfahnen markiert und dient den Mönchen als Brunnen. Ursprünglich war Dulchu ein Heiligtum der Gelugpas, der jüngsten buddhistischen Schule, die auf Tsongkhapa (1357–1419) zurückgeht und unter der Herrschaft der Dalai Lamas zur staatstragenden Institution in Tibet aufstieg. Wegen dieser führenden Rolle im alten Tibet und ihrer Verquickung mit der Politik wurden die Gelugpa-Klöster in besonderem Maß von den chinesischen Kommunisten attackiert. Auch Dulchu Gompa entging dem Zerstörungswahn der Kulturrevolution nicht: Es wurde bis auf die Grundmauern niedergerissen. Doch nicht die Gelugpas, sondern die Nyingmapas errichteten aus den Ruinen ein neues Kloster. Es macht einen verlassenen Eindruck. Ein solches Heiligtum lebt ja nicht von seiner Hülse, sondern von der geistigen Kraft, die davon ausstrahlt. Diese wird den Mauern erst durch die Mönche eingehaucht, durch die Qualität der Lehrer, die hier wirken, und natürlich durch die Gläubigen, die es beleben. Das alles fehlt hier. Der indische Swami Pranavananda, der vor Einmarsch der chinesischen Truppen in Tibet das Kloster besuchte, zählte hier noch mehr als 20 Mönche. Heute sind es nur drei. Sie fristen ein Dasein am Rand des Existenzminimums. Das einzige, was es im Überfluß gibt, sind Wasser und Weite. Nur äußerst selten kommen Besucher, erzählt uns der Abt, ein Tulku-Lama, der einige Zeit in Indien verbracht hat und sogar etwas Englisch spricht. Die wirtschaftliche Not zwingt ihn und seine beiden Gehilfen, statt sich dem Studium der Schriften und meditativer Praxis zu widmen, ausgedehnte Betteltouren zu unternehmen.

Trotz der bescheidenen Verhältnisse schlägt uns hier eine Gastfreundschaft entgegen, wie wir sie kaum anderswo erlebten. Nachdem wir das Kloster besichtigt und dort eine Spende hinterlassen haben, bittet uns der Tulku in sein Haus. In diesem Fall sind die Rollen beim Gespräch vertauscht. Diesmal sind wir es, die Fragen beantworten müssen. Der Lama möchte wissen, ob die Lehre Buddhas in unseren Ländern gedeiht, wie viele Buddhisten es bei uns gibt und ob auch seine Schule, die Nyingmapas, dort ein Zentrum unterhält. Wenngleich sich kaum westliche Besucher hierherverirren, ist ihm nicht entgangen, daß am Kailash ihre Zahl in den letzten Jahren kontinuierlich zugenommen hat. Weil er sich keinen anderen Grund, zum Kailash zu reisen, vorstellen kann als einen religiösen, hat er angenommen, daß es sich um Buddhisten handeln müsse, und zeigt sich enttäuscht zu erfahren, daß die Besucher aus dem Westen vorwiegend aus anderen Gründen kommen.

Auch unser Anliegen an ihn ist von ganz profaner Natur. Die beiden Fahrer interessieren sich vor allem für die Frage nach dem Weiterweg. Wegen der Schwierigkeiten, die wir bis hierher hatten, gab es heftige Diskussionen, ob es nicht besser wäre, gleich umzukehren, anstatt zu versuchen, dem Sutley-Tal zu folgen. Doch der Lama erklärt, daß er schon öfter mit dem Auto entlang des Flusses nach Tirthapuri gefahren sei. Es gebe zwar keine befestigte Piste, aber das Gelände sei einfach, und um diese Jahreszeit bräuchten wir die Zuflüsse nicht zu fürchten, weil sie nur wenig Wasser führten. Außerdem würden wir schon nach 25 Kilometern auf eine neue Militärstraße treffen, die erst vor ein paar Wochen fertiggestellt worden sei und uns auf kürzestem Weg nach Tirthapuri führen würde.

Diese Argumente überzeugen auch die beiden Fahrer, und als uns der Lama zum Abschied noch seinen Segen spendet, glauben sie fest daran, daß unsere Reise ab nun unter günstigen Vorzeichen steht. Das verhindert zwar nicht, daß der Landcruiser zweimal im wahrsten Sinn des Wortes baden geht, als wir den Sutley überqueren müssen, aber mit Hilfe des Trucks gelingt es beide Male, unser Fahrzeug aus der mißlichen Lage zu befreien. Die Nebenflüsse hingegen stellen, wie der Lama vorhergesagt hat, keine Hindernisse dar. Doch was für die Fahrzeuge gut ist, ist für die Boote schlecht. Weil sich aus den Zuflüssen zuwenig Wasser in den Sutley ergießt, müssen die Boote auf dem Truck bleiben. Selbst für eine Probefahrt ohne Gepäck reicht der Wasserstand nicht aus.

Im Bann magischer Kräfte

Bald darauf verengt sich das Sutley-Tal, und das Gelände zwingt uns vom Flußufer weg. Die geschundenen Fahrzeuge holpern über kopfgroße Steinbrocken und Serpentinen eine Steilstufe hinauf, die der Sutley in die Landschaft gefräst hat. Als wir über die Abbruchkante kommen, stehen wir am Rand einer Hochebene, die sich bis zum Horizont erstreckt. Kurze Zeit später treffen wir auf die Straße. Wie mit dem Lineal gezogen, durchschneidet das braune Band die goldgelbe Prärie. Doch der Eindruck einer geschlossenen Fläche täuscht, in Wirklichkeit ist sie von tief eingekerbten Tälern zerfrucht, die erst zu erkennen sind, wenn man unmittelbar davorsteht.

Dann beginnt sich das Plateau allmählich aufzulösen, zerfällt in ein Labyrinth von Furchen und Rillen. Dazwischen ragen einzelne Zeugenberge – Reste einer zurückverlegten Schichtstufe – heraus, deren Wände der Wind in Riffel- und Wellenmuster gelegt hat. Immer ungewöhnlicher werden Formen und Farben. Als wir über einen Bergrücken kommen, blicken wir auf ein Wunder der Natur. Eine ganze Bergflanke wurde von den Kräften der Erosion zu Gestalten geschliffen, die keine menschliche Phantasie ersinnen könnte. Rote und ockerfarbene Klippen, von weißen Gesteinsbändern durchzogen, bilden Pfeiler und Türme, die wie Orgelpfeifen aussehen. Dazwischen wie Wollknäuel hingestreut seltsam gewundene Felsgebilde. Die Landschaft ist hier nicht bloße Natur, sie ist Bühne göttlicher Handlungen. Uralte religiöse Zeichen und legendäre Begebenheiten wurden hier in Formen und Farben gegossen. Die Menschen brauchten sie nur noch aufzugreifen. Sie kopierten sie und fügten sie als Stilelemente in Sakralbauten ein. Gleichsam als irdisches Abbild der Landschaft liegt dem Bergrücken ein ganzer Wald aus weißen Chorten, rotbemalten Mauern und ockerfarbenen Mani-Steinen zu Füßen. Vor uns liegt Tirthapuri, einer der 24 Kraftorte des indischen Subkontinents.

Wir lassen die Fahrzeuge zurück und gehen an einer mehr als 100 Meter langen Mani-Mauer entlang, die uns zu einem kleinen Tempelgebäude führt, das sich so harmonisch in die Landschaft fügt, als wäre es mit ihr verwachsen. Es ist über einer Höhle errichtet, in der einst Padmasambhava hauste, um sich auf einen Kampf mit einer Dämonin vorzubereiten, die diesen Ort beherrschte. Seine Figur blickt uns aus dem Halbdunkel der Felsnische heraus entgegen. In der Hand hält er den magischen Stab, und auf der Spitze seiner Mitra trägt er eine Pfauenfeder, Symbol des Gefeitseins gegen alle Gifte. Im flackernden Schein der Butterlampen wirken seine Gesichtszüge mit den hochgezogenen Augenbrauen grimmig entschlossen.

Ein Mönch führt uns an die Seitenwand, an der ein durch unzählige Berührungen speckiger und abgewetzter Stein aufbewahrt wird. Er liegt auf einem Bündel weißer Glücksschärpen und zeigt auf der einen Seite eine runde Delle, die nach Glauben der Tibeter ein Fußabdruck ist, den der große Magier hinterlassen hat. Auch in der Umgebung des Klosters finden sich überall seine Spuren. Der Lama zeigt uns einen Felsen namens Dämoninleiche und erzählt uns folgende Geschichte: Als Padmasambhava ankam, soll hier Matra Rutram gehaust haben, die er kraft seiner überlegenen Magie besiegte. Nachdem er sie getötet hatte, riß er sie in Stücke und schleuderte Kopf und Gliedmaßen zur Seite. Wo sie niederfielen, entstand jener seltsam geformte Felsblock, vor dem wir jetzt stehen.

Der in Tibet ohnehin dünne Vorhang zwischen Übernatürlichem und profaner Wirklichkeit scheint hier noch dünner zu sein, denn förmlich jeder größere Stein, jede Felszacke hat religiöse Bedeutung. Der Fels neben der Dämoninleiche stellt die Gefolgschaft Padmasambhavas dar, und am Felsabbruch zum Sutley hinunter gibt es eine Höhle, in der eine seiner Gefährtinnen, die Tibeterin Yeshe Tsogyal, residiert haben soll. Dann deutet der Lama auf die zerfurchte bunte Felswand darüber und erklärt, daß die markante weiße Formation einen Garuda darstelle. Die weiße

Erde, die man dort entnehmen könne, sei ein wirksames Mittel gegen alle Arten von Krankheiten, die durch das Wirken böswilliger Nagas (Wassergeister) hervorgerufen würden. Diese trieben vor allem unten am Ufer des Sutley ihr Unwesen. Tatsächlich dampft und brodelt es dort an mehreren Stellen, entweichen dem Boden schweflige Dämpfe und sprudeln heiße Quellen hervor. Diese Naturerscheinungen dürften der ursprüngliche Grund für die besondere Verehrung dieses Ortes sein. Man sah in ihnen das Wirken übernatürlicher Mächte. In der Legende von der Dämonin lebt die Erinnerung fort, daß dieser Flecken einstmals im Besitz der Bonpos war. Den Buddhisten gilt er heute als ein Kraftort, der an Bedeutung dem Kailash kaum nachsteht.

Wieder einmal begegnet uns also Padmasambhava, der in Tibet immer dort auftritt, wo es galt, Heiligtümer der Bonpos in buddhistische zu konvertieren und deren Gottheiten zu vernichten, oder – falls der Widerstand der Bonpos zu groß war – sie zu bezähmen und in den Pantheon des Buddhismus aufzunehmen. Die buddhistische Geschichtsschreibung feiert den indischen Guru als großen Missionar Tibets, und als Begründer der Nyingmapas, der ältesten buddhistischen Lehrtradition Tibets, nimmt er bis heute einen festen Platz im tibetischen Buddhismus ein. Die Bonpos beurteilen ihn naturgemäß ganz anders. Sie sehen in ihm einen der Hauptschuldigen, dass die »Sonne des Ewigen Bon« unterging.

Aber wer war dieser Padmasambhava, und welche Art von Buddhismus vertrat er? Bei dieser Frage stößt man schnell an Grenzen. Denn es gibt kaum eine andere Gestalt im tibetischen Buddhismus, die so von Legenden überwuchert ist. Seine Anhänger haben sich redlich bemüht, ihn zu glorifizieren und zu einem buddhagleichen Religionsstifter zu stilisieren, und dabei die historischen Spuren fast vollständig verwischt. Als einigermaßen gesichert kann angenommen werden, daß er aus dem Swat-Tal im heutigen Pakistan stammt.

Dieser ehemalige Nordwesten Indiens war seit jeher Einfallstor für fremde Völker und kulturelle Einflüsse. In diesem Schmelztiegel, zu dem das Gebiet von Kashmir, Gilgit (tib.: Brusha), Gandhara und Oddiyana (Swat) zählt, begegneten einander mehrere Hochkulturen: die persische, die griechische und die indische; hinzu kamen lokale Einflüsse aus Zentralasien. Alexander der Große hatte mit seinem Feldzug den Hellenismus bis nach Indien getragen. Unter seinem Einfluß entstand in Gandhara das unverwechselbare Bildnis des Buddha, das dann im Gepäck der Wandermönche und Kaufleute entlang gewachsener Handels- und Völkerwanderungswege verbreitet wurde. Aber nicht nur Kunststile, Ideen, Technologien und Waren aller Art wurden dort ausgetauscht, sondern auch religiöses Gedankengut. Es war ein Tummelplatz für verschiedene Glaubensbekenntnisse und ein Hochofen für deren Verschmelzung. Die persische Lichtreligion des Mani, längst ein Exportschlager auf der Seidenstraße, begegnete hier der indischen Lehre des Buddha. Gleichzeitig lebte die archaische, stark schamanistisch geprägte Religion fort, die dem Bon Shang Shungs entsprach. Die Hochreligionen vermochten diesen überkommenen Glauben nicht auszurotten, sie mußten sich mit ihm arrangieren – vor allem der Buddhismus.

Zu Padmasambhavas Zeit im achten Jahrhundert gab es bereits drei Strömungen des Buddhismus. Neben den beiden großen Schulrichtungen des Hinayana und Mahayana hatte sich um das fünfte Jahrhundert – und zwar in der Heimat Padmasambhavas – aus dem Mahayana das Vajrayana entwickelt. Während Hinayana und Mahayana, das bereits im ersten Jahrhundert entstanden war, in den grundlegenden Lehren Buddhas wurzeln und sich im wesentlichen nur durch die Betonung verschiedener Aspekte seiner Lehre unterscheiden, ging das Vajrayana eine enge Verbindung mit der magisch-schamanistischen Volksreligion ein. Es stellte ursprünglich eine esoterische Tradition dar, deren Lehren von autorisierten Meistern mündlich an ausgewählte Schüler übertragen wurden. Dies geschah durch komplexe Rituale und Initiationen. Erst viel später kam es zur Schaffung schriftlich niedergelegter Lehrsysteme, den Tantras, zu denen auch das synkretistische Werk des Kalachakra-Tantra zählt.

Neben der starken Betonung magischer Riten, die von der vorbuddhistischen Religion übernommen wurden, gibt es im Vajrayana noch andere Einflüsse. Die ausgeprägte Lichtsymbolik und die Vorliebe für die Zahl fünf, wie sie in der Lehre von den fünf Ur-Buddhas zum Ausdruck kommt, weist auf den Manichäismus. Das Vajrayana – die Lehre vom Diamant-Fahrzeug – bot einen schnellen Weg zur Erleuchtung an. Der Preis dafür aber war, daß sie sich immer mehr von der ursprünglichen Lehre des Buddha entfernte. Der Religionsforscher Helmut Hoffmann drückt dies so aus: »Das Heil, das Nirvana, um dessentwillen zur Zeit des Buddha ›die Söhne aus edlem Geschlecht in die Hauslosigkeit zogen‹ und sich ihr Leben lang mühten, ist unter gewissen Voraussetzungen durch ein magisches Wort in einer Sekunde erfahrbar. Der lange Weg der mühevollen Läuterung und Selbstzucht wird jetzt den geistig Unbegabten zugewiesen, der wahre Initiierte geht den ›direkten Weg‹ des Vajrayana.«

Hoffmann spielt dabei auf eine bedenkliche Entwicklung an, die mit dem Aufkommen des Vajrayana einsetzte, nämlich das Streben nach höchster Vollendung durch die Ausbildung übersinnlicher Fähigkeiten zu ersetzen, die noch dazu häufig von selbstsüchtigen Beweggründen getragen wurde. Manche dieser Praktiken gehörten offenbar bis in jüngste Zeit zum Repertoire buddhistischer Klöster, wie das

Beispiel des Rolang-Ritus zeigt, von dem die französische Tibetforscherin Alexandra David-Néel berichtete. Bei diesem Ritual, das an Schauerlichkeit nichts zu wünschen übrigläßt, ließ sich der Tantriker mit einer Leiche in einem dunklen Raum einschließen. Um den Toten wiederzubeleben, mußte er sich Mund auf Mund über ihn legen und dabei fortwährend dieselbe magische Formel wiederholen. Nach einiger Zeit beginnt sich der Tote zu bewegen, will fliehen, aber der Tantriker hält ihn fest umklammert. Schließlich reißt er ihm die Zunge heraus, worauf die Leiche sofort wieder reglos daliegt. Die Zunge wird sorgfältig getrocknet und gilt als machtvolle magische Waffe.

Nicht minder schaurig, aber im Gegensatz zum Rolang, der aus schwarzmagischen Gründen unternommen wird, ist die Zeremonie des Chod, des »Abschneidens« von der Ichsucht. Bei diesem mystischen Drama, das ebenfalls ursprünglich ein schamanistisches Ritual war, aber im Vajrayana im buddhistischen Sinn umgedeutet wurde, setzt sich der Adept Orten aus, die von bösartigen Geistern und Dämonen bevölkert sind. Dazu zählen vor allem Leichenstätten. Der Tantriker muß diese Wesen, so schrecklich und furchteinflößend sie ihm auch erscheinen mögen, als das erkennen, was sie sind, nämlich nichts anderes als Kreationen seines eigenen Bewußtseins. Außerdem bietet er dabei in einer Art praktischen Anwendung der altruistischen Lehren des Mahayana-Buddhismus seinen eigenen Körper als Opfer dar. Vor demselben Hintergrund ist die in Tibet gebräuchliche »Himmelsbestattung« zu sehen. Dabei wird der Körper des Verstorbenen zerstückelt und den wilden Tieren dargeboten.

Auch Padmasambhava hat zur Erlangung seiner übersinnlichen Fähigkeiten bevorzugt Leichenstätten aufgesucht. Dort erschienen ihm die Dakinis, Initiationsgöttinnen. In seiner legendenhaften Biographie ist eine lebhafte

Beschreibung zu finden, wie es dabei zuging und mit welchen Schrecknissen der Initiand konfrontiert wurde. Die Gestalten, die sich dort herumtrieben, erinnern an einen wahren Hexensabbat. »Einige hielten aufgehäufte Schädel und ritten auf Löwen«, verlautet die Biographie, »einige trugen einen menschlichen Leichnam und ritten auf Löwen, andere verzehrten Eingeweide und ritten auf Garudas, wieder andere hatten unermeßlich viele Hände und trugen viele Lebewesen verschiedener Art, einige hielten ihr eigenes abgeschnittenes Haupt in der Hand« und so weiter.

Das Ergebnis dieser Einweihung war, daß der Tantriker die von den Dakinis übermittelten Geheimlehren erfuhr und in den Besitz kosmischer Weisheit gelangte. Doch Padmasambhava begnügte sich nicht mit den Lehren des Vajrayana, sondern erprobte so ziemlich alles, was es damals an Geheimlehren und magischen Ritualen am Markt gab. Rastlos durchwanderte er die Lande und gab sich ganz seinen mystischen Neigungen hin, wobei er auch in Berührung mit der Bon-Religion gekommen sein dürfte. Das freilich verschwiegen seine Biographen wohlweislich, statt dessen bedienten sie sich ohne Skrupel aus der Lebensgeschichte des Buddha. Ganz wie Gautama soll Padmasambhava in einer Königsfamilie aufgewachsen sein. Er heiratete und verließ später genauso wie der Buddha seine Familie und gab den königlichen Stand auf, um Wandermönch zu werden. Padmasambhava studierte zunächst bei verschiedenen Meistern die Lehre des Hinayana, wandte sich aber dann dem Vajrayana zu. Ähnlich wie der Buddha, der den Anfechtungen des Mara zu widerstehen hatte, mußte Padmasambhava gegen eine ganze Heerschar von Dämonen ankämpfen, die ihn von seinem Weg abbringen wollten. Er unterwarf sie mit Hilfe eines magischen Ritualdolchs, dem Vajra, den er auf bildlichen Darstellungen zumeist in seiner rechten Hand hält.

Nachdem er durch alle Arten von Einweihungen gegangen war und sich dabei einen wahren Musterkatalog an magischen Fähigkeiten angeeignet hatte, erreichte er die höchste Stufe von Vollkommenheit und gewann den unsterblichen Vajra-Körper. Dieser war notwendig, um sein Bekehrungswerk auszuführen. Denn abgesehen von all den Dämonen, hatte es Padmasambhava mit einer Reihe von Widersachern aus Fleisch und Blut zu tun, die ihm sogar nach dem Leben trachteten. So erfährt man in der legendenhaften Biographie, daß der König des Landes Oddiyana ihn zusammen mit seiner Gefährtin Mandarava auf dem Scheiterhaufen verbrennen ließ. Als das Feuer schließlich erloschen war, bildete sich ein Teich, in dessen Mitte eine riesige Lotosblume blühte, auf der die beiden unbeschädigt umgeben von einem Regenbogen saßen. Der König war so beeindruckt, daß er Padmasambhava bat, sein Guru zu werden und seine Lehre im ganzen Reich zu verkünden. Der Lotos spielt bereits bei der wundersamen Geburt des Heiligen eine große Rolle. Der Überlieferung zufolge soll im Mündungsgebiet des Indus eine Lotosblume emporgewachsen sein. Als sie sich öffnete, saß in ihrem Blütenkelch der zukünftige Guru in Gestalt eines achtjährigen Knaben. Der König, der herbeigeeilt war, um das Wunder zu sehen, nahm das Kind spontan an Sohnes statt an und nannte es Padmasambhava, der »Lotosgeborene«.

An Wundern mangelt es auch im weiteren Verlauf des Lebens von Guru Rinpoche, so sein zweiter Name, nicht. Einmal verhindert er einen Krieg durch die bloße Demonstration seiner Schießkünste mit Pfeil und Bogen, ein andermal besiegt er ketzerische Brahmanen im Wettstreit bei der Erzeugung magischen Feuers, und als es an der Zeit ist, eine Gefährtin zu finden, fliegt er auf einer Wolke ins Königreich Zahor, wo eine schöne Prinzessin, eben jene Mandarava, samt ihrem Gefolge bei seinem Anblick in Ohnmacht fällt. Mandarava wird seine Schülerin und Yogini, was ihn nicht daran hindert, in den Ländern, in die ihn seine Missionsreisen führen, vier weitere Gattinnen zu nehmen.

Schließlich erreicht ihn der Ruf des tibetischen Königs. An dieser Stelle betreten wir wieder historischen Boden. Die Einladung von König Trisong Detsen (755–797) nach Tibet wird sowohl von der buddhistischen Geschichtsschreibung als auch von Bon-Quellen bezeugt. Dieses Ereignis, das im Jahr 771 stattgefunden haben dürfte, markiert zusammen mit der Fertigstellung des Klosters Samye (779) eines der wenigen verläßlichen Daten in der Lebensgeschichte des Guru Rinpoche. Was seine Aufenthaltsdauer in Tibet betrifft, geben die Überlieferungen bereits wieder ein widersprüchliches Bild. Die Angaben divergieren zwischen wenigen Monaten und 50 Jahren. Während in der Biographie der Nyingmapas behauptet wird, der große Meister wäre sogar noch bis in die Regierungszeit des Nachfolgers von Trisong Detsen in Tibet geblieben, berichtet der Historiker Sumpa Khenpo unter Berufung auf die Quelle »Alter Archivbericht«, daß sich Padmasambhava nur 18 Monate dort aufgehalten habe. Die Wahrheit dürfte irgendwo in der Mitte liegen, denn sortiert man einmal den ganzen Wust an Wundertaten aus, die er angeblich in Tibet verübte, bleiben zwei Ereignisse übrig, die historisch faßbar sind: der Bau von Samye und der ebenfalls in früheren Kapiteln erwähnte magische Wettstreit zwischen Bonpos und Buddhisten, der darüber entscheiden sollte, welche Religion die überlegene ist. In beiden Fällen ging es also um die Auseinandersetzung zwischen Bonpos und Buddhisten.

Wie die buddhistische Geschichtsschreibung überliefert, waren bei der Errichtung des Klosters Samye die Widerstände so groß, daß die Mauern, die man tagsüber errichtete, jede Nacht niedergerissen wurden. Durch diese Sabotage, die den lokalen Bon-Göttern zugeschrieben wurde, zog sich der Bau jahrelang hin. König Trisong Detsen hatte für dieses heikle Unterfangen eigens den indischen Gelehrten Shantarakshita ins Land geholt. Doch der zartbesaitete und in philosophischen Fragen bewanderte buddhistische Lehrer war offensichtlich den Bon-Schamanen nicht gewachsen. »Die Geister Tibets sind sehr böswillig und lassen den buddhistischen Wandel nicht zu«, beklagte er sich beim König. Der Gelehrte mußte auf Betreiben der antibuddhistischen Fraktion am Königshof zwischendurch sogar Tibet verlassen und im sicheren Nepal abwarten, bis sich die Wogen etwas geglättet hatten. Aber nach seiner Rückkehr brach der Konflikt erst recht los. Deshalb schlug er vor, jemanden ins Land zu holen, der die Bonpos mit ihren eigenen Waffen schlagen konnte. Die Wahl fiel auf Padmasambhava, der sich als Magier und Dämonenbezwinger bereits einen Namen gemacht hatte.

Durch die einseitige Parteinahme für die Sache der Buddhisten vollzog Trisong Detsen einen deutlichen Bruch mit der Politik seiner Vorgänger, die die Ausübung der buddhistischen Religion geduldet, aber ihre Verbreitung nicht gefördert hatten. Seit Songtsen Gampos Zeiten existierten zwar in Lhasa und Umgebung buddhistische Heiligtümer, doch die Zahl der Praktizierenden blieb gering, denn nach wie vor gab es kein Kloster, in dem der Buddhismus gelehrt wurde, auch keinen Sangha, wie die Mönchsgemeinschaft heißt, und nicht einen einzigen ordinierten Lama. Das sollte sich nun mit dem Bau von Samye ändern. Erst unter der Gunst und dem Protektorat Trisong Detsens konnte der Buddhismus in Tibet wirklich Fuß fassen.

Die Buddhisten dankten es ihm, indem sie ihn auf die Stufe eines Bodhisattva erhoben und seine Statue wie einen Buddha in den Klöstern verehren. Manches spricht dafür, daß er die neue Religion dazu benutzte, um im Poker um die absolute Macht seine schärfsten Widersacher, nämlich

Tenzin Wangdrak ist der letzte große
Gelehrte im Garuda-Tal. Er lebt in
jener historisch bedeutsamen Höhle,
in der bereits Drenpa Namkha,
der bekannteste Bon-Schamane,
residierte und wo Giuseppe Tucci
im Jahre 1930 noch eine ganze
Bibliothek alter Bon-Schriften sah.

Schwarzhalskraniche bevölkern die Ebene vor
dem Gurugyam-Kloster. Das Bon-Heiligtum
wurde erst in den Jahren 1925–1930 von
Khyungtul Rinpoche errichtet.

links oben: Die massiven Mauerreste der
Shang-Shung-Festung auf dem Khardong Ri.

links unten: Die Höhlen oberhalb des Klosters
Gurugyam wurden bereits zur Shang-Shung-
Zeit als Wohnungen und Kultplätze von
Bon-Schamanen benutzt. Die bedeutendste
dieser Höhlen wurde durch ein mehrstöckiges
Gebäude geschützt. Heute lebt darin der
84jährige Tenzin Wangdrak, ein weithin
bekannter Dzogchen-Meister, Arzt und
Astrologe.

Dorings – megalithische Steinsetzungen –
finden sich auf einer antiken Siedlung aus
der Zeit Shang Shungs. Neben Fundamenten
von Häusern und Sakralbauten, die ein
großes Areal bedecken, gibt es auch Gräber.
Die Anlage befindet sich in einer heute
menschenleeren Gegend in einem Seitental
des Sutley-Canyons.

Die eindrucksvolle Höhlenstadt mit den weißen Klippen und den Ruinen eines buddhistischen Klosters wurde bereits von Giuseppe Tucci als der Ort identifiziert, an dem der Silberpalast der Shang-Shung-Könige stand. Ob das stimmt, können erst zukünftige archäologische Untersuchungen klären.

rechts von oben nach unten:

Der oberste Teil der Klosteranlage ist bereits so verfallen, daß wir ihn nur mit Hilfe einer Seilsicherung erklettern konnten.

In zwei der Tempelruinen fanden wir noch Reste von Wandbildern. Dieses zeigt den Kopf eines Yamantaka, des Bezwingers des Totengottes Yama.

Eine ganze Phalanx verfallener Chorten säumt den Weg zur Klosteranlage auf den Silberklippen. Die meisten wurden von Schatzsuchern aufgebrochen und geplündert. Tausende kleiner Tsa Tsas – Votivfiguren aus Lehm –, die als wertlos erachtet wurden, liegen ringsum verstreut.

Die Nordseite des Khardong Ri
wurde in eine einzige Festung
umgewandelt. Noch immer
demonstrieren die Mauern
Wehrhaftigkeit.

Diese Steinstatue, die den
Bon-Heiligen Drenpa Namkha
darstellt, wurde von Khyungtul
Rinpoche am Burgberg
Khardong Ri gefunden und
ausgegraben. In jüngster Zeit
haben die Mönche des
Gurugyam-Klosters darüber
einen kleinen Schrein errichtet.

den Hofadel und die Stammesführer, auszuschalten. Die Auseinandersetzung zwischen Adel und König schwelte schon lange, sie hatte bereits zu einer Zeit begonnen, als in Tibet noch keine Spur vom Buddhismus zu entdecken war. Der Konflikt war schon dadurch programmiert, daß der König nur ein primus inter pares war. Er entstammte der herrschenden Aristokratie, aus deren Reihen auch die Minister kamen. Dadurch war seine Stellung nicht besonders stark. Als dritte Kraft am Hof müssen jene Bon-Schamanen gesehen werden, die vorwiegend aus Shang Shung stammten und durch ihre Funktion als Orakelpriester, Heiler und Experten für die Durchführung der Riten beträchtlichen Einfluß besaßen.

Fakt ist, daß Trisong Detsen es war, der die Auseinandersetzung zwischen Königtum und Adel zu einem finalen Kulturkampf eskalieren ließ, den die Bon-Religion und der mit ihr verbündete Adel zwar verloren, aber der letztlich auch das Königtum hinwegfegte. Denn in den erbitterten Religionskämpfen seiner Nachfolger ging die Yarlung-Dynastie unter, während der Buddhismus als Sieger sich daraus erhob und auch die politische Macht übernahm. Tibet wurde zur Theokratie, die, bis die chinesischen Kommunisten ihr ein Ende bereiteten, das kulturelle und das politische Leben bestimmte. Keine der beiden streitenden Parteien dürfte diese Entwicklung vorhergesehen haben.

Über die Anfänge des tibetischen Königtums ist wenig bekannt. Etwa zwei Jahrhunderte nach dem Dahinscheiden des Buddha (440 v. Chr.), als sich in Indien König Ashoka gerade anschickte, Buddhas Lehre zu verbreiten, gelang es einem Tibeter namens Nyatri Tsenpo im zentraltibetischen Yarlung-Tsangpo-Tal einige Nomadenclans zu vereinen und eine Dynastie zu begründen, die ein ganzes Jahrtausend bestehen sollte. In die buddhistischen Annalen ging Nyatri Tsenpo als erster der sogenannten »Sieben Himmelskönige« ein. Der Titel rührt daher, daß die legendenhafte Überlieferung es will, daß diese ersten Könige nicht nur vom Himmel kamen, sondern auch dorthin zurückkehrten. In der Bon-Schrift, die den Titel »Nyigon« trägt, ist überliefert, daß bereits zur Zeit der Sieben Himmelskönige Bon-Schamanen wichtige Funktionen am Hof ausübten. Es ist von den »Neun Shen« die Rede, die dem König zur Seite standen, jeder von ihnen mit Spezialwissen zu einem bestimmten Gebiet ausgestattet. Die Metapher vom unsichtbaren Band, das die Sieben Himmelskönige wie eine Nabelschnur mit dem Himmel verband, könnte ein Hinweis darauf sein, daß sie eines natürlichen Todes starben und deshalb imstande waren, wieder dorthin zurückzukehren. Beim achten König nämlich, Drigum Tsenpo, wurde dieses Himmelsband durchtrennt, und zwar – wie in der Bon-Schrift betont wird –, weil er eines gewaltsamen Todes starb. Dieser erste Königsmord dürfte im Zusammenhang mit einer sehr unpopulären Maßnahme gestanden haben, die der König ergriff, um seine Macht zu sichern. Offensichtlich war der Einfluß der Shen beziehungsweise jener Minister, die sich mit ihnen verbündet hatten, so groß geworden, daß er darin eine Gefahr für seine Herrschaft sah. »In diesem Land ist kein Platz für uns beide, für meine Autorität und eure.« Mit diesen Worten verwies der König alle Shen des Landes.

Ein tödlicher Fehler, wie sich bald herausstellte. Seine Gegner stellten ihm bei einem Turnier eine Falle, und einem der Verschwörer gelang es, den König mit einem Pfeilschuß zu töten. Durch diesen Gewaltakt, so verlautet die Chronik, wurde das Band zum Himmel durchschnitten; von da an konnten die Könige nicht mehr zum Himmel zurückkehren und mußten ihre sterblichen Überreste bestattet werden.

Jetzt wurden die Bon-Schamanen erst recht gebraucht. Ihnen oblag es, die komplizierten Totenriten durchzuführen, die in diesem Fall noch heikler waren, denn man fürchtete, daß der Geist des ermordeten Königs an den Lebenden Rache nehmen könnte. Nachdem der bon-feindliche König aus dem Weg geräumt war, wurden die Shen am Hof wieder in Amt und Würden eingesetzt und gewannen schnell ihren alten Einfluß zurück. »Die Sonne des Ewigen Bon erstrahlte«, bejubeln die Bon-Chroniken dieses Ereignis. Doch es dauerte nicht lange, bis die ersten Vorboten einer neuen Gefahr auftauchten und sich der Bon-Himmel abermals zu verdunkeln begann.

Diesmal war es eine revolutionäre Kraft, die weit stärker war als jede Macht eines Königs. Es war die Lehre, die von einem indischen Prinzen geschaffen wurde, den seine Anhänger den Buddha, den »Erwachten«, nannten. Sie erschien zunächst in Gestalt buddhistischer Händler aus Khotan und anderen Oasen des Tarim-Beckens. Allerdings dürften diese ersten Berührungen mit dem Buddhismus keine nennenswerten Spuren in Tibet hinterlassen haben. Das änderte sich, wie wir wissen, erst unter Songtsen Gampo (608–650), dem ersten der sogenannten Neun-Dharma-Könige, der im Alter von 13 Jahren den Thron bestieg. Mit ihm begann der Aufstieg Tibets zur Großmacht in Zentralasien, die sogar für das chinesische Tang-Reich ein ernstzunehmender Rivale war. Die unvermeidlichen Spannungen zwischen beiden Reichen suchte man nicht mit Waffengewalt zu lösen, sondern durch die zarten Bande einer Heirat. Songtsen Gampo ehelichte die kaiserliche chinesische Prinzessin Wencheng, die im Jahr 640 mit großem Pomp in Lhasa einzog. Zuvor hatte er bereits die Tochter des Königs von Nepal geheiratet. Beide waren Buddhistinnen, und die monastisch-tibetische Geschichtsschreibung überschlägt sich mit Lobeshymnen auf sie, während die erste Frau Songtsen Gampos, die Schwester des Königs von Shang Shung, glatt unterschlagen wird.

Auch das Bild von Songtsen Gampo ist gefärbt. Ihn als Dharma-König zu bezeichnen, der für die buddhistische Religion kämpfte, entbehrt jeder historischen Grundlage. Songtsen Gampo war Bonpo, und es gibt keinerlei Hinweise darauf, daß er zum Buddhismus konvertierte. Er war vor allem Machtpolitiker, der mit der Schlagkraft seiner Armeen regierte. Auch seine Heiraten dienten politischen Zwecken. Die Glaubensbekenntnisse spielten dabei keine Rolle. Insbesondere die Heirat mit der Chinesin erwies sich als gelungener Schachzug, denn dadurch hatte er den Rücken frei und konnte sich ganz seinen Expansionsplänen in Richtung Westen und Nordwesten widmen.

Der stärkste und gefährlichste Nachbar in dieser Richtung war das Königreich Shang Shung. Daß Shang Shung militärisch stark genug war, um eine ernsthafte Bedrohung für Songtsen Gampos zentraltibetisches Reich darzustellen, geht auch aus chinesischen Annalen hervor. Sie berichten von einem Shang-Shung-Heer, das 637/38 tief in chinesisches Territorium eindrang. Und alte Bon-Quellen überliefern, daß es zwischen Shang Shung und dem aufstrebenden Yarlung-Reich schon seit längerem Spannungen gab, die man durch eine Doppelheirat zu lösen suchte. Während über die Ehe zwischen der Schwester des Shang-Shung-Königs und Songtsen Gampo nichts bekannt ist, weiß man, daß die Heirat von Songtsen Gampos Schwester Sadmarkar mit König Ligmigya alles andere als glücklich war – mit dem bekannten Ende. Die Annexion Shang Shungs dürfte im Jahr 644 erfolgt sein. Allerdings begnügte sich Songtsen Gampo damit, Shang Shung unter seine Kontrolle zu bringen, so daß es als Vasallenstaat weiterexistierte.

In den wenigen Jahren, die ihm noch verblieben, dehnte er sein Reich bis nach Norden in die Oasen des Tarim-

Beckens aus. Trotz der vielen Eroberungszüge, die er unternahm, setzte er auch auf kulturellem Gebiet bedeutende Akzente, die weitreichende Folgen haben sollten. So beauftragte er seinen Minister Thonmi Sambhota, eine eigene Schrift zu entwickeln. Nach buddhistischer Auffassung wurde diese aus Indien entlehnt. Ganz abgesehen davon, ob das stimmt oder ob es nicht schon vorher eine Schrift in Tibet gab, die der Minister lediglich weiterentwickelte, wie die Bonpos behaupten, markierte dies einen Meilenstein in der Geschichte Tibets. Denn damit wurden die Grundlagen für die spätere Übersetzung der indischen Sanskrittexte geschaffen und somit für die Verbreitung des Buddhismus in Tibet. Außerdem verlegte Songtsen Gampo seine Residenz vom Yarlung-Tsangpo-Tal nach Lhasa und ließ sich dort eine Burg bauen, aus der später der Potala erwuchs.

Obwohl Songtsen Gampo zeitlebens der Bon-Religion verbunden blieb, ließ er für seine beiden buddhistischen Frauen Tempel errichten, in denen sie ihre Religion ausüben konnten. Wencheng hatte als Mitgift eine Figur des Buddha Shakyamuni mitgebracht, die heute im Jokhang in Lhasa steht, dem wichtigsten Heiligtum des Schneelands, das der König ursprünglich für seine nepalische Gattin erbauen ließ. Dabei soll es erhebliche Schwierigkeiten gegeben haben. Der buddhistischen Überlieferung zufolge hat das Bauvorhaben für die fremden Götter die lokalen Dämonen auf den Plan gerufen. In Wirklichkeit waren es natürlich die Bon-Anhänger, die den Tempelbau hintertrieben. Verhindern freilich vermochten sie ihn nicht, dafür war die Machtposition Songtsen Gampos zu stark.

Nach seinem Ableben veränderten sich die Machtverhältnisse wieder zugunsten des Adels. Zwar wurde sein junger Enkel als König inthronisiert, aber die Macht hielt der altgediente Minister Gar in den Händen. Dieser führte die expansive Eroberungspolitik fort, und mit Hilfe verbündeter Turkvölker gelang es sogar, das Reich zu vergrößern. Einem chinesischen Tang-Heer wurde im Gebiet des heutigen Ostturkestan (Xinjiang) eine schwere Niederlage beigebracht, was zur Folge hatte, daß die Chinesen aus dem Tarim-Becken weichen mußten und die Tibeter zeitweise sogar einen Teil der Südroute der Seidenstraße kontrollierten. Die Macht der Ministerfamilie Gar hatte sich indessen so vergrößert, daß sie das Königtum bedrohte.

Was der schwache Enkel Songtsen Gampos nicht schaffte, nämlich seinen Herrschaftsanspruch durchzusetzen, besorgte sein Nachfolger dafür um so gründlicher. König Dusong (676–704) erkannte die drohende Gefahr durch die Gar-Familie und handelte entschlossen und rücksichtslos. Er lud die führenden Mitglieder des Clans zu einer Jagd ein und ließ sie von loyalen Soldaten töten. Damit war der Machtkampf zwar zugunsten des Monarchen entschieden, aber das Grundmuster dieser Auseinandersetzung blieb bestehen und setzte sich bis zum Untergang des tibetischen Königtums fort.

Die nächste Runde ließ nicht lange auf sich warten. Den Anlaß dazu lieferte wieder einmal die buddhistische Religion. König Meagtsom (704–755), der Dusong auf dem Thron folgte, heiratete wie Songtsen Gampo eine chinesische Prinzessin. Das hinderte ihn nicht daran, das Tang-Reich weiter zu bekämpfen. Er verbündete sich sogar mit den vorrückenden Arabern, und gemeinsam gelang es ihnen, die Chinesen vernichtend zu schlagen. Das tibetische Reich wurde im Osten bis nach Yunnan und im Norden bis zur bedeutenden Seidenstraßen-Oase Dunhuang ausgedehnt, während die alten buddhistischen Oasen wie Kucha, Kashgar und Khotan nach und nach dem Ansturm des Islam erlagen. Viele buddhistische Mönche entzogen sich der Verfolgung durch Flucht nach Tibet. Auf Fürbitte der chinesischen Prinzessin gewährte der König ihnen Asyl.

Der Zustrom der fremden Mönche und die offene Förderung des Buddhismus durch die chinesische Königsgattin führten nicht nur zum Bau neuer Tempel, sondern provozierten auch den Widerstand der alten Allianz zwischen Bon-Klerus und Hofadel. Eine willkommene Gelegenheit bot sich ihnen, als eine Blatternepidemie ausbrach, der die Königin angeblich zum Opfer fiel. Gut möglich aber, daß sie vergiftet wurde. Wie dem auch sei, jedenfalls gelang es der antibuddhistischen Fraktion, dieses Unglück den fremden Mönchen anzulasten. Da der König darauf bedacht war, einen offenen Konflikt zu vermeiden, blieb ihm nichts anderes übrig, als die buddhistischen Mönche auszuweisen. Genützt hat ihm das nichts. Nur wenige Jahre später wurde er von seinen Widersachern ermordet. Was dann folgte, kam einer Generalabrechnung mit den buddhismusfreundlichen Kräften am Hof gleich. Der Buddhismus wurde verboten, seine Anhänger in der Gefolgschaft des Königs liquidiert und die Tempel geschlossen.

Mit dem Nachfolger des ermordeten Königs, dem jungen Prinzen Trisong Detsen, glaubte der Bon-Adel leichtes Spiel zu haben. Ein fataler Irrtum, wie sich bald herausstellte. Zwar stand der König, solange er noch minderjährig war, ganz unter dem Diktat des allmächtigen Ministers Mazan, doch er dürfte schon früh erkannt haben, daß er, wenn er nicht dasselbe Schicksal wie sein Vorgänger erleiden wollte, den Adel ausschalten mußte. Trisong Detsen ging dabei überaus geschickt und listig vor. Zunächst galt es Mazan zu entmachten. Dabei bediente er sich der Waffen seiner Feinde, nämlich der Bon-Religion. Durch Bestechung ließ er vom Orakelpriester verlauten, daß dem Land großes Unheil bevorstünde, das nur durch ein symbolisches Selbstopfer der beiden wichtigsten Minister abzuwenden sei. Diese, so verkündete das Orakel weiter, müßten sich drei Monate lang in einem Grab einschließen lassen. Da ein königstreuer Minister sich freiwillig meldete, mußte Mazan nachziehen. Während ersterer mit Hilfe von Kniffen entweichen konnte, verblieb Mazan lebendig eingemauert.

Nachdem sich Trisong Detsen auf diese Weise seines mächtigsten Gegenspielers entledigt hatte, ging er daran, die gefährliche Allianz von Bon-Klerus und Adel zu zerschlagen. Dazu kam ihm die buddhistische Religion nicht ungelegen. Daß Trisong Detsen für den Buddhismus größere Sympathien hegte als für die Bon-Religion, ist nicht verwunderlich, wenn man diese Vorgeschichte kennt. Andererseits benutzte der König die buddhistische Religion als Werkzeug zur Begründung seiner absoluten Herrschaft. Der feudale Bon-Adel, eifersüchtig auf seine Privilegien bedacht, hielt dagegen. Doch nach dem Tod des Ministers Mazan verlor die Adelspartei ihren Führer und geriet immer mehr auf die Verliererstraße. Trisong Detsen hingegen entpuppte sich als überaus starke Persönlichkeit, die nicht nur innenpolitisch ihre Ziele entschlossen durchsetzte, sondern auch außenpolitisch erfolgreich agierte. Der letzte Shang-Shung-König wurde am Dangra-See durch Meuchelmord beseitigt, und damit verschwand das Bon-Reich für immer von der Bildfläche der Geschichte. Shang Shung wurde in Ngari Korsum umbenannt und als westliche Provinz dem tibetischen Reich einverleibt. Unter Trisong Detsen erreichte Tibet den Höhepunkt seiner Macht und die größte territoriale Ausdehnung, aber gleichzeitig säte er den Keim des Untergangs, indem er – nicht zuletzt durch die Berufung Padmasambhavas – den religiösen Konflikt befeuerte.

Wie aus der Biographie des Guru Rinpoche zu erfahren ist, soll das erste Zusammentreffen mit Trisong Detsen nicht ganz reibungslos verlaufen sein. Der König erwartete, daß sich der Guru genauso wie alle anderen vor ihm niederwarf, doch Padmasambhava war nicht einmal bereit, sich zu verbeugen; statt dessen ließ er Flammen aus seinen Ärmeln schlagen. Die Höflinge warfen sich erschrocken vor ihm zu Boden, der König aber riß sich seinen Schal von den Schultern und schleuderte ihn als Zeichen der Verehrung dem Lehrer zu Füßen. Von dieser Begebenheit soll der Brauch in Tibet herrühren, daß man beim Besuch buddhistischer Heiligtümer oder auch zur Begrüßung oder zum Abschied weiße Khadaks überreicht. Die Demonstration magischer Fähigkeiten verfehlte ihren Eindruck auf den König nicht.

Wie auch immer: Mit Padmasambhavas Hilfe, so wird überliefert, gelang nun, wofür nicht einmal die absolute Macht des Königs ausgereicht hatte, nämlich Samye zu vollenden. Nach Shantarakshitas Plänen wurde der Klosterkomplex als dreidimensionales Mandala angelegt, das ein Abbild des Kosmos repräsentierte. Das Hauptgebäude in der Mitte mit dem pagodenförmigen Dach stand für den Berg Meru, die Achse des Universums, der in den vier Himmelsrichtungen von vier Kontinenten – vier weiteren Tempeln – umgeben war. Dazwischen standen vier Stupas in den Farben Rot, Schwarz, Weiß und Grün. Im roten Stupa wurde später eine ganze Reihe verborgener Bon-Schriften entdeckt. Shantarakshita wurde der erste Abt des Klosters, und unter seiner Patronanz wurden die berühmten ersten Sieben Mönche Tibets ordiniert. Trisong Detsen seinerseits tat alles in seiner Macht Stehende, dem Kloster einen privilegierten Status zu verschaffen. Durch eine großzügige Schenkung bedachte er das Heiligtum mit Ländereien, er gewährte ihm Steuerfreiheit und verpflichtete 150 Bauern in der Umgebung, für den Unterhalt zu sorgen.

Der Widerstand der Bon-Fraktion am Hof war zu diesem Zeitpunkt aber noch lange nicht gebrochen. Vor allem des Königs Hauptgemahlin, die eine glühende Bon-Anhängerin war, versorgte die Minister mit Insiderinformationen.

Der Einfluß dieser Clique war so stark, daß sie ein gleich-
berechtigtes Nebeneinander von Bon und Buddhismus
erzwangen. So kam es, daß in Samye nicht nur buddhistische Übersetzer eifrig indische Sanskrittexte ins Tibetische
übertrugen, sondern auch Bonpos aus Shang Shung stammende Lehren niederschrieben. Aber von friedlicher Koexi-
stenz konnte keine Rede sein. Die Buddhisten empörten
sich vor allem gegen die blutigen Tieropfer, die die Bonpos
im Kloster vollzogen. Die indischen Lehrer drohten sogar,
das Land zu verlassen, und stellten dem König ein Ultima-
tum. »Diese Bon-Methoden sind mit dem Gesetz des Buddhismus unvereinbar«, beklagten sie sich. »Wenn du zu-
läßt, daß sie derart sündhafte Dinge tun, werden wir in
unsere Heimat zurückkehren.«

Trisong Detsen ließ daraufhin einen Wettstreit abhalten,
der entscheiden sollte, welche Religion die überlegene ist.
Nach Ansicht des Tibetologen Karmay fand dieser im Jahr
783 bei Dongkar in unmittelbarer Nähe der königlichen
Nekropole statt. Der König ließ es sich nicht nehmen, die
Auseinandersetzung mitzuverfolgen. »Achtet darauf, was
richtig und falsch ist und wer die größeren magischen
Fähigkeiten besitzt«, rief er den Schiedsrichtern zu, die er
ernannt hatte. Die Vertreter der Buddhisten waren Shantarakshita und Padmasambhava. Ihnen standen auf Seiten
der Bonpos die beiden Shen Drenpa Namkha und Lishu
Taring gegenüber. Die Bon-Schrift »Si Gyu« vermittelt
einen lebhaften Eindruck, wie es bei diesem Kräftemessen
zuging: »Padmasambhava warf seinen Mantel über die
Strahlen der Morgensonne, Drenpa Namkha schlug Sonne
und Mond zusammen wie Zimbeln, Lishu Taring verwandelte sich in einen Adler und flog gegen den Himmel.«
Nachdem es nach einigem Hin und Her noch keinen Sieger
gab, schlug der König eine letzte Prüfung vor. Derjenige
sollte der Gewinner sein, dem es gelänge, einen Toten zum

Leben zu erwecken. Zwar schaffte es Drenpa Namkha, dieses Wunder zu vollbringen, doch Padmasambhava entlarvte es als faulen Zauber und wies nach, daß nur ein dämonischer Geist in den leblosen Körper geschlüpft war und nicht – wie vom König gefordert – der Verstorbene wiederauferstanden war.

Die Bonpos waren somit besiegt, und Trisong Detsen stellte sie vor die Alternative, entweder zum Buddhismus zu konvertieren oder das Land zu verlassen. Im »Si Gyu« wird dem König sogar in den Mund gelegt, er würde den Bonpos noch eine dritte Option anbieten, nämlich »weißes Wasser« zu trinken, was nichts anderes als den Freitod bedeutete. Drenpa Namkha aber erwiderte: »Du bist ein mächtiger König, und die Buddhisten sind nur eifersüchtig, doch ich hege keinen Groll, und wenn es sein muß, lasse ich mich eben ordinieren.« Die Bon-Überlieferung behauptet, der ganze Wettstreit wäre ein abgekartetes Spiel gewesen, denn für den König habe schon vorher festgestanden, wer siegen werde.

Obwohl die mächtigen Shen, allen voran Drenpa Namkha, imstande gewesen wären, Rache zu nehmen und den König kraft ihrer magischen Fähigkeiten zu vernichten, taten sie es nicht. Der König, so ist in »Si Gyu« zu lesen, wußte dies durchaus zu schätzen, und als Drenpa Namkha, von dem die Bon-Quellen behaupten, er sei nur zum Schein zum Buddhismus übergetreten und auch nur, um die Bon-Texte vor der drohenden Vernichtung zu bewahren, sich mit folgenden Worten an ihn wandte: »Nachdem ich zum Buddhismus konvertiert bin, bitte ich dich, den Bon nicht mehr zu verfolgen und das Schrifttum zu schützen«, antwortete ihm der König: »Kopiere die Bon-Texte auf gelbes Papier und verstecke sie unter der Erde.«

Daraufhin haben die »Neun Magier« sowie Drenpa Namkha die wichtigsten Schriften kopiert und an verschiedenen Plätzen versteckt. Gemäß »Si Gyu« wurden die fünf großen geheimen Bon-Texte und weitere 1700 kleinere Schriften in buddhistischen Tempeln (!), auf Bergen, Felsen und in Stupas verborgen und die Stellen versiegelt. Das alles soll sich der Bon-Überlieferung zufolge im Frühjahr des Holz-Ochsen-Jahres zugetragen haben (nach Karmay im Jahr 785). Noch eine höchst aufschlußreiche Bemerkung findet sich in dieser Bon-Chronik, die ein Licht darauf wirft, wie sehr sich in dieser wirren Zeit die beiden Religionen vermischten. »Die Buddhisten machten viele Bon-Texte zu buddhistischen Texten«, heißt es da. Und ein paar Zeilen weiter wird gesagt, daß die Bonpos versuchten, ihre Schriften zu retten, indem sie einfach deren Titel änderten und sie dann den Buddhisten unterjubelten.

Vor diesem Hintergrund bekommt die Behauptung der Nyingmapas einen Sinn, daß ihr Guru Padmasambhava eine ganze Reihe von Termas versteckt habe. Daß die Bonpos ihre Schriften versteckten, ist nur allzu verständlich, denn sie waren schließlich die Verfolgten. Aber weswegen sollten die Nyingmapas dasselbe tun? Ihre Religion wurde vom König geschützt und gefördert. Sie hatten keinen Grund, Schriften zu verstecken. Bei ihren Termas handelte es sich eben um Bon-Schriften, die in späterer Zeit »entdeckt« und in das Schrifttum der Nyingmapas aufgenommen wurden. Bezeichnenderweise gibt es die Tradition der Terma-Literatur außer bei den Bonpos nur bei ihnen. Den anderen buddhistischen Schulen sind die Termas seit jeher suspekt, und sie vermuten – nicht ganz zu Unrecht –, daß es sich dabei um Schriften zweifelhafter, also nichtbuddhistischer Herkunft und Inhalts handelt.

Nach der Niederlage der Bonpos im öffentlichen Disput fühlte der König sich politisch stark genug, das Nebeneinander zweier Religionen offiziell durch entsprechende Verordnungen zu beenden. In einer Art eidesstattlichen

Erklärung erhob er den Buddhismus im Jahr 791 zur Staatsreligion und verpflichtete sich selbst, seine Nachfolger und die Minister, aus deren Reihen bisher die schärfsten Widersacher kamen, den Buddhismus für immer zu schützen. Den Schwur ließ er in eine steinerne Säule meißeln, die noch heute vor dem Haupttempel Samyes steht.

Dennoch geriet er am Ende seiner Amtszeit noch einmal in Bedrängnis. Schuld daran war wiederum die umstrittene Person des Guru Rinpoche. Dieser erregte selbst unter den dem Buddhismus freundlich gesinnten Tibetern des Hofstaats Anstoß. Sie mißbilligten vor allem, daß der Meister eine der Gemahlinnen des Königs, nämlich Yeshe Tsogyal, zur Frau nahm. Als anrüchig empfanden sie auch die stark erotisierende Auslegung der Vajrayana-Lehren, die Padmasambhava vertrat. Das führte unter seinen Nachfolgern, die diesen Aspekt noch stärker in den Mittelpunkt rückten, zu Ablehnung und beißender Polemik von Seiten der anderen buddhistischen Schulen. »Sie trugen Mönchsgewand, aber widmeten sich bei Tage berauschenden Getränken und nachts den Weibern ... und nannten dieses Tun ›Opfer der zehn Tage‹«, warfen ihnen Autoren der orthodoxen Richtungen vor. Alles nur Lüge, konterten die Nyingmapas, in die Welt gesetzt, um ihre Schule zu diskreditieren.

Schließlich sah Trisong Detsen ein, daß er seinen Günstling nicht länger in Tibet halten konnte. Im Jahr 790 mußte Padmasambhava auf Befehl des Königs das Land verlassen. Trotz der Spuren, die der indische Guru in Tibet hinterlassen hat – es gibt kaum ein Kloster, in dem er nicht durch eine Darstellung präsent ist –, gibt es Stimmen unter den Fachgelehrten, die in Anbetracht des undurchschaubaren Legendengewirrs bezweifeln, ob es sich um eine historische Person handelt. Andere unterstellen ihm, er hätte den Versuch unternommen, eine eigene Religion zu stiften. Ob das wirklich seine Absicht war, ist fraglich, aber bei seinen

Anhängern jedenfalls trifft es zu. Sie haben alles getan, um die historischen Spuren zu verwischen und seine Person als zweiten Buddha im Schneeland zu etablieren. Wie nicht anders zu erwarten, verrät die legendenhafte Biographie nichts von den Mißklängen, die seinen Abgang aus Tibet begleiteten, statt dessen wird das Ereignis im wahrsten Sinn des Wortes in himmlische Höhen entrückt. Demzufolge gaben ihm nicht nur der König und seine Minister samt Gefolge bis zur Nordgrenze Tibets das Ehrengeleit, sondern auch noch eine ganze Schar herbeigeeilter Götter.

Beim Abschied erschien aus einem Regenbogen ein blaues, gesatteltes Pferd. Begleitet von sphärischen Klängen, bestieg Padmasambhava das geflügelte Roß, und nachdem er den Anwesenden einen letzten Segen gespendet hatte, erhob er sich in die Lüfte und ritt auf den Sonnenstrahlen davon – geradewegs in das Land der Raksha-Dämonen, um dort sein Bekehrungswerk fortzusetzen.

Doch der Lama von Tirthapuri, der ansonsten keinerlei Zweifel am Wahrheitsgehalt dieser Überlieferung hegt, widerspricht in diesem Punkt. Er ist fest davon überzeugt, daß der Guru hier einen Zwischenstop einlegte. Als Beweis dafür zeigt er uns einen im Kloster sorgsam gehüteten Findling, auf dem der »Lotosgeborene« seinen Fußabdruck hinterlassen hat. Daneben liegt ein zweiter Stein, auf dem sich sogar sein Wunderpferd verewigt haben soll. Außerdem behauptet der Lama, daß Padmasambhava in Begleitung von Yeshe Tsogyal reiste. Er führt uns zu einer Felshöhle, die durch einen kleinen Schrein geschützt wird. Im Innern befindet sich eine Figur der in Tibet als Weisheitsdakini verehrten Frauengestalt. Als Vermittlerin geheimen Wissens hält sie in der linken Hand eine mit wunschgewährenden Edelsteinen gefüllte Schädelschale. In der Überlieferung der Nyingmapas war Yeshe Tsogyal nicht nur die tantrische Partnerin des Guru, sondern auch seine Schülerin. Vor allem weihte er sie in den Gebrauch des magischen Ritualdolchs (Vajra) ein, der sie befähigte, so wie er Dämonen zu überwinden und in die Buddhalehre zu zwingen. Yeshe Tsogyal gilt auch als Verfasserin jener Biographie, die bis heute als Hauptquelle für Leben und Wirken des merkwürdigen Heiligen dient. Die Schrift wurde von ihr in einer Statue versteckt, in der man sie im 14. Jahrhundert als Terma entdeckte.

Vom Eingang der Höhle eröffnet sich ein beeindruckender Blick über das Sutley-Tal. Der Fluß zwängt sich hier durch ein enges Felstor, dessen Wände bis auf wenige Meter zusammentreten. Seile mit bunten Gebetsfahnen daran überspannen an mehreren Stellen die Schlucht. Danach weitet sich das Tal, und der Sutley windet sich in riesigen Schleifen über eine Hochebene. Nackte, von den Kräften der Erosion bearbeitete Berggestalten stehen Spalier. In Richtung Südwesten, wo sich der Sutley als silbrig glänzendes Band verliert, erheben sich dunkle, gestaffelte Kämme, die sich wie Kulissen ineinanderschieben. Dort beginnt der Sutley-Canyon, in dessen Innerem sich das Tal des Garuda verbirgt.

Von der Tempelanlage fallen die Felsen steil ins Sutley-Tal ab. Ein schmaler Saumpfad führt zum Flußufer hinunter, wo wir unser Lager aufgeschlagen haben. Auf halber Höhe kommen wir an einem Felsloch vorbei, in dem Pilger mit bloßen Händen nach einer weißen, kalkähnlichen Substanz graben, die als Erleuchtungssamen einer Dakini gilt, die in diesen Felsklippen haust. Der Pfad endet auf einer Wiese, die Tanzplatz der Dakinis genannt wird. Dort haben tibetische Pilger ihre Zelte aufgestellt. Aus einem davon dringt dumpfer Trommelschlag und rhythmisches Glokkengeklingel. Pilger umkreisen es wie einen Tempel und vollziehen vor dem Eingang Niederwerfungen. Innendrin hat sich eine Gruppe von Jüngern Padmasambhavas versammelt, um das auszuführen, was bereits ihr Lehrer mit Erfolg praktizierte, nämlich Dämonen zu bannen. Sie haben Tormas, Geisterfallen aus Teig, hergestellt und auf einem Altar plaziert. Nun sind sie dabei, mit Hilfe magischer Formeln, dem Klang der Bon-Trommel und dem Gebrauch des Ritualdolchs jene dämonischen Wesen, von denen man glaubt, daß sie all die Kalamitäten heraufbeschwören, die den Menschen im Leben so widerfahren können, dort hineinzuzwingen. Die Pilger danken es ihnen mit großzügigen Spenden. Keiner der hier versammelten Nyingmapas trägt ein Mönchsgewand, ein Zeichen, daß sie ihrem Vorbild nacheifernd die Hauslosigkeit gewählt haben und als Wandermönche von Ort zu Ort zu ziehen. Manche von ihnen tragen Bärte und langes Haar, das sie um das Haupt geschlungen haben. Am Ende der Zeremonie springt einer der Mönche auf, ergreift die Geisterfallen – nicht alle Teiggebilde sind Tormas, manche sind einfache Opfergaben, die von Zeit zu Zeit an das Pilgervolk zum Verzehr verteilt werden –, läuft damit zum Fluß und schleudert sie ins Wasser.

Entdeckungen im Garuda-Tal

Unsere Hoffnung, daß die Mönche auch die Lus, die Wassergeister des Sutley, für unsere Bootstaufe gnädig stimmen, erfüllt sich nicht. Am nächsten Morgen müssen wir enttäuscht feststellen, daß der Wasserstand eher gesunken als gestiegen ist. Deshalb bleibt uns nichts anderes übrig, als die Boote wieder zusammenzupacken und weiterhin auf dem Lastwagen zu befördern, anstatt damit durch das Wasser zu gleiten. Wir wären nur zu gern vor dem Eingang zum Canyon losgepaddelt, um noch ein Stück in ruhigem Wasser zurücklegen zu können. Jetzt müssen wir den Start in den Canyon verlegen, wo es dann gleich zur Sache geht. Bis dorthin sind es nur wenige Kilometer. Unmittelbar nach Tirthapuri zweigt eine schmale Piste in Richtung Südwesten ab. Sie führt zunächst zu einer Ansammlung von Lehmhäusern, die den Nomaden als Winterquartier dienen. Wenn ich es nicht besser wüßte, würde ich glauben, daß die Straße dort aufhört. Denn dahinter baut sich eine mächtige Bergbarriere auf, die das ganze Tal abzuriegeln scheint. Erst aus der Nähe eröffnet sich ein schmaler Durchschlupf. Der Sutley vollzieht eine s-förmige Schleife, und die Piste folgt seinem gewundenen Lauf. Als wir um einen Bergrücken biegen, stehen wir vor einem kleinen Wunder. Inmitten nackter, zerborstener Konglomerate, deren Wände steil abbrechen, liegt eine grüne Oase. Vom Ende des Tales leuchten uns weiße und rote Tempelgebäude entgegen und Felswände, die mit einem Spinnennetz aus Gebetsfahnen überzogen sind.

Der Ort hat nichts von seinem Zauber verloren, der mir von meinem Besuch ein Jahr zuvor noch in guter Erinnerung ist. Damals haben wir auf der Wiese vor dem Kloster gelagert und sind von hier zu Fuß zu jener ersten Erkundung des Garuda-Tals aufgebrochen, die im Dorf Khyunglung durch chinesisches Militär ein vorzeitiges Ende fand. Immerhin konnten wir einen flüchtigen Blick auf die enormen Relikte erheischen, die es in der Umgebung dort gibt, vor allem auf jene imposante Höhlenstadt in den Felsklippen, die ich für den Silberpalast halte. Wieder schlagen wir unsere Zelte auf der Wiese auf, nur etwas näher am Fluß, damit wir die Boote nicht so weit tragen müssen. Diesmal, so hoffen wir, haben wir die richtigen Papiere im Gepäck, ausgestellt von der übergeordneten Behörde in Lhasa.

Tsering, Yangjor und Karl waren schon im letzten Jahr dabei. Auch Jan kam damals bis hierher mit, blieb aber dann im Lager zurück. Für Carsten hingegen ist alles neu, und beim Anblick der vielen Höhlen ringsum möchte er am liebsten gleich auf Erkundungstour gehen. Das wollen wir alle. Im letzten Jahr waren wir ganz auf Khyunglung fixiert, so daß wir diesem Ort wenig Beachtung schenkten. Zudem standen wir unter Zeitdruck, da die Exkursion in den Canyon am Ende einer langen Reise zum Kailash stattfand. Zwar besuchten wir damals den alten Lama in seiner Höhle oben, aber eigentlich nur, um uns nach dem Weg zu erkundigen. Inzwischen weiß ich, daß er Tenzin Wangdrak heißt und weithin als Dzogchen-Meister, Heiler und Astrologe bekannt ist.

Beim Abschied drückte er mir ein Buch in die Hand, das er selbst verfaßt hat. Nach meiner Rückkehr ließ ich es aus dem Tibetischen übersetzen. Was ich darin las, hat meine Vermutung bestärkt, daß es in diesem Tal noch weitaus mehr Relikte von Shang Shung gibt als nur den Silberpalast. Es hat mir auch die Augen geöffnet, was diesen Ort betrifft. Die ummauerte Felsgrotte, in der wir Tenzin Wangdrak aufsuchten, ist nicht irgendeine der vielen Höhlen, die man in diesem Tal findet, sondern ein, wenn nicht *der* Ort mit größter historischer Bedeutung für die Bonpos. Hier soll der bekannteste Shen, den die Bon-Überlieferung kennt, gelebt haben. Nämlich jener Drenpa Namkha, der als Gegenspieler Padmasambhavas am magischen Wettstreit zwischen Bonpos und Buddhisten teilnahm. Tenzin Wangdrak beruft sich dabei auf seinen Lehrer, den Khyungtul Rinpoche (1897–1956), wie er genannt wurde. Dieser hatte nämlich auf dem Berggipfel, zu dessen Füßen wir unser Lager aufgeschlagen haben, eine steinerne Figur des Bon-Heiligen gefunden, die dort während der Bon-Verfolgungen vergraben worden war. Mit Hilfe der Mönche des nahe gelegenen Klosters Gurugyam konnte er die Statue bergen und restaurieren. Es war nicht die einzige Entdeckung, die der Lama auf diesem Berg machte. Gleich in der Nähe fand er Überreste einer Shang-Shung-Burg, die von einem ganzen Ring von Wehrmauern umgeben war, deren Relikte noch überall zu sehen sind. Da es nirgendwo sonst im Garuda-Tal Spuren einer so mächtigen Befestigungsanlage gab, zog er den Schluß, daß einst hier der Silberpalast stand.

Khyungtul Jigme Namkhai Dorje, wie sein voller Name lautete, muß ein bemerkenswerter Mann gewesen sein. Tsering hat ihn noch persönlich kennengelernt und spricht mit großer Ehrfurcht von ihm. Soweit bekannt ist, stammte er aus einer reichen Familie in Osttibet. Schon sehr früh trat er in das Bon-Kloster Kharna ein. Nach dem Studium und der Ordination zum Bon-Lama begab er sich auf Wanderschaft. Er durchquerte Tibet von Osten nach Westen, pilgerte nach Bhutan, Nepal und Indien. Über den alten Verbindungsweg von Kinnaur nach Westtibet gelangte er dann ins Garuda-Tal, wo er sich zunächst im Dorf Khyunglung niederließ. Neben der religiösen Praxis interessierte er sich für Shang Shung. Vieles deutet darauf hin, daß er nicht zufällig auf die Relikte stieß, sondern systematisch danach gesucht hatte. Tenzin Wangdrak berichtet in seinem Werk, daß Khyungtul Rinpoche eine ganze Sammlung von Altertümern zusammentrug, darunter seltene Bon-Texte.

Irgendwann zwischen 1925 und 1930 siedelte er von Khyunglung hierher über und ließ sich in einer der verwaisten Praxishöhlen nieder. Offenbar hatte der Lama zu diesem Zeitpunkt schon etliche Schüler um sich geschart, denn 1930 begann er mit dem Bau eines Klosters. Swami Pranavananda, der im Jahr 1935 hier vorbeikam, schrieb in seinem Reisebericht, daß der Bau erst ein Jahr zuvor fertiggestellt worden war. Wie sehr der Bonpo davon überzeugt war, daß die Burgruine am gegenüberliegenden Berggipfel der gesuchte Silberpalast war, beweist der Name, den er seinem Kloster gab. Er nannte es Khyunglung Ngulkar Do Ngag Dragye Ling – das den Ruhm der heiligen Schriften vermehrende Kloster beim Silberpalast im Garuda-Tal. Im Volksmund wird es einfach Gurugyam genannt. Der indische Swami fand hier 20 Mönche vor und 30 Nonnen, die in einem an das Kloster angeschlossenen Gebäudekomplex lebten.

Im selben Jahr wie Swami Pranavananda besuchte der Tibetforscher Giuseppe Tucci das Garuda-Tal. Er traf den Lama in einem Zelt an, wo er, umringt von zahlreichen Schülern, Belehrungen erteilte. Der Italiener beschreibt ihn als eine charismatische Persönlichkeit, die geradezu davon besessen war, das alte Khyunglung zu neuem Leben zu erwecken. Die beiden hatten sich zwei Jahre zuvor am Shipki La, dem Grenzpaß zu Ladakh, kennengelernt. Tucci lobt Khyungtul Rinpoche in höchsten Tönen und nennt ihn einen der »seltenen Vertreter jener archaischen Form der Bon-Religion, die der Buddhismus so erfolgreich assimiliert hat«. Ein mächtiger Magier, Mediziner und Astrologe zugleich. Insbesondere zeigt sich der Forscher beeindruckt von der ungebrochenen Schaffenskraft dieses Mannes, dem es gelang, ein Stück Wüste in eine blühende Oase zu verwandeln. Dabei schien das Alter spurlos an dem Lama vorübergegangen zu sein, was Tucci auf sein »inneres Feuer« als Resultat seiner Yoga-Praxis zurückführt. Doch es scheint, als dämmerte Tucci, daß das Lebenswerk des Lama keinen Bestand haben werde, wenn er in prophetischer Vorausahnung der kommenden Ereignisse schreibt: »Tibet bräuchte mehr Männer wie ihn, damit der Geist über die Materie siegt und die großen kulturellen Werke nicht mutwilliger Zerstörung zum Opfer fallen.«

Aber genau das ist eingetreten. In den 60er Jahren des letzten Jahrhunderts, als der Sturm der chinesischen Kulturrevolution über Tibet hinwegfegte, wurde das Kloster zerstört, die Mönche wurden umgebracht oder außer Landes getrieben. Das Heiligtum hat sich von diesem Schlag nie mehr erholt. Nur ein einziger seiner Schüler ist hierher zurückgekehrt, um das Werk des Lehrers fortzusetzen. Tenzin Wangdrak ist über 80 Jahre alt und längst so etwas wie eine lebende Legende in dieser Gegend. Nur noch selten verläßt er seine Höhle, die vor ihm bereits Generationen von Bon-Shamanen als Aufenthaltsort diente. Ihm ist es zu verdanken, daß das Gurugyam-Kloster aus den Trümmern wiedererstanden ist, zum Teil jedenfalls. Die Abteilung für die Nonnen wurde bisher nicht wieder aufgebaut, und es ist fraglich, ob dies je geschehen wird. Denn Gurugyam macht einen verlassenen Eindruck.

Keine Menschenseele ist zu sehen, als wir in den ummauerten Innenhof eintreten. Die rotbemalte Holztür der Tempelhalle ist mit einem schweren Vorhängeschloß versperrt. Tsering und Yangjor machen sich auf die Suche nach einem Mönch. Es dauert eine ganze Weile, bis sie in Begleitung eines jungen Tibeters erscheinen, an dessen Kleidung nicht zu erkennen ist, daß es sich um einen Mann des Ordens handelt. Er trägt eine rotgestreifte Jogginghose und einen abgetragenen Anorak, an dem nur noch stellenweise die ursprünglich weiße Farbe durchscheint. Er stellt sich uns mit dem Namen Champa vor, und Tsering, dem mein fragender Blick nicht entgangen ist, erklärt, daß es sich um einen der beiden Mönche handle, die gegenwärtig hier lebten. Der andere sei oben in der Höhle und assistiere Tenzin Wangdrak, zu dem täglich Kranke kommen, um sich von ihm behandeln zu lassen. Während Tsering und Yangjor zur Höhle hochsteigen, um für uns um eine Audienz zu bitten, führt uns Champa durch das Kloster. Das Innere bestätigt den Eindruck, den das Kloster schon von außen auf uns machte. Mit dem Wiederaufbau wurde zwar die bauliche Substanz wiederhergestellt, aber es fehlen die Mönche und Gläubigen, die es mit Leben erfüllen. Statt für Zusammenkünfte der Mönche wird die Gebetshalle als Lagerraum benutzt. Überall liegen Bretter und Baumaterial umher, dazwischen steht eine Druckmaschine und liegen ganze Stapel von Büchern, die damit hergestellt wurden. Die Figuren sind neu und wenig kunstfertig gearbeitet. Anstelle von Wandmalereien wurden die nackten Mauern einfach mit bedruckten Stoffbahnen abgedeckt.

Am Ende des Rundgangs gleitet mein Blick zur Decke, und da sehe ich, wonach ich bisher vergeblich Ausschau gehalten habe. Im Gebälk thront der Namensgeber des Klosters und des ganzen Tales. Khyung breitet seine Flügel über Shenrab Mibo aus, der als Hauptfigur auf dem Altar thront. Das Abbild des mythischen Vogels ist die mit Abstand wertvollste Reliquie des Klosters. Sie dürfte alt sein und vielleicht sogar zu jenen Fundstücken gehören, die Khyungtul Rinpoche hier zusammengetragen hat. Oberflächlich betrachtet, hat er eine gewisse Ähnlichkeit mit dem indischen Garuda, aber bei genauerem Hinsehen läßt sich unschwer erkennen, daß es sich um eine archaische Gestalt handelt, die sich in der schamanistischen Tradition Tibets entwickelt hat. Als Vorbilder könnten die mächtigen Raubvögel gedient haben, die den tibetischen Himmel beherrschen.

In der Bon-Religion wird diesem Vogel ganz besondere Verehrung zuteil. Gilt er doch als Begleiter des Weltengotts Sango Bumri und in dieser Funktion auch als Beschützer der Bon-Lehre und Vernichter ihrer Feinde. Er wird mit zwei flammenden Hörnern dargestellt, zwischen denen sich ein wunscherfüllendes Juwel befindet. Mit dem Schnabel hält er eine Schlange gepackt als Zeichen seiner Macht über die Lus. Im Glauben der Bon repräsentiert Khyung das Feuer, das machtvollste der fünf Elemente, und als göttliche Manifestation in Vogelgestalt wird ihm die Fähigkeit zugeschrieben, alles Negative zu beseitigen. Vielleicht liegt darin der Grund, daß die Shang-Shung-Könige ihn zum Beschützer ihrer Macht und des Reiches erkoren und seine

Hörner auf ihrer Krone trugen. Auch der Begriff Shung korrespondiert mit Khyung, und der legendenhaften Überlieferung zufolge soll der Göttervogel einstmals sogar Shenrab Mibo gedient haben, der ihn gegen das Schloß der Feinde seiner Lehre anfliegen ließ. Shenrab Mibo gehörte, wie wir wissen, dem Mu-Clan an, einem der sechs Adelsgeschlechter, aus denen sowohl die Könige als auch die Hofschamanen hervorgingen. Ein anderer dieser Ur-Clans hieß Khyung.

Indessen sind Tsering und Yangjor zurück. Beide halten in Khadaks gewickelte tibetische Medizin in Händen, die ihnen der alte Lama gegeben hat. Außerdem überbringen sie die freudige Botschaft, daß Tenzin Wangdrak uns morgen in seiner Höhle erwartet. Jetzt, am Abend, haben sich vor dem Kloster einige Gläubige eingefunden. Sie umschreiten die äußeren Mauern und drehen im Vorbeigehen die Gebetszylinder an, die zu Hunderten darin integriert sind. Es sind Bonpos und Buddhisten. Man kann sie leicht voneinander unterscheiden. Die Buddhisten bewegen sich im Uhrzeigersinn, die Bonpos in der umgekehrten Richtung.

Auf dem Weg zum Lager laufe ich ein Stück am Sutley entlang und stelle befriedigt fest, daß sich der Wasserstand im Vergleich zu Tirthapuri nahezu verdoppelt hat. Das liegt vor allem an den beiden Zuflüssen, die sich unmittelbar vor Gurugyam in den Sutley ergießen. Damit steht fest, daß unsere Bootsfahrt hier beginnen kann. Wann genau dies der Fall sein wird, hängt nicht zuletzt vom Ergebnis unseres Treffens mit Tenzin Wangdrak ab.

Der nächste Morgen beschert uns ein grandioses Naturschauspiel, und wir sitzen in der ersten Reihe. Als ich im Morgengrauen aus dem Zelt blicke, glaube ich meinen Augen nicht zu trauen. Nur wenige Meter entfernt hat sich ein ganzer Schwarm Schwarzhalskraniche eingefunden. Noch nie zuvor hatte ich in Tibet mehr als ein Pärchen dieser heute so selten gewordenen Vögel gesehen und schon gar nicht aus solcher Nähe. Die Feuchtwiese, die sich zwischen unserem Lagerplatz und dem Kloster erstreckt, scheint ihr bevorzugter Futterplatz zu sein. Und sie fühlen sich hier so sicher, daß es sie nicht im geringsten stört, als ich aus dem Zelt krieche und mein Kamerastativ vor ihnen aufbaue. Kurze Zeit später geht die Sonne auf, und ein warmer Lichtstrahl fällt auf das Kloster. Er läßt die weißgekalkten Mauern aufleuchten, und mit dem riesigen Fahnenmast in der Mitte wirkt es wie ein Segelschiff, das einsam durch das Gebirgsmeer kreuzt. Von einem der Gebäude steigt eine silberne Rauchsäule kerzengerade in das kalte Blau des Himmels auf. Sie zeigt an, daß die beiden Mönche ihre Morgenandacht beendet haben und nun ihren Buttertee brauen. Zuletzt erreicht die Sonne die Felswand mit den Höhlen und übergießt sie mit flüssigem Gold. Die Gebetsfahnenstränge, die die Felswand von oben nach unten überspannen, wirken dabei wie gefächerte Lichtstrahlen.

Tsering und Yangjor sind ebenfalls aus ihren Zelten gekommen. In aller Eile packen wir unsere Sachen und laufen zum Kloster hinüber. Dort erwartet uns bereits Ngawang, der ältere der beide Mönche, um uns zur Höhle seines Lehrers zu begleiten. Wir steigen mit ihm den mit Gebetsfahnen überwucherten Pfad zum Eingang hinauf. Dabei achtet er penibel darauf, daß wir auf keinen der am Boden liegenden Stränge treten, indem er sie hochhebt, damit wir darunter durchkriechen können. Yungdrung Rinchen Barba Drub Phug – die Höhle des strahlenden Swastika-Juwels –, wie die geschichtsträchtige Felsgrotte heißt, wird heute durch ein dreistöckiges Gebäude geschützt, das wie das Nest eines Riesenvogels an der Felswand klebt. Im Innern geht es dann über steile Leitern und aus dem Fels geschlagene tunnelartige Durchgänge zu einem Holzbalkon hinauf, der zum Eingang der Höhle führt. Die wird bereits von Besuchern belagert. Ngawang führt uns zu einer kleinen Nische und bittet uns, dort auf ausgebreiteten Teppichen Platz zu nehmen. Wegen des großen Andrangs stellen wir uns auf eine längere Wartezeit ein, aber viele Besucher sind keine Kranken, sondern nur deren Begleiter, so daß es nicht lange dauert, bis Ngawang den Vorhang zur Höhle zurückschlägt und uns auffordert einzutreten.

In gebückter Haltung zwängen wir uns nacheinander durch den engen Durchschlupf. Die Augen müssen sich erst an das Halbdunkel gewöhnen, um alle Einzelheiten wahrzunehmen. Der Lama sitzt auf einem Kang, einem gemauerten Bett, das wie ein Ofen von außen beheizt werden kann, und beugt sich weit nach vorn, um jedem von uns den Khadak um den Hals zu legen, den wir ihm zur Begrüßung offerieren. Ich hatte die Höhle größer in Erinnerung, als sie in Wirklichkeit ist. Vielleicht liegt es daran, daß wir im letzten Jahr nur zu zweit waren. Obwohl wir uns so eng wie möglich zusammendrängen, muß Yangjor draußen bleiben. Tsering hingegen ist unentbehrlich. Er hat sich zu Füßen des Lama im Schneidersitz niedergelassen und übernimmt wie beim letzten Mal die Rolle des Übersetzers. Das ist ein Glücksfall, denn die beiden kennen sich gut, und als ehemaliger Mönch findet Tsering stets die richtigen Worte. Während Tsering dem Lama den Hintergrund unseres Besuchs erläutert, schaue ich mir die Höhle genauer an. Als ich vor einem Jahr hier saß, ahnte ich nicht, daß es der Ort sein könnte, an dem einst der berühmteste Bon-Heilige lebte, jener Drenpa Namkha, dessen Lebensgeschichte so eng mit den letzten Tagen des Shang-Shung-Reichs verwoben ist.

Vielleicht saß er sogar an dem Platz, wo nun Tenzin Wangdrak mit einer Hand am Ohr den Worten Tserings lauscht, als sich die Hauptfrau des hinterrücks getöteten Shang-Shung-Königs Ligmigya an ihn wandte. Khyung-bza Tsogyal war entschlossen, die feige Tat zu rächen, und suchte die Hilfe von Gyerpung Drenpa Namkha, dem mächtigsten Shen des Landes. Gemäß dem Bon-Text »Shang Shung Nyan Gyud« (Die mündliche Überlieferung von Shang Shung) richtete sie folgende Worte an ihn: »Großer Lehrer, unser König, der die Bon-Religion beschützt, wurde ermordet. Der seidene Knoten unseres Gesetzes ist durchtrennt worden. Das Königreich ist in Stücke zerschlagen, und die Lehre des Ewigen Bon wird unterdrückt. Weil all das über uns kam, bitte ich dich, die Waffe deiner magischen Fähigkeiten einzusetzen.«

Daraufhin antwortete Drenpa Namkha, daß er die Macht besitze, drei verschiedene Rituale auszuführen. Mit dem machtvollsten Ritus, so erklärte er der Königin, würde ganz Tibet vernichtet werden, der Khyung-Ritus hingegen würde nur den König und seinen Hofstaat treffen, während mit Hilfe des Ngub-Ritus einzig und allein der König getötet würde. »Welchen davon soll ich ausführen?« fragte er die Königin.

»Das tibetische Volk trifft keine Schuld«, so Khyung-bza Tsogyal. »Deshalb soll der Ngub-Ritus geschehen.«

Daraufhin begab sich Drenpa Namkha nach Zentraltibet und schlug sein Zelt auf einer Insel des Darog-Sees auf. Dort vollzog er den Ritus eine Woche lang. Am Ende schleuderte er ein in drei Hälften geteiltes Goldstück in drei verschiedene Richtungen. Das erste Stück landete auf einem Berg und tötete sieben Gazellen, das zweite fiel in den See, wodurch dieser austrocknete, das dritte jedoch traf das Schloß des Königs und ließ ihn unheilbar erkranken.

Trisong Detsen wußte sofort, wer dahinterstand und daß er dem Tod geweiht war, wenn es ihm nicht gelang, den Shen zu bewegen, ein Gegenmittel einzusetzen. Deshalb schickte er Gesandte zu Drenpa Namkha mit dem Auftrag, mit diesem zu verhandeln. Der Bonpo stellte drei Bedingungen, unter denen er bereit war, das Leben des Königs zu schonen. »Wir wollen einen goldenen Schrein für die Bestattung des Königs von Shang Shung. Ferner dürfen der königlichen Familie und den Bewohnern Shang Shungs keinerlei Steuern auferlegt werden. Und zuletzt verlange ich, daß keine der 360 Bon-Lehren Shang Shungs unterdrückt wird.«

Wie der Bon-Text abschließend berichtet, soll der König alle Bedingungen akzeptiert haben, worauf Drenpa Namkha einen Ritus vollführte, der ihn genesen ließ.

Natürlich gilt es auch hier wieder, aus der Legende den historischen Kern herauszufiltern. Wenn der Text glauben machen will, daß der Shen Macht über das Leben des tibetischen Königs besaß und ihn dadurch beeinflussen konnte, mag das pures Wunschdenken sein, geboren aus höchster Not. Die Worte der Königin sprechen eine nur allzu deutliche Sprache: Mit der Ermordung Ligmigyas war nicht nur das Shang-Shung-Reich seines Führers beraubt worden, sondern hatten auch die Bonpos ihre schützende Macht verloren. Zwar hatte Songtsen Gampo Shang Shung schon 150 Jahre vorher besiegt, aber dessen militärische Macht nicht vollständig vernichtet. Das geschah erst unter Trisong Detsen, der Shang Shung von der Bildfläche wischte, indem er es seinem tibetischen Reich einverleibte. Den Bonpos blieb nur noch der Hofadel, von dem sie sich Unterstützung erhoffen konnten. Aber auch diese Auseinandersetzung entschied Trisong Detsen letztlich für sich. Zu dem Zeitpunkt, als er den Shang-Shung-König attackierte, hatte er bereits den allmächtigen Mazan, Minister und Anführer der Bon-Fraktion am Hof, eliminiert und durch loyale Vertreter ersetzt, wie etwa Nangnam Ledup, der Ligmigyas Frau Sanangton Legma zum Verrat anstiftete. Mit der Ankunft Padmasambhavas, spätestens aber nach dem verlorenen Disput, wurden die Bonpos endgültig auf die Verlierer-

straße gedrängt. Historisch unbestritten ist außerdem Drenpa Namkha als großer Protagonist der Bon-Religion in der
entscheidenden Phase der Auseinandersetzung mit dem
Buddhismus. Er wird sowohl von Bon-Quellen als auch
von der buddhistischen Geschichtsschreibung verbürgt.

Mit den Augen taste ich die rauchgeschwärzten Höhlen-
wände ab, als könnte irgendwo noch ein Zeichen vorhanden sein, das der Bon-Heilige dort hinterlassen hat. Die
wunderbaren Wandbilder, die Tucci zumindest noch in
Fragmenten bestaunen konnte, sind völlig verschwunden.
Dann fällt der Blick in den hinteren Teil der Höhle, die
einem wahren Kuriositätenkabinett gleicht. Auf Holztru-
hen verschiedener Größen, die pyramidenförmig gestapelt
sind, liegt so ziemlich alles, was der tibetische Buddhismus
an Kultgegenständen kennt. Dazwischen stehen bronzene
Statuen, manche davon sind bereits so stark mit Patina
überzogen, daß ich nicht einmal erkennen kann, um welche
Göttergestalt es sich handelt. Neben Heiligenbildern finden
sich alte Familienfotos und aufgeschnittene Coladosen, in
denen Räucherstäbchen und Pfauenfedern stecken. Überall
an den Wänden türmen sich Bücher, die meisten davon traditionelle Blockdrucke in Form loser Blätter, die von zwei
Holzdeckeln zusammengehalten werden und in gelbe Sei-
dentücher eingeschlagen sind. In Griffweite des Lama wurden kleine Simse geschlagen, auf denen in Glasbehältnis-
sen tibetische Kräuterpillen aufbewahrt werden. Auf dem
Holzträger über dem Eingang entdecke ich ein vergilbtes
Schwarzweißfoto des Khyungtul Rinpoche. Es ist so angebracht, daß Tenzin Wangdrak das Konterfei seines Lehrers
stets vor Augen hat. Der von Tucci portraitierte Lama
erscheint auf dem Bild in vollem Ornat mit einer Mitra auf
dem Kopf, auf der deutlich das Bon-Swastika zu erkennen
ist.

»Der Besuch bei meinem alten Freund war sehr interessant«, notierte der italienische Forscher in seinem Reisebericht. »Er besaß eine reiche Kollektion an Bon-Manuskripten, doch ich konnte ihn nicht dazu überreden, mir die wertvollen religiösen Texte zu verkaufen, nicht einmal gegen eine große Geldsumme.« So bedenklich der Ausverkauf von Kulturgütern im allgemeinen ist, in diesem Fall wäre es besser gewesen, die seltenen Bücher wären in Tuccis Hände gelangt, denn drei Jahrzehnte später wurde das Heiligtum von Maos Roten Garden zerstört und wurden die Schriften verbrannt. Einen Text hat Tucci dennoch mitnehmen können, als persönliches Geschenk des Lama. Er durfte ihn selbst aussuchen. Der Forscher entschied sich für »Tise Kachag«, den bereits mehrfach zitierten Bon-Führer zum Kailash. Ein Glücksgriff, wie sich später herausstellen sollte, denn er enthält unter anderem die Liste der 18 Shang-Shung-Könige sowie die Namen und Beschreibungen ihrer Residenzen, von denen aus sie herrschten. Allein drei davon befinden sich im Garuda-Tal, darunter Ngulkar Karpo, der Silberpalast. Daraus läßt sich nur erahnen, was es einstmals an Schätzen in der Bibliothek gab, die der Bon-Lama hier zusammengetragen hatte. Wenn man bedenkt, wie wenig an verläßlichen schriftlichen Quellen vorhanden ist, die die Geschichte Shang Shungs erhellen, wiegt dieser Verlust um so schwerer.

»Waren die alten Bon-Texte in tibetischer Sprache und Schrift abgefaßt?« frage ich Tenzin Wangdrak.

»Es gab auch welche in der Sprache Shang Shungs«, antwortet er ohne zu zögern.

Ich kann meine Überraschung kaum verbergen, denn die bis dahin einzigen als Shang-Shung-Sprache identifizierten Texte stammen aus der berühmten Höhlenbibliothek von Dunhuang. Von dort wurden sie zusammen mit Manuskripten in mehreren anderen Sprachen vom britischen

Archäologen Aurel Stein und seinem französischen Kollegen Paul Pelliot nach London beziehungsweise Paris geschafft. Später hat sie der britische Gelehrte Frederick William Thomas eingehend studiert und festgestellt, daß sie in einer nichttibetischen Sprache abgefaßt sind, die mit jenen lokalen Sprachen verwandt ist, die im westlichen Himalaya wie etwa im benachbarten Kinnaur gesprochen werden. Außer in diesen Dunhuang-Texten hat die Shang-Shung-Sprache nur fragmentarisch in Bon-Texten überlebt, vorwiegend in Namen und religiösen Begriffen. Das deutet darauf hin, daß sie, nachdem sie nicht mehr gesprochen wurde, in sehr rudimentärer Form als rein liturgische Sprache der Bon-Religion weiter verwendet wurde. Nur so läßt sich erklären, warum in Bon-Texten, die in tibetischer Sprache abgefaßt sind, Titel sowie Überschriften, Eigennamen und religiöse Termina stets in Shang Shung wiedergegeben werden.

In der Zwischenzeit sind allerdings weitere Texte aufgetaucht, die Fragmente in Shang Shung enthalten, darunter ein hochinteressantes Werk, das Drenpa Namkha zugeschrieben wird. Neueste linguistische Untersuchungen scheinen die Einschätzung von Thomas zu bestätigen und widerlegen Snellgrove, der behauptet, die Shang-Shung-Sprache sei Phantasie und die vermeintlichen Shang-Shung-Texte aus Dunhuang stammten aus Osttibet.

»Besaß Shang Shung auch eine eigene Schrift?« setze ich das Gespräch mit einer weiteren Frage fort.

»Re, re!« – Ja, ja! – versichert Tenzin Wangdrak und zieht ein dünnes Buch aus dem Stapel neben sich. Er schlägt eine Seite auf und reicht es mir mit den Worten: »Sieh her, dieses Wörterbuch habe ich selbst verfaßt.«

Die betreffende Seite zeigt ein Shang-Shung-Alphabet. Er verwendete nicht jene bildhafte Schrift, wie man sie in Tibet überall auf Steinen eingraviert sieht und in der die buddhistischen Texte gedruckt werden, sondern eine »Kursiv-schrift« – eine Schrift, in der im Unterschied zur Druck-schrift die Buchstaben miteinander verbunden sind. Nach buddhistischer Geschichtsschreibung wurde in Tibet die Schrift ja erst in der Zeit des Königs Songtsen Gampo einge-führt. Damit wird suggeriert, daß es in Tibet vor dem sieb-ten Jahrhundert keine Schrift gab. Es ist richtig, daß der Minister des Königs eine tibetische Schrift aus dem indi-schen Sanskrit entwickelte, aber es ist falsch zu behaupten, daß es vorher *keine* Schrift gab. Selbst heute gibt es in Tibet neben der offiziellen Schrift noch eine zweite. Sie heißt Ume und unterscheidet sich fundamental von der Druckschrift Uchen – und zwar sowohl was die Zeichen betrifft als auch die Schreibweise. Bei der Druckschrift wird von links nach rechts geschrieben, bei der Kursivschrift hingegen ist es genau umgekehrt. Das alles deutet darauf hin, daß es kei-nen gemeinsamen Ursprung gibt.

Namkhai Norbu hat nachgewiesen, daß Ume von der Mar-Schrift abstammt, die – wie er behauptet – aus Shang Shung kam. Mar ist ein Wort der Shang-Shung-Sprache und bedeutet soviel wie Götter. Folglich ist Martsug die Schrift, die von den Göttern kommt. Norbu berichtet, daß ihm ein-mal sein Lehrer, ein berühmter Kalligraph, in seiner Ge-burtsstadt Derge in Osttibet eine Schrift gezeigt hatte, die unter dem Namen »heruntergestiegen von den Göttern« bekannt war. Damals hatte er nichts über den Ursprung die-ser Schrift in Erfahrung bringen können. Erst viel später, als es ihm gelang, antiker, in der Mar-Schrift verfaßter Texte habhaft zu werden, erkannte er, daß es sich um ein und die-selbe Schrift handelte.

Tenzin Wangdrak ist einer der wenigen Gelehrten in Tibet, der diese Schrift nicht nur kennt, sondern auch noch beherrscht. Ihm ist nicht entgangen, wie sehr ich mich für dieses Thema interessiere, und als ich ihm sein Büchlein zurückgeben will, gibt er mir zu verstehen, daß ich es behalten kann.

Da ist aber noch ein anderes Thema, und das beschäftigt mich noch viel mehr. Seit ich von den Entdeckungen seines Lehrers Khyungtul Rinpoche weiß, geht mir eine Frage nicht mehr aus dem Sinn. Kann es sein, daß der Silberpalast hier stand, oben auf dem Berg, den man Khardong – im Angesicht des Schlosses – nennt?

»Wo befindet sich der Silberpalast?« frage ich ihn.

»Dort oben auf dem Khardong«, erwidert er prompt.

Dieselbe Frage hatte ich ihm schon einmal gestellt, vor einem Jahr, als wir auf unserer Suche hier vorbeigekommen waren. Jetzt erinnere ich mich, daß er schon damals dieses Tal – das Garuda-Tal (Khyunglung) – mit dem Silberpalast in Verbindung brachte, doch im selben Atemzug erwähnte er das Dorf Khyunglung, deren Bewohner behaupten, er läge dort.

Damals brachen wir sofort in dieses Dorf auf. Wir haben keinen Gedanken daran verschwendet, der »Hausberg« des Klosters könnte der gesuchte Ort sein, denn er besaß nichts, was sich mit unserer Vorstellung vom Silberpalast in Einklang bringen ließ. Und von antiken Ruinen war ebenfalls nichts zu erkennen. Auch Tucci vermochte Khardong wenig abzugewinnen. Er erwähnt den Burgberg zwar beiläufig in seinem Reisebericht, aber er machte sich nicht einmal die Mühe hochzusteigen. Statt dessen zog er nach Khyunglung weiter und identifizierte den Silberpalast mit jener imposanten Höhlenanlage inmitten der silbernen Klippen, die sich dort über dem Ufer des Sutley erheben.

Khyungtul Rinpoche brachte Khardong vor allem deshalb mit dem Silberpalast in Verbindung, weil er dort die Statue des Shang-Shung-Heiligen Drenpa Namkha entdeckte. Aber ist dies wirklich ein Indiz, um diese Schlußfolgerung zu rechtfertigen?

»Nein, es ist nicht nur die Figur«, wehrt Tenzin Wang-drak ab. »Wir haben in der Zwischenzeit weitere Relikte von Shang-Shung gefunden«.

»Wo?«

»Nicht weit entfernt vom Khardong.«

Ich will Tsering auffordern, sich eine genaue Wegbe-schreibung geben zu lassen, doch der Lama scheint meine Gedanken zu erraten und kommt mir zuvor.

»Der Platz ist nicht einfach zu finden«, warnt er. »Wenn ihr ihn sehen wollt, kann euch Ngawang hinführen.«

Und ob wir das wollen. Ngawang, der das Gespräch von draußen verfolgt hat, ist sofort zur Stelle. Wir verabreden uns für den nächsten Morgen, damit auch noch genügend Zeit bleibt, um auf den Khardong zu steigen. Zum Ab-schied überreiche ich dem Lama ein Foto, das ihn im Kreis seiner Schüler zeigt. Es entstand bei der Einweihung der Medizinschule am Kailash im Jahr 1995. Damals war ich mit meinen Schweizer Freunden, die das Projekt unterstüt-zen, zugegen, und Tenzin Wangdrak wurde uns als medizi-nischer Leiter vorgestellt. Im Lauf der Zeit verblaßte die Erinnerung, und als ich ihn im letzten Jahr hier in seiner Höhle wiedersah, kam er mir zwar bekannt vor, aber ich konnte mich an diese Begegnung nicht mehr entsinnen. Das geschah erst Monate später, als ich längst wieder zu Hause war und beim Durchwühlen meines Bildarchivs auf dieses Foto stieß.

Er betrachtet das Bild mit glänzenden Augen, und man spürt, wie sehr ihm diese Ausbildungsstätte für traditio-nelle tibetische Medizin am Herzen liegt. Es ist sein Lebens-werk, und auch darin lebt das alte Wissen Shang Shungs fort. Nach buddhistischer Überlieferung wird die Entste-hung der tibetischen Medizin Yuthog Yonten Gonpo (achtes Jahrhundert) zugeschrieben, der die medizinischen Sy-steme Indiens, Chinas und Tibets (!) vereinte. Folglich muß es in Tibet schon vorher eine Heilkunde gegeben haben. Damit kann keine andere gemeint sein als jene des Bon-Reichs Shang Shung. Wie aus chinesischen Quellen hervorgeht, wurden im Reich der Mitte schon in vorbuddhistischer Zeit das überragende Wissen und die Qualität tibetischer Heilkräuter geschätzt. Namkhai Norbu glaubt sogar, daß die Behandlungsform des Ausbrennens (Moxibustion), der man allgemein eine chinesische Herkunft zuschreibt, in Shang Shung entwickelt wurde. Als Beweis dafür führt er an, daß der Begriff Moxa nicht der chinesischen Sprache entstammt, sondern eine Abwandlung des tibetischen Wortes Metsa darstelle, was soviel wie »der Punkt der Anwendung von Feuer« bedeutet. Auch die in der Dunhuang-Bibliothek entdeckten medizinischen Shang-Shung-Texte legen diesen Schluß nahe. Außerdem berichtet das »Chamma«, ein im Jahr 956 entdeckter Schatztext der Bonpos, daß zur Zeit des ersten tibetischen Königs Nyatri Tsenpo die »zwölf Überlieferungen des Bon der Ursache« in seinem Reich verbreitet wurden. Dazu zählten die Heilkunde und die Astrologie.

Während mir diese Gedanken durch den Kopf gehen, bin ich längst auf dem Weg zurück zu unserem Lager. Diesmal laufe ich nicht am Fluß, sondern an den Felswänden auf der anderen Seite des Tales entlang, die von Höhlen übersät sind. In manchen von ihnen sind sogar noch Spuren einstiger Bemalung zu erkennen. Auf halbem Weg zum Zeltplatz komme ich an einer Reihe verfallener Chorten vorbei. Sie sind der letzte Rest eines buddhistischen Klosters, das angeblich vom indischen General Zorovar Singh völlig zerstört wurde, der mit einer Armee im Jahr 1840 in Westtibet einfiel. Ich steige zu einer der Höhlen hinauf, die teilweise zugemauert sind, aber außer einer recht frischen Feuerstelle und abgenagten Tierknochen, die von einer ausgedehnten Mahlzeit zeugen, ist nichts zu finden.

Als ich ins Lager zurückkomme, sind meine Gefährten bereits damit beschäftigt, den Lastwagen zu entladen. Wir verbringen den Rest des Tages damit, die Paddelausrüstung zu sortieren und die beiden Schlauchboote aufzupumpen.

Am nächsten Morgen bekommen wir schon in aller Frühe Besuch aus dem Bon-Kloster. Es ist Ngawang und in seinem Schlepptau der junge Champa. Mir ist bekannt, daß Mönche üblicherweise vor Morgengrauen zum Gebet schreiten, aber daß sie auch schon so früh auf Tour gehen, habe ich nicht erwartet. In ihrem Outfit wirken sie wie Wanderprediger, die auf Wallfahrt gehen. Beide haben ihre roten Mönchsroben an und die kleine runde Schamanentrommel umgehängt. Champa trägt ein Bündel zusammengerollter Gebetsfahnen und lange Räucherstäbchen. Nur die Sonnenbrillen und die breitkrempigen John-Wayne-Hüte wollen nicht so recht dazu passen. Während wir uns für den Abmarsch rüsten, bewirtet unser Koch Anga die beiden Gäste mit süßen Keksen und Milchtee. Als wir aufbrechen, herrscht in Tserings Zelt noch heilige Ruhe und blickt Yangjor etwas schlaftrunken aus seiner Behausung. Dann plagt ihn doch das Pflichtbewußtsein, und er ruft uns hinterher, daß er später nachkommen werde.

Die beiden Mönche schlagen gleich ein Tempo an, daß wir Mühe haben, mit ihnen Schritt zu halten. Wir überqueren die Sutley-Ebene bis zum Fuß des Khardong und wenden uns dann in ein nordwärts führendes Tal, aus dem ein dunkler Bach austritt. Unsere Begleiter sagen, er heißt Chu Nag – Schwarzer Fluß –, im Gegensatz zum Chu Kar, dem Weißen Fluß, der von der entgegengesetzten Richtung kommt. Ein scharfer Wind bläst uns entgegen, der die Wolken über uns zu phantastischen Gebilden zerreißt. Der Chu Nag zwingt uns zunächst ganz an die Talwände. Auch hier sind die Felskonglomerate von Grotten und Nischen durchsiebt. Haushohe abgesprengte Gesteinstrümmer liegen umher. Ngawang erklärt uns gestenreich, daß die Höhlen einstmals bewohnt und durch Mauern geschützt waren, die schon vor langer Zeit zerstört wurden. Immer wieder läuft er bergwärts, um uns auf abgestürzte Mauerreste aufmerksam zu machen. Dann treten die Berge zurück und geben eine nackte braune Hochfläche frei. Nirgendwo zeigt sich die geringste Spur von Leben, und selbst der Fluß scheint in dieser Steinwüste wie vom Erdboden verschluckt. Wir sind eine gute Stunde gelaufen, da steuern die beiden Tibeter eine Naturterrasse an, die treppenartig aus der Ebene aufsteigt. Oben angekommen, stehen wir am Rand eines Plateaus, das mit Mauerresten übersät ist, aus denen sich hier und da steinerne Stelen wie ausgestreckte Finger in den Himmel recken.

»Doring ... Shang Shung«, preßt Ngawang hervor und stemmt sich mit aller Kraft gegen den Sturm, der uns hier mit voller Wucht trifft. Doch es sind nicht die Steinsäulen, die mich in Erstaunen versetzen, solche sah ich bereits in viel größerer Zahl im Transhimalaya, sondern die baulichen Relikte und deren ungewöhnliche Ausdehnung. Sie zeigen an, daß diese heute so öde Gegend einstmals ein blühendes Kulturzentrum war. Die Fundamente steinerner Häuser reihen sich dicht aneinander. In einem Land wie Shang Shung, das hauptsächlich von Nomaden bewohnt war, muß das eine mächtige Stadt gewesen sein. Ich beginne das Areal mit gleichmäßigen Schritten abzuschreiten und komme dabei auf eine Fläche von etwa 100 mal 50 Metern. Es ist bei weitem die größte und eindrucksvollste antike Siedlung, die ich bisher in Tibet besehen habe, und ich kann mich nicht genug darüber wundern, daß sie noch völlig unbekannt ist. Keiner der früheren Reisenden, weder Giuseppe Tucci noch der Kailash-Pilger Swami Pranavananda haben sie erwähnt. Man kann nur hoffen, daß sich die Archäologie bald dafür interessiert, denn hier bietet sich die einmalige Möglichkeit, neue Erkenntnisse über die Frühgeschichte Tibets und die Kultur Shang Shungs zu gewinnen. Manche Gebäude zeigen einen kreisförmigen Grundriß, in einem befindet sich in der Mitte eine Art Altar. Waren dies die ursprünglichen Kultstätten der Bon-Schamanen?

Etwas abseits, wo das Plateau zum Flußbett hinunter abbricht, gibt es künstlich aufgeschichtete Steinhügel ähnlich den Kuppelgräbern, wie man sie aus Sibirien kennt. Bisher wurde kein einziges Grab eines Shang-Shung-Königs gefunden. Es ist nicht anzunehmen, daß sie sich in Luft auflösten, wie die Überlieferung von den ersten tibetischen Königen glauben machen will, die angeblich auf einem Band in den Himmel zurückkehrten und keinen Körper auf Erden hinterließen. Ein Hinweis darauf, wie die Könige Shang Shungs bestattet wurden, findet sich in der tragischen Geschichte des letzten Königs Ligmigya. Wie wir wissen, verhandelte Trisong Detsen mit Drenpa Namkha um sein Leben. Eine der Forderungen, die Drenpa Namkha stellte, war die ehrenvolle Bestattung des toten Shang-Shung-Königs in einem goldenen Schrein. Eine wesentlich ältere und detaillierte Beschreibung einer Königsbestattung im vorbuddhistischen Tibet liefern chinesische Quellen. Sie berichten, daß der Schädel des Toten ausgenommen und mit Edelsteinen gefüllt worden sei. Außerdem habe man die inneren Organe durch Gold ersetzt und Nase sowie Zähne aus Silber modelliert. Auch der Leichnam des großen tibetischen Königs Songtsen Gampo soll von Bon-Priestern in Gold getränkt worden sein, um dann in einem silbernen Schrein bestattet zu werden.

In der Zwischenzeit ist Yangjor nachgekommen, und ich nutze die Möglichkeit, über ihn mit Ngawang zu kommunizieren, der nur Tibetisch spricht. Aber meine Fragen bleiben trotzdem unbeantwortet.

»Wir glauben, daß dieser Ort aus der Zeit Shang Shungs stammt« ist alles, was ich von ihm in Erfahrung bringen kann. Am Ende unseres Rundgangs führt er uns zu einem steinernen Rundbau, der erstaunlich gut erhalten ist. Er ist etwas über anderthalb Meter hoch, und man kann deutlich den Hohlraum erkennen, der sich darin verbirgt.

Dann steigen wir über die Naturterrasse wieder ab und wechseln auf die andere Talseite hinüber. Ngawang und Champa laufen voraus, um eine günstige Stelle zu finden, auf der sich der Fluß überqueren läßt. Nachdem wir das Hindernis überwunden haben, beginnt der Aufstieg zum Burgberg Khardong. Während er zum Sutley-Tal hin in Steilwänden abfällt, besitzt er auf dieser Seite eine breite Schulter, auf der sich der Gipfel aufbaut. Diese Formen werden von unseren Begleitern als der Schnabel eines Garuda gedeutet, und sie nennen den Berg deshalb auch Khyung Chen Pungpa Ri – den garuda-köpfigen Berg von Shang Shung. Über mehrere Geländestufen steigen wir zum Garuda-Schnabel hinauf. Als wir mit fliegendem Atem oben ankommen, weitet sich der Gesichtskreis. Wir können nicht nur das Sutley-Tal bis nach Tirthapuri überblicken, sondern sogar noch die Spitze des Kailash sehen, der in einer Entfernung von mehr als 100 Kilometern über den braunen Bergketten aufsteigt. Nur der Blick nach Süden ist uns noch verwehrt, denn dort erhebt sich zum Greifen nah der Gipfel des Khardong Ri.

Ein mächtiger Fahnenmast krönt seine Spitze, doch nicht er ist es, der meine Aufmerksamkeit auf sich zieht, sondern der Burgberg selbst. Er ist schuppenförmig mit Wehrmauern ringsum gepanzert. Was wir von unten für natürliche Steinansammlungen hielten, sind in Wirklichkeit massive Mauern aus grob behauenen und übereinandergeschichteten Felstrümmern. Es scheint, als hätten die Erbauer hier nicht nur eine Burg errichtet, sondern den ganzen Berg in eine einzige Festung verwandelt. Dieser Eindruck bestätigt sich, als wir auf dem Gipfel stehen und in alle Richtungen sehen können. Die Mauern setzen sich auch auf der anderen Seite fort. Sie ziehen sich über Grate und Kuppen bis hinunter ins Tal. Freilich ist kein geschlossener Wall mehr vorhanden, aber die Reste lassen deutlich erkennen, daß es einen solchen einstmals gab. Der Platz war von den Erbauern sorgfältig gewählt. Es gibt keinen strategisch besseren Ort weit und breit. Vom Gipfel lassen sich nicht nur der Eingang des Garuda-Tals bewachen und notfalls abriegeln, sondern ebenso drei weitere Täler kontrollieren, durch die wichtige alte Handels- und Völkerwanderungswege führten. Das Tal des Schwarzen Flusses, in dem uns die beiden Mönche die alte Siedlung mit Gräbern und rituellen Steinsetzungen zeigten, stellt eine Verbindung nach Norden her, ins Quellgebiet des Indus. Der Weiße Fluß kommt von Süden, vom Himalaya herab, genauer gesagt von Gyanima, einem wichtigen Marktplatz, an dem sich die Händler aus Indien, Nepal und Tibet trafen, um ihre Waren auszutauschen. Dann noch das Tal des Sutley, der von Tirthapuri her kommt und an dem der wichtige Karawanenweg entlangführte, der einstmals Ladakh mit Tibet verband.

Der Sturm vertreibt uns bald vom Gipfel. Jetzt, am Nachmittag, hat er gedreht und kommt nun von Südwesten, genau aus der Richtung, in der wir absteigen. In einer Mulde unterhalb des Gipfelaufbaus entdecken wir ein Loch im Boden, das in eine unterirdische Kammer führt. Wurde sie als Bunker benutzt oder vielleicht als Wasser- oder Nahrungsspeicher, wenn es eine Belagerung zu überstehen galt? Genutzt hat es jedenfalls nichts, denn die Burg wurde erobert und so zerstört, daß kein Stein auf dem anderen blieb. Übrig ist nur ein Trümmerfeld, das sich über eine Länge von 200 Metern bis hin zu der Kante erstreckt, wo der Khardong Ri mit seiner Süd- und Westwand zum Sut-ley-Tal hin abbricht. An manchen Stellen liegt der Schutt meterhoch und ist zu einer kulturtragenden Schicht zusammengeschmolzen, in der die Relikte der Vergangenheit eingelagert sind.

Ngawang erzählt, daß hier immer wieder kostbare Gzi gefunden würden. Daraufhin schwärmt Yangjor mit den beiden Mönchen aus, um nach weiteren zu suchen. Als sie wiederkommen, halten sie zwar keine Gzi-Perlen in Händen, aber etliche rote Korallen und Türkissplitter. Yangjor hat sogar eine Pfeilspitze aufgelesen. Leider kann sie uns nicht verraten, wer sie abgeschossen hat und gegen wen sie gerichtet war. Wurde sie im Kampf zwischen den Verteidigern und den angreifenden Soldaten des tibetischen Königs Songtsen Gampo eingesetzt oder erst später, in der finalen Auseinandersetzung mit Trisong Detsen? Faktum ist, daß Songtsen Gampo im Zug seiner Expansion nach Westen dieses Gebiet eroberte. Eine so gewaltige Festung dürfte für die damalige Zeit eine schwer zu nehmende Hürde gewesen sein. Dem Fall mußte also ein erbitterter Kampf vorausgegangen sein, was dazu führte, daß Khardong um so gründlicher zerstört wurde.

In einer der Mulden, in der der Schutt besonders dick liegt, hat Khyungtul Rinpoche die Statue des Bon-Heiligen Drenpa Namkha gefunden. Sie befindet sich in einem kleinen gemauerten Schrein, der auf einer erhöhten Stelle inmitten des Trümmerfelds steht. Mit seinen leuchtend weißen Mauern und den Gebetsfahnen wirkt das Heiligtum wie eine Kampferklärung gegen die völlige Verwüstung ringsum. Es zeugt vom Willen der Menschen des Garuda-Tals, ihre Vergangenheit nicht zu vergessen, wenngleich es mehr als 1200 Jahre her ist, seit der letzte Shang-Shung-König hier wandelte. Die Figur des Shen ist deshalb mehr als nur eine Reliquie, sie ist ein letztes Bindeglied zu

Shang Shung. Trotz der abgelegenen Lage ist dies hier ein von Bonpos vielbesuchter Pilgerort. Am Morgen, als ich die beiden Mönche in ihrem Outfit sah, habe ich noch darüber gescherzt, daß sie aussehen, als würden sie eine Pilgerfahrt antreten. Genau das war der Fall. Sie haben bereits ihre Gebetsfahnen entrollt und sind nun dabei, sie an einem Mast neben dem Schrein zu befestigen. Zweimal reißt sie der Wind wieder ab. Daraufhin verdoppeln sie ihre Anstrengungen, denn würde es ihnen nicht gelingen, wäre das ein böses Omen. Erst als wir alle Hand anlegen, klappt der dritte Versuch.

Dann öffnet Ngawang die mit einem Vorhängeschloß gesicherte Tür, und der einfallende Lichtstrahl erhellt eine lebensgroße Figur, die die gesamte rückwärtige Wand einnimmt. Bei ihrem Anblick werfen sich die beiden Mönche augenblicklich zu Boden. Danach entzünden sie die mitgebrachten Räucherstäbchen und murmeln dabei heilige Formeln.

Es muß Khyungtul Rinpoche und seine Helfer beträchtliche Anstrengung gekostet haben, die schwere Steinfigur zu bergen und hier aufzustellen. Wie sie im Originalzustand ausgesehen hat, läßt sich nicht erkennen, denn sie wurde während der Kulturrevolution beschädigt und in jüngster Zeit mit wenig Kunstfertigkeit restauriert: Sie wurde mit einer Lehmschicht überzogen und diese sehr grob modellierte Masse mit grellen Farben bemalt.

Indessen haben die Mönche zur Linken der Statue Platz genommen und bereiten eine Gebetszeremonie vor. Während Ngawang sich die schwere Standtrommel greift, die von der Decke baumelt, packt Champa seine kleine Schamanentrommel aus. Wie auf ein geheimes Kommando setzen die Instrumente ein, begleitet von Litaneien, die die beiden aus dem Gedächtnis rezitieren. Sie beschwören die Glorie von Shang Shung und erflehen den Beistand des

Heiligen. Zuweilen greift Ngawang in eine Schale neben sich und streut Gerste über den kleinen Altar, der sich zu Füßen der Statue befindet. Zum Schluß folgt ein kurzes Segensgebet, und nach einer weiteren Serie von Niederwerfungen verlassen wir den Heiligen, der seit so vielen Jahrhunderten hier einsame Wache hält.

Wir steigen in Richtung Süden ab. Immer wieder stoßen wir dabei auf Reste von Wehrmauern. Die längste befindet sich ganz unten an der Talsohle. Hier gab es einen geschlossenen Wall, der sich entlang der gesamten Süd- und Westseite des Bergsockels zog. Nach den Mauerresten zu urteilen, muß er mindestens einen halben Kilometer lang gewesen sein und zwischen zwei und drei Meter hoch.

Im Lager hat sich indessen eine beträchtliche Menschenmenge angesammelt, die sich um unsere Boote schart. Sie sind die Attraktion schlechthin. Wie ein Lauffeuer hat sich im Tal die Kunde verbreitet, daß Fremdlinge mit Booten gekommen sind, um den Fluß hinabzufahren. Tsering hat ihnen längst erklärt, was für Wunderboote das seien, daß man damit wie ein Fisch durchs Wasser gleiten könne, aber niemals untergehen würde. Das ist natürlich übertrieben, und jetzt erwarten alle von uns, daß wir den Beweis dafür antreten. Wir würden ihnen gern den Gefallen tun, wäre da nicht Ngawang. Der Mönch ist entschieden dagegen, weil er ernsthaft um uns besorgt ist. Er befürchtet, die Lus könnten uns zürnen und dafür sorgen, daß die Bootsfahrt keinen glücklichen Verlauf nimmt. Nur wenn sie vorher durch ein Opfer günstig gestimmt würden, könnten wir einigermaßen sicher sein, von ihnen unbehelligt zu bleiben. Außerdem müssten die Boote gesegnet werden. Das wäre am wirkungsvollsten, so betont er, wenn es sein Lehrer täte, der große Macht über die Elemente habe. Er wäre bereit, Tenzin Wangdrak darum zu bitten, und, sofern dieser einwillige, würde er morgen wiederkommen, um die Opferzeremonie durchzuführen. Wir sind damit einverstanden, schließlich können wir die Unterstützung höherer Mächte durchaus gebrauchen bei all dem, was wir vorhaben. Die Schaulustigen werden auf den nächsten Tag vertröstet und ziehen mit den beiden Mönchen von dannen.

Der Sturm flaut in der Nacht ab, und zu unserer Freude bricht am nächsten Morgen ein klarer und windstiller Tag an. Ein orkanartiger Wind wie gestern, noch dazu aus Fahrtrichtung, würde uns heute ernsthafte Schwierigkeiten bereiten. Mit den weit aus dem Wasser ragenden, vorn und hinten hochgezogenen Schlauchbooten böten wir eine große Angriffsfläche und würden zum Spielball von Wind und Wasser. Diese Gefahr scheint gebannt, aber wir wollen trotzdem so früh als möglich los, denn wir wissen nur zu gut, wie schnell in Tibet das Wetter umschlagen kann. Zudem haben wir beobachtet, daß gerade bei schönem Wetter nachmittags häufig ein thermischer Wind aufkommt. Bis dahin hoffen wir längst am Ziel zu sein, schließlich sind es nur sieben Kilometer, die wir an diesem Tag zurückzulegen haben.

Es dauert nicht lange, bis die ersten Schaulustigen eintreffen. Die Boote werden nun vollständig aufgepumpt, Sitzbretter, Verschnürungen und Wurfsäcke angebracht. Jeder Handgriff wird von den Zuschauern scharf beobachtet und kommentiert. Als wir die Boote schultern und damit in Richtung Fluß schreiten, folgt uns eine ganze Prozession. Fast feierlich bewegt sich der Zug ein Stück am Sutley entlang, bis wir eine geeignete Stelle zum Einsetzen gefunden haben. Anschließend laufen wir noch einmal zum Lager zurück, um unsere Paddelbekleidung anzuziehen. Sie besteht von Kopf bis Fuß aus Neoprenteilen. Karl kann der Versuchung nicht widerstehen, schon einmal vorab ins Wasser zu springen, und sorgt damit für allgemeine Unterhaltung. Die Menge schreit und johlt. Dabei sind die Tibeter selbst alles andere als zimperlich, wenn es gilt, wilde Flüsse zu überqueren. Aber sie können es nicht fassen, daß man mit unserer Bekleidung einfach ins Wasser tauchen kann, ohne dabei naß zu werden und zu frieren. Jan und Carsten haben bereits ihre Schwimmwesten angelegt und die Helme aufgesetzt. Mit dem Paddel in der Hand und den Neoprenstiefeln, mit denen sie sich schwerfällig wie Roboter bewegen, wirken sie in dieser Umgebung wie von einem anderen Stern. Wenn es nach uns ginge, wären wir startbereit, aber wir sind in Tibet, und da geht ohne höheren Beistand so gut wie nichts. Niemals würde ein Tibeter eine größere Reise antreten, ohne vorher vom Lama den günstigsten Tag für den Aufbruch berechnen zu lassen und seinen Segen einzuholen. Ngawang sollte längst hier sein. Womöglich hat sich herausgestellt, daß heute kein günstiger Tag ist, und er läßt sich deshalb nicht blicken. Tsering beteuert, er werde kommen. Er sieht in Ngawangs Verspätung sogar ein gutes Omen und erklärt, dieser lasse deshalb so lange auf sich warten, weil der hohe Lama ein besonders wirksames Ritual durchführe, wodurch wir gegen alle Gefahren dieser Reise gefeit seien. Wir möchten es ihm gern glauben, und eigentlich sollte er es ja wissen, schließlich ist er selbst ein Lama.

Es wird Mittag, bis sich endlich zwei rotgekleidete Gestalten zeigen, die sich gemächlichen Schrittes unserem Lager nähern. So wie gestern erscheint Ngawang in Begleitung seines Adjutanten Champa, der allerlei Kultgerät anschleppt. Neben der obligaten Handtrommel haben sie diverse Opfergaben dabei. Ngawang erklärt freudestrahlend, sein Lehrer habe alle erforderlichen Rituale durchgeführt, damit uns eine glückliche Reise beschieden ist. Darüber hinaus habe er den beiden Booten Namen gegeben und für uns eine mächtige Medizin bereitet, die uns gegen Anfeindungen der Flußdämonen schütze. Bei diesen Worten überreicht er jedem von uns ein kleines Amulett, das wir stets um den Hals tragen sollen. Als nächstes kommen die Boote an die Reihe. Nachdem die beiden Mönche sie mehrmals psalmodierend in der Bon-Richtung umkreist haben, werden am Bug weiße Glücksschärpen und Gebetsfahnen angebracht. Wir reichen Ngawang einen wasserfesten Stift und bitten ihn, die Namen, die Tenzin Wangdrak den Booten gegeben hat, in tibetischen Schriftzeichen auf die Seitenwände zu malen. Er bestimmt, daß Karls und mein Boot den Namen Sharkhyuk – der glückliche Goldfisch – tragen soll. Das andere hat Carsten bereits auf den Namen seiner Tochter getauft; jetzt bekommt es noch einen tibetischen dazu, der in poetischer Übersetzung soviel wie türkiser Drache bedeutet.

Nachdem dies geschehen ist, lassen sich die beiden Mönche im Schneidersitz davor nieder. Während Ngawang ein Segensgebet rezitiert und dabei seine Bon-Trommel schlägt, streut Champa fleißig Gerstenkörner über die Boote. Zum Schluß werden noch kleine Klumpen Tsampa an die Boothäute gedrückt. Damit ist die Zeremonie vorbei. Jetzt gibt es für uns kein Halten mehr. Wir setzen die Helme auf, zurren die Schwimmwesten fest und greifen uns die Paddel. Mit wenigen Handgriffen ziehen wir die Boote ins Wasser. Während Karl es hinten noch festhält, nehme ich vorn meine Position ein. Auf meinen Zuruf stößt er es vom Ufer ab und springt gleichzeitig auf. Die ersten Kommandos gehen im Jubel der Zuschauer unter. Mit ein paar kräftigen Paddelschlägen steuern wir das Boot in die Flußmitte, stellen es in die Strömung und spüren, wie sie uns erfaßt und mitreißt.

Der Silberpalast des Garuda

Auf diesen Augenblick haben wir alle schon lange gewartet. Mit ihm beginnt ein neuer Abschnitt unserer Reise, und für mich geht ein langgehegter Wunsch in Erfüllung. Wie oft habe ich in der Vergangenheit davon geträumt, wenn ich auf meinen Reisen in Tibet den Lauf großer Flüsse kreuzte, einmal einem dieser Wasserwege auf dem Boot zu folgen. Flüsse haben mich schon immer fasziniert. Sie sind es, die ihre Umgebung mit tätigem Leben erfüllen. An ihnen entstanden Siedlungen, Märkte, Heiligtümer und ganze Kulturen. Sie selbst sind die größten Heiligtümer, denn von ihnen kommt das Wasser und damit die Lebensgrundlage für Mensch und Tier.

Der Berg Kailash hätte niemals diese religiöse Verehrung erlangt, gäbe es nicht die vier Flüsse, die in seiner Umgebung entspringen und deren Quellen als göttliche Pforten gelten. Nie werde ich vergessen, mit welch religiöser Inbrunst meine tibetischen Begleiter ihre Niederwerfungen vollzogen, als wir nach wochenlangen Märschen diese vier Quellen erreichten. Die Hindus glauben sogar, der Ganges würde vom Fuß Vishnus auf den Gipfel des Kailash herabfallen und sich dann in vier Ströme aufteilen. In der Bon-Überlieferung von Olmolungring werden die vier Flüsse im selben Atemzug wie der Kailash genannt, und auf der religiösen Landkarte, die die Mönche des Bon-Klosters in Kathmandu als Bild auf die Tempelwand gemalt haben, ist nicht nur der heilige Berg verzeichnet, sondern sind auch die vier Flüsse zu sehen, die von ihm in alle vier Himmelsrichtungen abfließen.

Ich erinnere mich an meinen ersten Versuch, an den Ursprung des Ma Chu (Gelber Fluß) zu gelangen, der in Nordosttibet liegt. Die heilige Scheu der dort lebenden Nomaden war so groß, daß sie sich weigerten, einem Fremden die Quelle zu zeigen. Zu meinen eindrucksvollsten Erfahrungen mit einem Fluß gehörte der Fußmarsch entlang des Kali Gandaki. Damals durchwanderten wir die Kali-Gandaki-Schlucht, in der sich der Fluß seinen Weg durch die Himalaya-Barriere erzwang, und gelangten dahinter in das halbautonome Königreich Mustang. Zuletzt stiegen wir zu seiner Quelle auf, die, wie ich schon vermutete, am Berg Dongmar lag. Dieser wird von den Bewohnern als Wohnsitz einer grimmigen rotgesichtigen Gottheit verehrt, die vorbuddhistischen Ursprungs ist und als Schutzherr des Königreichs und seiner Herrscherdynastie gilt. Da sich der Dongmar weder durch seine Höhe geschweige denn durch eine besondere Form von den umliegenden Gipfeln unterscheidet, ist seine Heiligkeit einzig und allein durch die Flußquelle zu erklären. In der Tat ist Mustang das Geschenk des Kali Gandaki. Ohne ihn hätte es dort niemals ein blühendes Königreich gegeben.

Das gilt auch für hier. Nur dank des fruchtbarkeitsspendenden Wassers des Sutley konnte in dieser Bergwüste einst ein Königreich entstehen, dessen Kultur während seiner Blütezeit auf ganz Tibet ausstrahlte. Das Bon-Reich Shang Shung ist untrennbar mit dem Sutley verbunden, insbesondere mit dem Garuda-Tal. Die Hunderte Meter hohen Wände des Canyons bilden ein natürliches Bollwerk, deren Eingang durch die Khardong-Festung abgeriegelt wurde. Hier befanden sich die Keimzelle des Reiches und dessen Zentrum zugleich.

Alle diese großen Flüsse im Himalaya und in Tibet, mit denen ich in Berührung kam, waren längst geographisch erforscht, ihre Quellen erkundet und kartographiert. Sie waren auch aus der Sicht eines Bootfahrers kein Neuland mehr. Wildwasserexpeditionen hatten in den vergangenen Jahrzehnten die zum Teil extrem schwierigen Oberläufe und Schluchten von Indus, Mekong, Yangtse und Gelbem

Fluß befahren. Als letzte große Herausforderung galt die Yarlung-Tsangpo-Schlucht, jene Passage des Brahmaputra, wo er in einem gigantischen Durchbruch den Himalaya überwindet. Doch auch dieses Symbol des Unmöglichen wurde kürzlich von Amerikanern bezwungen, zu einem hohen Preis, denn einer der Bootfahrer bezahlte das waghalsige Unterfangen mit seinem Leben.

Als ich die Berichte dieser Wildwasserpioniere las, hatte ich keinen Moment daran gedacht, daß ich selbst einmal an vorderster Front stehen und sich mir die einmalige Chance bieten würde, einen Fluß ähnlichen Kalibers erstmals zu befahren, noch dazu im Bereich eines Canyons, der bisher völlig unerforscht ist.

Noch ist es nicht soweit, noch befinden wir uns im Garuda-Tal, erst danach beginnt jene labyrinthische Welt des »Grand Canyon des Himalaya«, wo alle Wege aufhören und in die noch keine Expedition vorgedrungen ist. Zunächst folgen wir jener Strecke, die wir im letzten Jahr zu Fuß zurückgelegt haben. Das Garuda-Tal ist zweigeteilt, und wir befinden uns erst im vorderen Abschnitt. Zwischen Gurugyam und dem hinteren Teil des Tals liegt ein acht Kilometer langer Canyon, der gut begehbar ist. In früheren Zeiten war es nur ein schmaler Karawanenpfad, der dem Flußufer folgte. Ihn benutzten Tucci und Swami Pranavananda. Inzwischen ist daraus eine befahrbare Straße geworden. Im letzten Jahr hatten sich unsere Fahrer geweigert, ihr zu folgen, weil die Bauarbeiten in vollem Gang waren. Deshalb sind wir dieses Stück auch gelaufen. Allerdings kamen wir nur bis zum Dorf Neu-Khyunglung, wo uns das chinesische Militär den Weg versperrte und nur einen flüchtigen Blick auf die nahe gelegene uralte Höhlen- und Festungsanlage gewährte, die die Einheimischen als Khyunglung Ngulkar Karpo bezeichnen. Nun sind wir unterwegs, um das zu tun, woran wir letztes Jahr gehindert wurden, nämlich diese Höhlenstadt zu erkunden und der spannenden Frage nachzugehen, ob sie tatsächlich der vielgerühmte Silberpalast ist.

Wir hoffen, daß sich so kurz vor dem Ziel kein Hindernis mehr auftut. Der Fluß jedenfalls bietet keinerlei Schwierigkeiten. Hier ist der Canyon noch breit genug, so daß sich der Sutley ohne großes Gefälle oder gar Katarakte und Kompressionen in weiten Schleifen hindurchwindet. Es ist eine beschauliche Fahrt. Wir müssen uns dabei weder körperlich anstrengen noch auf der Hut sein, um in keine gefährliche Situation zu schlittern. Im Gegenteil, wir können uns einfach zurücklehnen, treiben lassen und die Landschaft bestaunen, die wie ein Film vorbeizieht. Es ist, als würden wir das Tal neu entdecken, denn vom Fluß aus ist die Perspektive eine ganz andere.

Seit die letzten »Lha so so so«-Rufe der Zurückgebliebenen verklungen sind, umgibt uns nur noch das Geräusch des Wassers. Manchmal schweigt selbst das, und wir ziehen die Paddel heraus, um die Stille durch keine Bewegung zu durchbrechen. Wir gleiten an der Felswand vorbei, in der sich Tenzin Wangdraks Höhlenbehausung befindet. Die weißen Gebäude, die sich an den nackten Fels schmiegen, wirken aus unserem Blickwinkel nun filigran, und auch das zu Füßen liegende Kloster hat seine Mächtigkeit verloren. Dafür scheinen die Berge immer höher in den Himmel zu wachsen.

Plötzlich merke ich, wie die Fließgeschwindigkeit des Wassers zunimmt und wir immer schneller auf eine Engstelle zusteuern, an der der Fluß zwischen Bergen verschwindet, die sich kulissenartig ineinanderschieben. Vor uns gischt und spritzt das Wasser auf, ein erster Schwall kündigt sich an. Abgesprengte Felsen bilden erste Verblockungen. Schnell gleiten wir von den Sitzen in die kniende Position und setzen die Stechpaddel kräftig ein. Karl ist der erfahrenere Bootfahrer und sitzt deshalb als Steuermann hinten. Er muß blitzschnell entscheiden, wie wir die Stelle anfahren, und mir durch Kommandos zu erkennen geben, welche Paddelschläge ich vorn ausführen soll. Obwohl wir noch nie zuvor zusammen gepaddelt sind, verstehen wir uns auf Anhieb. Jan und Carsten folgen uns in gewissem Abstand und orientieren sich dabei an unserem Kurs. Wir haben vereinbart, kein Risiko einzugehen und an kniffligen Stellen immer vorher ein Kehrwasser anzufahren, um das Gelände zu Fuß zu erkunden. Das freilich ist bislang nicht nötig.

Nachdem wir die Engstelle passiert haben, bleibt der Canyon so schmal, daß man die Straße, die dem Flußufer folgt, teilweise aus dem Fels sprengen mußte. Sie wurde in erster Linie aus militärischen Gründen gebaut, und wir hatten befürchtet, daß es nach ihrer Fertigstellung mit der Ruhe vorbei wäre. Aber die einzigen Fahrzeuge, die wir auf der ganzen Strecke sehen, sind unser Truck und der Jeep, die nach Neu-Khyunglung vorausfahren, um dort die Lage zu peilen und einen geeigneten Lagerplatz zu finden.

Auf dem Wasser hingegen ist es weniger ruhig. Immer wieder gibt es verblockte Stellen im zweiten Schwierigkeitsgrad, und wir nutzen die Möglichkeit, ein paar Manöver zu üben: Kehrwasser ein- und ausfahren, Seilfähre – ein Manöver, um einen Fluß ohne Höhenverlust zu queren – und so weiter.

Nach vier bis fünf Kilometern wird der Canyon wieder etwas breiter, und es zeigen sich Grasflecken in unterschiedlichen Grüntönen, die wie Patchwork aussehen. Die Straße führt nun vom Fluß weg und verschwindet hinter einer Bergkuppe. Der Grund dafür ist ein Felsrücken, der wie ein Kap vorspringt und den Fluß an die gegenüberliegende Bergwand drängt. Dahinter öffnen sich die Berge und geben den zweiten Teil des Garuda-Tals frei. Der Sutley fächert sich in mehrere Arme auf und mäandert in weiten Schleifen durch eine grüne Ebene, auf der Pferde und Yaks stehen. Ein böenartiger Wind weht uns entgegen, und wir müssen kräftig paddeln, um voranzukommen. Dann sehen wir auch schon die Häuser von Neu-Khyunglung. Sie liegen auf einer Naturterrasse, die steil zum Sutley hin abbricht.

Wir schleichen uns ganz an der Uferböschung entlang, um möglichst kein Aufsehen zu erregen. Aber den scharfen Augen der Hirtenkinder entgehen wir nicht. Als sie uns sehen, springen sie auf und veranstalten ein solches Geschrei, daß die Leute aus den Häusern kommen. Zum Glück sind wir da schon am Dorf vorbei, und nach einer scharfen Biegung sehen wir den Lagerplatz unseres Begleittrosses. Wir fahren daran vorbei, denn wir haben einen viel besseren Platz im Auge.

Wiederum verengt sich das Tal, diesmal sogar bis auf einen wenige Meter breiten Felsdurchschlupf, durch den sich der Sutley zwängt. Jetzt ist der Augenblick gekommen, auf den ich ein ganzes Jahr gewartet habe. Damals, als wir den Höhenweg vom vermutlichen Silberpalast zum Dorf zurückliefen und dabei auf dieses spektakuläre Felsentor hinabblickten, wünschte ich mir, entweder fliegen zu können oder ein Boot zu haben, um durch diesen Eingang zu kommen. Das mit dem Fliegen ist nichts geworden, aber mit den Booten hat es geklappt. Die Einfahrt beginnt mit einer s-Kurve, danach treten die Felsen noch enger zusammen, und wir gleiten unter einem wogenden Meer bunter Gebetsfahnen durch, die sie überspannen. An manchen Stellen steigen am Ufer heiße Dämpfe auf, und hoch über uns kleben weiße Sinterterrassen an den Felsen. Wir nehmen sie nur noch flüchtig wahr, denn die Boote tauchen in Walzen ein und wir haben alle Hände voll zu tun, sie zwischen Steinblöcken und unterspülten Felsen hindurchzumanövrieren. Augenblicke später schießen wir unter einer Holzbrücke durch. Dann brechen die Felsen jäh ab. Dahinter hat das Kehrwasser eine Bucht geformt, die wir mit voller Geschwindigkeit anfahren, so daß die Boote auf einer Sandbank auflaufen.

Wir ziehen sie aus dem Wasser, befestigen sie gut, packen unsere Ausrüstung und steigen zu den Sinterterrassen hoch. Auch das war längst abgemachte Sache. Wir haben uns erträumt und vorgenommen, als erstes hier ein heißes Bad zu nehmen und in einem dieser weißen Naturpools liegend den Silberpalast zu betrachten. Ein Luxus, den wir uns, wie wir meinen, redlich verdient haben. Karl übernimmt die Rolle des Bademeisters, indem er uns genau sagt, welche Temperatur die einzelnen Becken haben. Nur in einem ist die Temperatur mit 38 Grad geradezu ideal und auch ausreichend Platz, daß man ausgestreckt darin eintauchen kann. Wir sind uns der Exklusivität dieses Vergnügens wohl bewußt. Wo sonst auf der Welt hat man einen solchen Ort für sich allein. Eine private Wellnessoase in 4000 Meter Höhe, mit Blick auf ein »Machu Picchu des Himalaya«. Der einzige Nachteil: Wenn einer einmal in diesem Pool sitzt, dann muß der nächste lange warten, bis er drankommt.

Nachdem wir dieses erste Bad exzessiv genossen haben, blicken wir suchend in die Runde. Was wollen wir noch? Ein »Schlafzimmer« mit Anschluß zum Bad? Kein Problem. Ein paar Meter oberhalb gibt es einen Absatz in der Felswand, der mit Sand gefüllt ist und reichlich Platz für unsere Zelte bietet.

Gegen Abend kommen Tsering und Yangjor vom Fahrerlager zu uns hoch. Den beiden ist die Erleichterung anzumerken, daß alles gut verlaufen ist. Nur das mit den Booten ist Tsering trotz des Segens des hohen Lama nicht geheuer. Als er sie unten auf der Sandbank liegen sieht, legt sich sein

Gesicht sofort in Sorgenfalten, und er fordert uns auf, sie zu verstecken. Während ihn die Befürchtung plagt, irgendein »Offizieller« könnte die Boote sehen und schlafende Hunde wecken, kreisen unsere Gedanken um den bevorstehenden unbekannten Teil des Canyons. Daß an dieser Stelle alle Wege vom Fluß wegführen und den Canyon weiträumig umgehen, gibt uns zu denken. Karl schlägt vor, gemeinsam mit Yangjor morgen den Fluß ein Stück abwärts zu erkunden. Es ist ein gewaltiger Unterschied, ob man sich auf einen Fluß begibt, der schon einmal befahren wurde, womit die zu erwartenden Schwierigkeiten bekannt sind, oder ob man Neuland betritt. Wir aber wissen nicht einmal, ob der Fluß überhaupt befahrbar ist. Was ist, wenn es Wasserfälle gibt, wo wir die Boote nicht umtragen können, wenn wir feststellen, daß es zu gefährlich ist weiterzufahren, aber es keine Rückzugsmöglichkeit gibt, ja nicht einmal ein Entkommen aus dem Canyon, weil die Wände nicht erkletterbar sind? Auf einem Wildfluß gibt es kein Zurück. Man kann nicht gegen die Strömung anpaddeln, geschweige denn anschwimmen. Wenn es aber auch vorwärts nicht mehr geht, weil unüberwindliche Hindernisse den Weg versperren, dann sitzt man in der Falle. An diesem Abend stecken wir noch lange die Köpfe zusammen und beraten, was wir mitnehmen. Jedes Gramm Gewicht zählt: Je größer die Last, desto weniger wendig sind die Boote. Die Kapazität ist ohnehin sehr begrenzt und läßt die Mitnahme umfangreichen Kletterequipments nicht zu. Wir müssen uns auf das Allernotwendigste beschränken. Das gilt auch für die restliche Ausrüstung, die darauf ausgerichtet ist, bis zu einer Woche autark zu sein.

Am nächsten Morgen laufen wir schon früh zum Fahrerlager hinunter, um unsere Ausrüstung vom Truck zu holen. Dort sieht es aus, als hätte eine Bombe eingeschlagen. Benzinfässer, Plastiktonnen, prallvolle Jutesäcke und Dutzende

Taschen sind zu einer unförmigen Masse verschmolzen und mit einer dicken Staubschicht überzogen. Während Karl und Yangjor zu ihrer Erkundungstour aufbrechen, versucht Carsten dem Chaos Herr zu werden und die richtigen Sachen zusammenzustellen. Weil er diesbezüglich beruflich vorbelastet ist, fiel ihm von Anfang die Rolle des Ausrüstungsexperten zu. Jan hingegen hat damit wenig am Hut. Er ist für die Navigation zuständig. An diesem Tag brütet er stundenlang über seinen Karten und versucht ihnen die letzten Geheimnisse zu entlocken. Sie sind zwar aussagekräftig, was das Gelände betrifft: Anhand der Höhenlinien läßt sich erkennen, wie steil die Canyonwände sind, wie hoch sie aufragen und wie eng sie zusammenstehen, aber sie verraten einem nichts über den Fluß selbst. Wie stark ist das Gefälle? Gibt es Verblockungen? Und wie groß ist die Wassermenge? Wir können zwar sehen, daß es unterwegs weitere Zuflüsse gibt, die vom Himalaya herabkommen, aber wir wissen nicht, wieviel Wasser sie um diese Jahreszeit zuliefern. Das Beispiel des Chu Kar am Eingang des Garuda-Tals, der die Wassermenge des Sutley fast verdoppelte, gibt uns eine Ahnung davon, was unterwegs auf uns zukommen kann.

Tsering schaut Jan interessiert über die Schulter. Dahinter steckt nicht bloße Neugier, sondern es geht um die wichtige Frage, wann und vor allem wo wir uns wieder treffen. Aus der Karte läßt sich ersehen, daß die Straße erst wieder beim Ort Dongpo bis auf wenige Kilometer an den Sutley heranführt. Dort gibt es auch einen größeren Zufluß. Tsering schlägt vor, über diesen zu versuchen, in den Canyon abzusteigen. Falls es das Gelände nicht zuließe, würden sie weiterfahren und es beim nächsten Seitencanyon probieren. Denn einen direkten Abstieg vom Plateau hält Jan für unmöglich. Man müßte laut Karte über 300 bis 400 Meter hohe Wände abseilen. Und es nützte ja auch nichts, wenn es

Yangjor und Tsering zwar gelänge, mit Mühe und Not zum Sutley-Ufer abzusteigen, aber der Weg sich als zu schwierig erwiese, um die Boote samt Ausrüstung hochzuschaffen. Was wir also brauchen, ist ein leichter Weg, der selbst mit schwerem und sperrigem Gepäck auf dem Rücken machbar ist. Tsering beteuert, daß wir uns ganz auf ihn verlassen könnten und er alles tun werde, um eine geeignete Stelle zu finden.

Die Sehnsucht nach unserem einmaligen Lagerplatz läßt mich bald wieder dorthin zurückkehren. Ich verbringe den Tag faul im Zelt liegend und lese in den Schriften jener, die vor mir da waren. Wann immer ich dazwischen aufblicke, kann ich durch den offenen Zelteingang den Silberpalast sehen.

Der erste Europäer, der diesen Ort zu Gesicht bekam, dürfte der Brite William Moorcroft im Jahr 1812 gewesen sein, der allerdings nur die heißen Quellen erwähnenswert fand. Fast ein Jahrhundert später – 1907 – kam der schwedische Asienpionier Sven Hedin im Zug einer seiner vergeblichen Versuche, nach Lhasa zu gelangen, hier vorbei. Die Ruinen schienen ihn kaum zu interessieren. »Ich habe dort niemanden mehr angetroffen«, lautet sein lapidarer Kommentar. Erst der italienische Tibetforscher Giuseppe Tucci zeigte Interesse für die Höhlenstadt, als er im Jahr 1935 auf dem Weg vom Kailash nach Toling und Tsaparang, dem Zentrum des Guge-Reichs, hier mit seiner Karawane haltmachte. Der letzte ausländische Besucher vor Einmarsch der chinesischen Truppen in Tibet war der Swami Pranavananda. Im Gegensatz zu Hedin fanden sowohl er als auch Tucci ein paar Mönche vor, die in den Höhlenbehausungen lebten und einen der verfallenden Tempel betreuten. Danach war das Gebiet jahrzehntelang für Fremde verschlossen, und wie uns die eigene Erfahrung lehrte, trifft das auch heute noch zu.

Tucci war unter diesen Besuchern der einzige von wissenschaftlichem Rang, was die Tibetologie anbelangt. Hedin war in erster Linie geographischer Entdeckungsreisender und Kartograph. Kulturelle und religiöse Dinge interessierten ihn nur am Rand.

Um die Mittagszeit erscheint Carsten. Er hat seine Pflicht unten im Fahrerlager erledigt, jetzt folgt die Kür. Wie kein anderer brennt er darauf, die Höhlenstadt zu erkunden. Am liebsten wäre er schon gestern losgezogen, aber als wir mit dem Aufbau des Lagers fertig waren, war es längst zu spät. Mit Speziallampen wie ein Höhlenforscher ausgerüstet und seiner Leica-Kamera umgehängt, zieht er los. Von meinem Logenplatz aus kann ich ihn noch lange beobachten. Ich sehe ihn auf der anderen Talseite die halbverfallenen Chorten umkreisen, dann läuft er an einer langen Mani-Mauer entlang und verschwindet schließlich in diesem Höhlenkosmos. Als er nach Stunden zurückkehrt, hat ihn vollends das Entdeckerfieber gepackt. Was er mir mit leuchtenden Augen erzählt, erinnert an Schatzsuchergeschichten aus längst vergangener Zeit. Er habe eine Höhle gefunden, in der eine Menge Knochen umherlägen, in einer anderen gebe es eine Geheimkammer, die durch einen Felssturz verlegt sei. Die Öffnung sei zu klein gewesen, um durchkriechen zu können. Auch habe er in einer der Ruinen noch Wandbilder entdeckt und viele kleine Tonfiguren. Leider habe er es nicht geschafft, den obersten Teil zu erreichen, weil die Kletterei ohne Sicherung zu gefährlich sei. Wir müßten morgen unbedingt Seil, Klettergurte und Sicherungen mitnehmen, denn viele Höhlen seien nur durch Abseilen von oben zu erreichen.

Die Sonne senkt sich auf die ockerfarbenen Bergketten im Westen und zaubert Streiflichter auf die silbernen Klippen der Höhlenstadt. Augenblicke später erlischt alles Licht, und nur ferne Schneeberge, die im Nordosten über den

Canyon aufragen, glühen noch nach, bis auch auf sie der kalte Schatten der Nacht fällt. Wir machen uns auf den Weg zum Fahrerlager hinunter, wo wir uns mit den anderen verabredet haben. Jan ist immer noch mit der Navigation beschäftigt. In der Zwischenzeit hat er die Koordinaten bestimmter Punkte ermittelt und in sein GPS-Gerät eingegeben. Ein zweites Gerät mit denselben Daten wird Yangjor bekommen, damit er den angepeilten Endpunkt unserer Bootsfahrt leichter finden kann. Jan hätte ihn gern in die Technik eingewiesen, aber Yangjor und Karl sind noch unterwegs. Die beiden sollten von der Canyon-Erkundung längst zurück sein, und wir beginnen uns allmählich Sorgen zu machen. Als sie endlich kommen, sehen sie ziemlich mitgenommen aus. Selbst der bärenstarke Yangjor ist so erschöpft, daß er sofort in seinem Zelt verschwindet. Karl berichtet, daß es nur ein kurzes Stück möglich war, dem Flußufer zu folgen, dann wurde der Canyon so eng, daß sie sich in den Wänden kletternd vorankämpften und, als auch das nicht mehr möglich war, auf das mehrere 100 Meter darüberliegende Plateau ausweichen mußten. Aber auch das war von Schluchten so zerrissen, daß sie bald umkehrten. Bis dahin sei der Sutley jedoch gut zu befahren. Was danach kommt, werden wir frühestens übermorgen erleben. Den morgigen Tag wollen wir ganz dem Silberpalast widmen.

Er beginnt mit dem obligaten Bad auf den Sinterterrassen. Dann schultern wir die Rucksäcke, überqueren die in Gebetsfahnen eingepackte Brücke und steigen am anderen Ufer über einen steinigen Pfad hoch. Bald kommen wir an einer Gruppe von Chorten vorbei, deren Mantel längst abgebröckelt ist. Alle sind aufgebrochen worden, und aus manchen der Löcher im Sockel quellen wie Eingeweide Tsa Tsas hervor. Die Diebe suchten jedoch wertvollere Dinge als diese Figuren aus getrocknetem Lehm und haben sie daher einfach wie Müll herausgeschaufelt. Es sind Tausende, die hier in Haufen liegen. Viele davon wurden einfach zertrampelt. Das ist jammerschade, denn sie gehören zu den schönsten dieser Art, die ich je in Tibet gesehen habe. Da sind kleine Mini-Chorten, getreue Abbilder derer, die hier stehen. Sie tragen noch Reste von Bemalung. Der überwiegende Teil aber sind figürliche Darstellungen, am häufigsten von Manjushri, dem Bodhisattva der Weisheit, der mit seinem Flammenschwert das Dunkel der Unwissenheit zerteilt, und von Padmapani, einer stehenden Erscheinungsform des Bodhisattva der Barmherzigkeit, die als die älteste Darstellungsweise Avalokiteshvaras gilt. Besonders fein sind die Abbildungen von Sadhita Guhyasamaja, der als die Summe der Buddhas gilt. Das Guhyasamaja-Tantra – das »Buch der Geheimversammlung« – ist das älteste Tantrawerk überhaupt und dürfte im Kern bereits um 500 n. Chr. entstanden sein.

All das und das Fehlen von Darstellungen Tsongkhapas (1357–1419) lassen darauf schließen, daß es sich hier um eine frühe buddhistische Anlage handelt. Giuseppe Tucci, der diese Chorten eingehend untersucht hat, fand sogar Inschriften mit indischen Schriftzeichen aus dem elften Jahrhundert. Er wies die Chorten der Zeit des Königreichs Guge zu, das nur ein Stück weiter flußabwärts in Toling und Tsaparang sein politisches und kulturelles Zentrum hatte. Das Guge-Reich entstand im zehnten Jahrhundert nach dem Untergang der Yarlung-Dynastie in Lhasa. Seine Könige waren überaus eifrige Verfechter der Lehre Buddhas und ließen die Bonpos in ihrem Stammland besonders hart verfolgen. Alle Bon-Heiligtümer wurden zerstört und auf ihren Trümmern buddhistische Kultstätten errichtet. »Deshalb ist es nicht erstaunlich«, so schrieb Tucci, »eine so große Anzahl von Chorten in dieser Zitadelle der Bon-Religion vorzufinden.«

Sie waren nicht die einzigen buddhistischen Relikte, die der Italiener hier fand. Weiter oben auf einer der erodierten Klippen stieß er auf Gebäudereste eines Klosters. Sie waren mit Fresken ausgemalt, die der Forscher aufgrund des Stils auf das 15. Jahrhundert datierte. Es gab dort außerdem Figuren, und in den Ecken stapelten sich Thangkas aus der Guge-Schule. Aber die Frage ist, was war, bevor die Buddhisten diesen Ort übernahmen? Tucci fand kein einziges Relikt aus der vorbuddhistischen Zeit, trotzdem lassen seine Worte keinen Zweifel offen, daß er die Anlage für den Silberpalast hielt. Und er begründet dies damit, daß es nach wie vor Bon-Pilger hierherzieht, »die diese weißlichen Felsen, wo das wunderbare Wasser entspringt, den Silberpalast (Ngulkar) nennen«. Er geht sogar noch weiter, wenn er schreibt: »Es ist möglich, daß Shenrab, der Theoretiker der Bon-Schule, hier geboren wurde oder zumindest hier seine Doktrin erarbeitet hat. Man kann die Verehrung, die die Bonpos noch heute diesem vergessenen und verlassenen Ort entgegenbringen, nicht anders erklären.«

Wenn schon der Forscher Tucci keinerlei vorbuddhistische Relikte hier fand, wie können wir dann überhaupt erhoffen, etwas zu entdecken? Ein Blick auf Tuccis alte Fotos genügt, um zu erkennen, daß in den sieben Jahrzehnten, die seither vergangen sind, Zerstörung und Verfall weiter fortgeschritten sind.

Wir steigen nun das Seitental hoch, das zu einem von Höhlen regelrecht durchsiebten Bergrücken führt. Die enormen Kräfte der Erosion haben ihn so bearbeitet, daß sich seine Oberfläche in ein Labyrinth von Türmen und Felswehren aufgelöst hat, die wie Zinnen und Bastionen aussehen. Das Besondere dieser Anlage besteht darin, daß nicht bloß Höhlen geschlagen, sondern auch die Felsformationen eingebunden wurden. Durch Anbauten, Übergänge und Tunnel entstand eine Art Gesamtkunstwerk, eine einzigartige Symbiose von Natur und Architektur. Dann stehen wir am Fuß einer Bergflanke, die mit abgesprengten Trümmern und Geröll übersät ist. Über uns befinden sich Dutzende weiterer Höhlen, wabenähnlich neben- und übereinander angeordnet. Manche besitzen gemauerte Vorbauten, und im Innern zeigen sich noch Reste ockerfarbener Bemalung, die darauf hindeutet, daß sie eine sakrale Funktion hatten beziehungsweise zuletzt von Mönchen bewohnt waren.

Es kostet Mühe, den nach oben zu immer steiler werdenden Hang hochzukraxeln. Wir halten auf eine Gebäuderuine zu, deren rote Mauern sich vor uns in den Himmel recken und die wie eine Festung auf der vordersten Spitze des Bergrückens thront. Als wir sie erreichen, wird schnell klar, daß es sich um jenes Tempelgebäude handelt, in dem Tucci Figuren, Wandbilder und jede Menge Thangkas gefunden hatte. Jetzt stehen nur noch die blanken Mauern. Das gesamte Dach und alle Holzkonstruktionen sind verschwunden. An den Innenwänden läßt sich an Konturen erkennen, wo einstmals Figuren standen und wie groß sie waren. Am Boden liegt meterhoch der Schutt. Als wir ihn an einer Stelle der Wand ein wenig entfernen, zeigen sich Fresken. Ein büffelgesichtiger Yamantaka kommt zum Vorschein, der als Bekämpfer des Todes gilt. Die Legende berichtet, daß er die Bevölkerung Tibets einst vor dem Aussterben bewahrte, als während einer Epidemie der Tod schreckliche Ernte hielt. Bezeichnenderweise befindet sich unter ihm eine Girlande von Totenschädeln. Die Anwesenheit von Yamantaka deutet darauf hin, daß dieser Tempel den Schutzgottheiten geweiht war.

Wir folgen nun Carsten auf dem Weg, den er gestern ausgekundschaftet hat. Vom Tempel zieht sich der Bergrücken immer steiler zu den silbernen Klippen hinauf. Der Grat wird so schmal, daß wir ihn bald nicht mehr begehen können und gezwungen sind, in die zerbröselnde Steilwand auszuweichen. In früheren Zeiten muß es hier aus dem Fels geschlagene Pfade und vielleicht sogar hölzerne Stege und Leitern gegeben haben, wie wir sie bei der Höhle von Tenzin Wangdrak in Gurugyam gesehen haben. Jetzt müssen wir uns erst einen Weg suchen. Aber Carsten kennt sich hier bereits bestens aus. Er lotst uns durch enge, tunnelähnliche Durchgänge, dann klettern wir einen Kamin hoch und stehen schließlich vor einer senkrechten Felswand voller dunkler Löcher. Ohne zu zögern verschwindet Carsten in einer der Höhlen. Ihr Eingang ist so verschüttet, daß wir kriechen müssen, um hineinzukommen.

Drinnen ist es fast stockdunkel. Im Schein der Stirnlampen tasten wir die Wände ab. Die Höhle besteht aus zwei Räumen. In der hinteren klafft ein Loch im Fels, das von Gesteinsbrocken blockiert ist. Wir versuchen mit Hilfe des Pickels einen der Blöcke zur Seite zu bewegen, um den dahinterliegenden Hohlraum ausleuchten zu können. Doch unsere Hoffnung, hier eine Geheimkammer zu finden, erfüllt sich nicht. Das Loch entstand auf natürliche Weise durch einen Felssturz. Vielleicht hat es sogar ein Erdbeben gegeben, das die Höhlendecke teilweise einstürzen ließ.

Carsten hat aber noch einen Trumpf im Ärmel.

»Die interessanteste Höhle kommt erst«, erklärt er verheißungsvoll. Der Weg dorthin allerdings ist infam. Wir queren Steilabbrüche auf schmalen Leisten, wo schon ein einziger Fehltritt unweigerlich den Sturz in die Tiefe zur Folge hätte. Unser Höhlenforscher in spe hat nicht übertrieben. Schon der Eingang läßt erahnen, daß es sich um eine besondere Höhle handelt. Sie besitzt einen mit Schnitzereien verzierten Türstock, und die Felsen ringsum sind mit roter und weißer Farbe bemalt. Hier dürfte ein hoher Lama, vielleicht sogar das Oberhaupt des Klosters, residiert haben. Dieser Eindruck verstärkt sich noch im Innern der

Höhle. Sie besteht aus zwei großzügig bemessenen Räumen, wovon einer die Küche gewesen sein muß, während der andere einem Tempelraum gleicht. An einer der Wände finden sich Reste von Fresken erlesener Qualität. Da ist eine grüne Tara, die in Tibet als Beschützerin vor allen Gefahren verehrt wird. Sie ist mit einem Tag- und einem Nachtlotos abgebildet. Die eine Blüte ist voll entfaltet, die andere geschlossen. Auf diese Weise wird zum Ausdruck gebracht, daß Tara zu jeder Zeit, bei Tag und bei Nacht, ihre Funktion als Bodhisattva und Helferin erfüllt.

Bis zu dieser Stelle ist Carsten gestern gekommen. Hoch über uns, auf der obersten Spitze der Felsbastion, sind die Mauern eines Gebäudekomplexes zu sehen, den Tucci als das »Schloß« bezeichnete. Wir versuchen die Felswand weiter zu queren, aber müssen bald einsehen, daß es hier kein Fortkommen gibt. Die einzige Möglichkeit erscheint uns über den Grat. Wir müssen also zunächst denselben Weg zurück, um auf die andere Seite zu gelangen. Dann stehen wir vor einer messerscharfen Schneide, die zu beiden Seiten senkrecht abfällt. Die Kletterei über diese ausgesetzte und extrem brüchige Stelle ist nur mit Seilsicherung zu verantworten. Wir legen unsere Klettergurte an, und es bleibt Karl vorbehalten, die delikate Passage im Vorstieg zu meistern. Nachdem er ein Seilgeländer gespannt hat, ist es für uns nicht schwierig, ihm mit Hilfe der Steigklemmen zu folgen.

Als dieses letzte Hindernis überwunden ist, stehen wir am Allerheiligsten des Tempelbergs. Ob die rotgetünchten Mauern wirklich die Überreste eines Palasts waren – wie Tucci vermutete –, läßt sich nicht belegen. Es könnte genausogut ein Tempel gewesen sein oder ein Mönchskolleg. Die einzigen Relikte aus vorbuddhistischer Zeit könnten die Steinmauern auf dem Gipfel der weißen Klippen sein. Diese können wir zwar sehen, aber sie sind von hier aus unerreichbar, denn dazwischen klafft eine Hunderte Meter tiefe Schlucht. Was sich von unten als ein zusammenhängendes Massiv dargeboten hat, sind also in Wirklichkeit zwei Berge, und es gibt keine Verbindung zwischen dem Tempelberg und den Silberklippen, auf denen möglicherweise die Reste einer Shang-Shung-Burg thronten.

Ich kann meine Enttäuschung nicht verhehlen, hier keine zwingenden Beweise gefunden zu haben, daß dieser Ort mit dem Silberpalast der Shang-Shung-Könige identifiziert werden kann. Das Gefühl sagt immer noch ja, aber der Kopf meldet Zweifel an. Im Moment sprechen die Indizien für die Burg am Khardong, und während ich diese Zeilen schreibe, weiß ich, daß indessen weitere hinzugekommen sind. Nur wenige Wochen nach unserem Besuch erreichte ein chinesisches Forschungsteam das Garuda-Tal. Sie vermaßen die eindrucksvolle alte Siedlung mit den Dorings und den Gräbern und unternahmen einen ersten Grabungsversuch oben auf dem Khardong Ri. Dabei fanden sie eine kleine Bronzestatue, die sie nach Lhasa brachten und seitdem dort unter Verschluß halten. Es ist mir gelungen, ein Foto davon zu bekommen – allerdings unter der Bedingung, es nicht zu veröffentlichen. Die Statue ist stark beschädigt, aber eines läßt sich erkennen: Sie unterscheidet sich deutlich von allem, was ich bisher an figürlichen Darstellungen in Tibet sah.

Das letzte Wort aber ist noch lange nicht gesprochen, denn bisher wurden hier keinerlei archäologische Untersuchungen durchgeführt.

Aber erwartete ich ohnehin nicht zuviel, wenn ich glaubte, hier noch bauliche Relikte des Silberpalasts finden zu können? Ein Blick in die buddhistische Geschichtsschreibung genügt doch, um zu wissen, daß die Lehre Buddhas im Garuda-Tal nicht mit der Gebetsschnur verbreitet wurde, sondern mit Feuer und Schwert. »Alle Bonpos«, so heißt es in den Annalen von Guge, »wurden in Häuser gesperrt und darin verbrannt, alle Bon-Schriften konfisziert und in die Flüsse geworfen.« Der König, der dies anordnete, hieß Khor De. Später trat er in den Mönchsstand ein und wurde unter dem Namen Yeshe O – Licht der Weisheit – berühmt.

Zum Glück fielen nicht alle Bon-Schriften diesem Gewaltakt zum Opfer. Kehren wir noch einmal zurück zu den alten Texten, um zu erfahren, was sie über den Silberpalast sagen. In der ältesten schriftlichen Überlieferung, einem Text aus Dunhuang, der aus der Zeit Trisong Detsens stammt, ist von einem »Schloß auf einer Felsklippe« die Rede, das »mit Gold und anderen Schätzen angefüllt ist«. Die liturgischen Texte des Bon-Kanons beschreiben Khyunglung Ngulkar Karpo als einen mythischen Ort, der sich aus verschiedenen Stufen aufbaut, die von der Unterwelt über die irdische Ebene bis in die göttliche Sphären reichen. Manche Quellen bringen den Silberpalast sogar mit dem Bon-Gründer Tenpa Sherab alias Shenrab Mibo in Verbindung.

Ein ganz anderes Bild vermitteln die Gesänge von Sadmarkar, der Gemahlin des Shang-Shung-Königs Ligmigya. In ergreifenden Versen lamentiert sie über ihr Schicksal:

»Das Land, das mir zugefallen ist,
ist der Silberpalast im Garuda-Tal.
Überall wird behauptet:
›Von außen ist es nur eine Felsklippe,
im Innern hingegen ist es eine Schatzkammer aus Gold.‹
Aber mit meinen Augen betrachtet,
bezweifle ich, ob dies ein geeigneter Ort zum Leben ist?
Wie traurig und einsam ich doch bin.«

Ein vielleicht entscheidender Hinweis, was die Lokalisierung von Khyunglung Ngulkar Karpo betrifft, findet sich

An einer Stelle treten die Hunderte
Meter hohen Steilwände des Sutley-
Canyon so eng zusammen, daß man
sie vom Boot aus mit ausgestreckten
Armen berühren kann. Obwohl
diese Stelle leicht zu befahren war,
bereitete uns deren Erkundung die
größten Schwierigkeiten.

Unser Lager in
Gurugyam, dem
Ausgangspunkt der
Bootsfahrt.

Endpunkt der Boots-
fahrt durch den
Sutley-Canyon unter-
halb des Ortes
Dongpo.

Eine der schwierigen
Passagen im bisher
unbekannten Teil des
Sutley-Canyons, der
erst erkundet werden
mußte.

Einfahrt nach Khyunglung Ngulkar Karpo. Links oben
liegen die Sinterterrassen, und rechts vorne spannt sich die
Brücke über den Sutley, über die der Weg zum Silberpalast
hinaufführt.

vorhergehende Doppelseite: Gebetsfahnen überspannen den
Felsdurchbruch bei Khyunglung. Sie verbinden das Wunder
der Natur mit dem Wunder der Kultur. Auf der einen Seite
des Tales befinden sich weiße Sinterterrassen mit heißen
Thermalpools, und auf der anderen steht Khyunglung
Ngulkar Karpo – der Silberpalast.

nachfolgende Doppelseite: Blick über die labyrinthische Welt
des Sutley-Canyons. Manchmal zeigen sich in den phantastischen Formen auch bekannte Gestalten, wie dieser
gigantische Natur-Chorten (Stupa), der der erodierten
Bergkette im Mittelgrund aufgesetzt ist.

Tsaparang ist eines der kulturellen
Zentren des buddhistischen Guge-
Reichs, das dem Shang-Shung-Reich
hier in Westtibet nachfolgte.

Kopie einer Wandmalerei in
einer Bon-Höhle bei Khasa Piling,
die drei historische Figuren aus
Shang Shung zeigt.

im »Tise Kachag«. Darin wird überliefert, daß drei der 18 aufgelisteten Shang-Shung-Könige ihre Residenzen im Garuda-Tal hatten. Das waren Letra Guge – der mit der gehörnten Krone aus Klarem Licht; Gyungyar Mukho – der mit der gehörnten Krone des Regenbogenlichts; und Kyile Guge Unchen – der mit der gehörnten Muschelkrone. Allerdings, so wird ausdrücklich festgestellt, residierten sie an verschiedenen Orten innerhalb des Garuda-Tals.

Mag sein, daß darin die letzte Wahrheit steckt, wenn über den Silberpalast gesagt wird: »Es ist ein *Land*, das Khyunglung Ngulkar Karpo heißt.«

KAPITEL V

Durch den Grand Canyon des Himalaya

Hier ist die Bergszenerie mehr als bloße
Landschaft: sie ist Architektur im höchsten
Sinn. Sie ist von ehrfurchterregender
Monumentalität,
für die die Bezeichnung »schön« viel zu
schwach ist,
denn diese Architektur ist überwältigend
in ihrer Größe
und der geometrisch-abstrakten Strenge
ihrer millionenfach wiederholten Formen,
die sich zu einem gewaltigen Rhythmus
steigern,
zu einer Symphonie in Stein,
die weder Anfang noch Ende hat.

Lama Anagarika Govinda

◀ Die Durchfahrt durch diese Felsenge gehört zu den landschaftlich schönsten Bereichen des Sutley-Canyons.

Wir sehen uns in Dongpo wieder«, rufen wir Yangjor und Tsering zu. Dann stoßen wir die Boote vom Ufer ab und setzen die Paddel mit wilder Entschlossenheit ein. In den Reiz des Unbekannten, das nun vor uns liegt, mischt sich ein Gefühl des Ausgeliefertseins: Nach wenigen Kilometern wird es kein Zurück mehr geben und werden wir Gefangene dieses Flusses sein, von dem wir zwar wissen, daß er auf der anderen Seite des Canyons herauskommt, aber nicht, was uns dazwischen erwartet. So schlimm wird es schon nicht werden, versuche ich die Zweifel zu verscheuchen, und im Gegensatz zu meinem Alleingang in der Gobi ein halbes Jahr zuvor besteht hier keine Gefahr zu verdursten.

Für weitere Gedanken bleibt keine Zeit, denn der Fluß verlangt nun die ganze Aufmerksamkeit. Nach jeder Biegung verengt sich der Canyon weiter. Bald haben wir die Stelle erreicht, an der Karl und Yangjor bei ihrer Zu-Fuß-Erkundung umkehren mußten. Die Fließgeschwindigkeit des Wassers und die Verblockungen nehmen deutlich zu. Es bedarf eines geschulten Auges, um vom Boot aus die Schwierigkeiten zu erahnen und richtig einzuschätzen. Das Wasser ist trügerisch. Manchmal befinden sich Felsblöcke so knapp unter der Oberfläche, daß man sie erst im letzten Moment erkennt. Wenn man sie touchiert, bleibt das Boot hängen und kippt. Alles muß schnell gehen, für langes Abwägen bleibt keine Zeit. In Sekunden gilt es zu entscheiden, ob die Stelle ohne Vorbesichtigung gefahren werden kann. Ein Zögern, ein Paddelschlag zuviel, und schon ist das letzte Kehrwasser verpaßt. Dann gibt es kein Anhalten mehr, muß man auf Gedeih und Verderb durch die Passage und kann nur hoffen, daß sich dahinter bald ein Kehrwasser befindet und eine neuerliche Chance zum Ausstieg bietet.

Der Reaktionsspielraum, um Hindernissen auszuweichen und den richtigen Kurs zu finden, ist in Wildwasser denkbar klein – vor allem mit so schwer beladenen Booten: Obwohl wir uns auf das Notwendigste beschränkt haben, sind sie bis ans Limit bepackt. Ein Teil der Sachen befindet sich in Transportbehältnissen, die zur Standardausrüstung des Bootes gehören und darin integriert sind. Den Rest mußten wir in wasserdichte Säcken verpackt oben draufbinden. Mit der schweren Last sinken die Boote tiefer ein, was zur Folge hat, daß wir öfter auf Steine auflaufen und hängenbleiben. Der entscheidende Nachteil ist, daß sie nun viel schwerfälliger und schwierig zu steuern sind. Jedes Manöver muß rechtzeitig eingeleitet werden, und es ist ein großer Krafteinsatz erforderlich, uns auf dem angepeilten Kurs zu halten. Dennoch sind diese Schlauchboote die beste Option für die Befahrung eines solchen Flusses. Sie sind bis zu einem hohen Schwierigkeitsgrad wildwassertauglich, und weil sich viel mehr Ausrüstung mitführen läßt, ist man autarker als mit Kajaks.

Bis hierher gab es keinerlei ernsthafte Schwierigkeiten, und wir konnten alle Stellen problemlos auf Anhieb durchfahren. Obwohl sich Karl schon vor vielen Jahren vom aktiven extremen Kajaksport zurückgezogen hat, ist die Erfahrung geblieben, und die kommt uns allen zugute, vor allem in den nun folgenden Passagen. Die Felswände zu beiden Seiten treten so eng zusammen, daß sie sich wie ein Dach über dem Fluß schließen. Kein Sonnenlicht dringt mehr auf den Grund des Canyons, und wir tauchen in ein düsteres Halbdunkel ein. In den Spitzkehren, die der Sutley jetzt vollzieht, hat er das Gestein unterspült und ausgehöhlt. Diese Stellen sind nicht ungefährlich, und wir haben alle Hände voll zu tun, daß wir von der Wasserwucht nicht gegen die Felsen gedrückt werden. Genau das passiert Carsten und Jan. Sie können ein Kentern zwar verhindern, aber der scharfkantige Fels, den sie rammen, schlitzt die Gummihaut auf. Karl und ich merken von diesem Vorfall zunächst nichts. Erst als Carsten und Jan immer weiter zurückbleiben, steuern wir das nächste Kehrwasser an, um auf die beiden zu warten.

Das lecke Boot muß sofort repariert werden, eine Prozedur, die Stunden in Anspruch nimmt. Das Abkleben ist zwar schnell geschehen, doch der Kleber braucht eine lange Zeit zum Trocknen. Derweil wirft Carsten den Benzinkocher an und bereitet ein warmes Mahl aus Fertignahrung. Ich halte diese Art von Verpflegung immer noch für einen Generalangriff auf den Gaumen, muß aber anerkennen, daß sich der Geschmack indessen deutlich verbessert hat. In jedem Fall liefert sie Kalorien.

Bisher folgte der Canyon einem gewissen Rhythmus. Nach jeder Verengung öffnete sich das Korsett der Wände ein wenig, so daß auf eine schwierige Fahrpassage immer eine leichte kam. In der Erwartung, das würde so weitergehen, paddeln wir am späten Nachmittag wieder los, um die verlorenen Stunden zu kompensieren. Doch wir werden schnell eines Besseren belehrt. Wenn wir gewußt hätten, was uns in den nächsten Stunden bevorsteht, hätten wir gleich an der »Flickstelle« unser Lager aufgeschlagen. Der Canyon gewährt uns keine Ruhepause mehr. Der Fluß wird zwischen senkrechten Wänden bis auf wenige Bootsbreiten zusammengedrückt. Das wäre kein Problem, wenn es nicht die Steine gäbe. Abgesprengte Felstrümmer verlegen dem Wasser den Weg. Wir müssen ständig reagieren, um das Boot durch diesen Slalomkurs zu steuern. Da ist alles geboten: über- und unterspülte Felsen, gefährliche Strudel und jede Menge Katarakte – und kaum längere Abschnitte, die wir ohne Vorauserkundung fahren können. Zum Glück gibt es durch die Verblockungen genügend Kehrwasserstellen, an denen wir aussteigen können.

Während Carsten und Jan jeweils die Boote sichern, klettere ich mit Karl an den Uferfelsen entlang, um zu entscheiden, ob und wie die folgende Passage befahren werden kann. Dabei müssen sportliche Ambitionen der Sicherheit untergeordnet werden. Es wäre töricht und unverantwortlich, auf volles Risiko zu gehen. Wir wissen, daß wir hier völlig auf uns allein gestellt sind und von außen keinerlei Hilfe zu erwarten haben. Wer sollte uns hier finden und wie? Zudem wäre eine Bergung kaum möglich. Eine Verletzung durch einen Sturz, Verluste durch Kentern, all das hätte fatale Folgen. Mit unseren schlapprigen Paddelschuhen ist die Kletterei auf den steilen Felsen schon riskant genug. Wir haben zwar für den Fall der Fälle, daß wir uns zu Fuß durchschlagen müssen, gute Trekkingstiefel im Gepäck, aber die sind nur bedingt für schwierigen Fels tauglich.

Bislang sind wir mit dieser Strategie zwar langsam, aber immerhin vorangekommen, doch jetzt stehen wir vor einer neuen Situation. Vor uns hat ein gewaltiger Felssturz das Flußbett fast vollständig verlegt. Es ist nur noch ein winziger Durchschlupf vorhanden, durch den das Wasser mit großem Getöse hindurchschießt. Sobald wir das Hindernis gesehen haben, sind wir in das nächste Kehrwasser gefahren – gerade noch rechtzeitig, wie sich herausstellt, denn es gibt keine weitere Möglichkeit, das Boot anzuhalten. Die Felswände zu beiden Seiten sind glatt wie ein Trichter, und an dessen Ende verschwindet das Wasser in einem düsteren Schlund. Wir ziehen das Boot ans Ufer, damit Carsten und Jan genügend Platz haben, ihr Gefährt »einzuparken«.

Vorsichtshalber nehmen wir die Wurfsäcke zur Hand, das sind Bündel, in denen sich eine zehn Meter lange Leine befindet und die man wie einen Rettungsanker dem Bootsfahrer beziehungsweise dieser einer sichernden Person am Ufer zuwirft. Zum Glück müssen wir davon keinen Gebrauch machen, jedenfalls nicht, um unsere Gefährten aus dem Fluß zu fischen. Dafür kommen sie zu einem anderen Zweck zum Einsatz. Schnell wird klar, daß wir vor der bisher schwierigsten Passage stehen. Der ohrenbetäubende Lärm und die hochspritzende Gischt verheißen nichts Gutes. Welche Schwierigkeiten uns wirklich erwarten, läßt sich nicht erkennen und auch nicht wie bisher zu Fuß erkunden. Die senkrechten, vom Wasser umtosten Felsen sind unbegehbar. Karl entscheidet, die Stelle schwimmend zu erkunden. Wir binden die Leinen der drei Wurfsäcke aneinander, und Karl klinkt das eine Ende mit einem Karabiner am Rücken seiner Schwimmweste ein. Wagemutig stürzt er sich in die reißenden Fluten. Indem wir ihm langsam Seil nachgeben, kämpft er sich an das Felstor heran. Dort zieht er sich an einem der Gesteinsbrocken hoch und bleibt zunächst vor Erschöpfung wie eine gestrandete Robbe liegen. Als er wieder bei Kräften ist, gleitet er bis an den Rand des Felsens vor und kann nun das dahinterliegende Gelände einsehen. Wir wissen nicht, was er sieht, denn eine verbale Verständigung ist bei diesem Höllenlärm nicht möglich. Nachdem er uns ein Zeichen gegeben hat, springt er zurück ins Wasser, und wir ziehen ihn wie einen Fisch an der Angel den Fluß hoch.

»Unmöglich zu befahren«, preßt Karl nach Atem ringend hervor.

»Wie geht es dann weiter?« fragt Carsten, und in seiner Stimme schwingt Unsicherheit mit.

»Siehst du den großen Felsblock, auf dem ich war?«

Carsten nickt kurz.

»Direkt davor gibt es eine Stelle, in die ein Boot hineinpaßt. Wir müssen sie genau treffen, sonst...«

»Was sonst?« werfe ich ein.

»Sonst geht es die Kaskaden hinunter«, antwortet Karl seelenruhig, als wäre das eine durchaus vertretbare Option.

Ich sehe, wie Carsten zusammenzuckt. Die Stelle ist in Wirklichkeit eine schmale Öffnung zwischen zwei Blöcken, unmittelbar vor dem Punkt, an dem das Wasser über die Felsstufe stürzt.

»Wir fahren wieder voraus und zeigen euch, wie's geht«, sagt Karl voller Zuversicht und greift sich sein Paddel. Augenblicke später sind wir schon unterwegs. Dann geht alles blitzschnell.

»Du mußt sofort aus dem Boot springen und es festhalten«, brüllt mir Karl noch von hinten ins Ohr, dann rammt das Boot in die Lücke. Ich will auf den Felsen springen, aber gleite aus und plumpse ins Wasser. Mit einer Hand kann ich gerade noch das Boot festhalten. Karl muß so lange sitzenbleiben, bis ich es ein Stück auf den Felsen gezogen habe, so daß es von der Strömung nicht mehr erfaßt werden kann. Dann wuchten wir das schwerbepackte Boot gemeinsam weiter hoch, damit es dem anderen nicht im Weg steht. Carsten und Jan haben es etwas leichter, weil wir bereits zum Empfang dastehen und sie festhalten können.

Nach dieser Aktion atmen wir erst einmal kräftig durch. Wir können froh sein, daß sich diese Schlüsselstelle umgehen läßt, weil herabgestürzte Felsen auf dieser Seite des Flusses so geschichtet sind, daß wir die Boote umtragen können. Das ist zwar eine Knochenarbeit, aber immer noch besser, als Kopf und Kragen zu riskieren. Der Canyon hat hier all seine Lieblichkeit verloren und zeigt sich von wilder archaischer Schönheit, in der zwei Elemente – Wasser und Stein – ihre Kräfte messen und jede Kreatur zermalmen, die zwischen die Fronten gerät. So wie es dem Blauschaf ergangen ist, dessen Kadaver zwischen den Gesteinsbrocken liegt und einen bestialischen Gestank verbreitet. Ein Anlaß mehr, diese Stelle so schnell als möglich zu verlassen. Der Canyon bleibt zwar weiterhin äußerst eng und verblockt, doch ist er wieder befahrbar. Indessen bricht die Dunkelheit an. Weil wir uns seit Stunden im Schatten bewegen, ist uns jedes Gefühl für Zeit abhanden gekommen, und wir haben versäumt, rechtzeitig einen Lagerplatz zu finden. Zuvor gab es hin und wieder noch eine Sandbank, auf der wir unsere Zelte hätten aufstellen können, jetzt ist neben dem Wasser nur nackter Fels. Schlimmstenfalls müssen wir – und zwar im Schichtbetrieb – in den Booten schlafen, die wir dazu irgendwie festbinden müßten. Das aber wollen wir unter allen Umständen vermeiden und paddeln daher mit letzter Kraft gegen die hereinbrechende Nacht an.

»Bei der nächsten Gelegenheit müssen wir raus«, sagt Karl. Diese nächste Gelegenheit ist ein schmaler Saum aus abgebröckeltem Gestein, über dem sich die Canyonwand aufbaut, aber wählerisch können wir nicht sein. Wir ziehen die Boote halb aus dem Wasser und befestigen sie an den Felsen. Es ist eine Wohltat, aus den naßkalten Neoprenanzügen zu schlüpfen und sie durch trockene normale Bekleidung zu ersetzen. Während Carsten den Kocher anwirft, bauen wir anderen das Lager auf. Nach dem Essen lege ich mich sofort ins Zelt, aber trotz der Müdigkeit kommt kein rechter Schlaf auf. Die ganze Nacht hindurch brechen immer wieder Steine herab und schlagen krachend wie Geschosse neben uns ein. Wir haben die Zelte zwar ganz an die Canyonwand gestellt, aber Gewähr, nicht getroffen zu werden, gibt es keine.

Bereits im Morgengrauen brechen wir wieder auf, heilfroh, die Nacht an diesem ungemütlichen Ort unbeschadet überstanden zu haben. Doch von Anfang an steht unsere Fahrt unter keinem guten Stern. An einer Verblockung werden wir gegen einen Felsen gedrückt, das Boot stellt sich in einer Walze quer und kippt sofort. Trotz der Schwimmweste werde ich von einem Strudel in die Tiefe gezogen, pralle mit dem Körper immer wieder auf Steine. Als ich wieder auftauche, sehe ich Karl sich am umgekippten Boot festhaltend treiben. Nur nicht das Paddel loslassen, hämmere ich mir ein. Nirgendwo finde ich einen Halt. Erneut schlagen die Wellen über mir zusammen. Als ich mich wieder nach oben gestrampelt habe, sehe ich die Bootspumpe an mir vorbeitreiben. Zu spät, um sie noch zu greifen. Schließlich wird das Wasser ruhiger, die Füße erspüren Grund, und wir können uns ans Ufer retten.

»Jetzt sind wir wenigstens wach«, sagt Karl scherzhaft.

Das andere Boot meistert die Stelle ohne Schwierigkeiten.

»War war los?« fragt Jan.

»Wir haben die halbe Eskimorolle geübt«, antworte ich ihm angesäuert.

Der Verlust der Pumpe ist zwar ärgerlich, aber Jan und Carsten haben ja noch eine. Nur dürfen wir diese auf keinen Fall verlieren. Vorsorglich packen wir sie in eines der mit Reißverschlüssen gesicherten Behältnisse. Zuvor war sie wie unsere bloß oben draufgeschnallt.

Kaum ist die Pumpe weg, brauchen wir sie schon. Wir sind erst ein kurzes Stück gepaddelt, da merken wir, daß wir in den Bodenkammern Luft verlieren. Wir fahren noch so weit, bis wir eine flache Stelle am Ufer finden, die groß genug ist, um die Boote ganz an Land ziehen zu können. Anders als das Gefährt von Jan und Carsten, das am hochgezogenen Ende leckte und deshalb vollbepackt repariert werden konnte, müssen wir das unsere völlig entladen. Schnell ist das Leck gefunden. Es ist nur ein kleiner Schnitt, den wir uns entweder bei unserem Malheur geholt haben oder bei einem der vielen Steine, auf denen man immer wieder aufsitzt. Manche davon sind erst vor kurzem abgebrochen und daher noch nicht vom Wasser abgeschliffen. Wenn man mit dem Boot darüberschrammt, kann es leicht passieren, daß der Gummi aufgeschlitzt wird. Jan und Carsten nutzen die erzwungene Rastpause, um ihr Boot nochmals zu flicken, weil sie gestern zu sparsam mit dem Kleber umgegangen sind. Inzwischen steht die Sonne so hoch, daß sie auch diesen Teil des Canyons erreicht. Wir drehen die Boote in die Sonne und hoffen, daß der Kleber dadurch schneller trocknet. Die Wartezeit verbringen wir faul auf den Steinen liegend und holen das nach, was wir am Morgen durch den fluchtartigen Aufbruch verpaßt haben; nämlich ausgiebig zu frühstücken.

Es ist Mittag, als wir uns wieder auf den Weg machen. Im Glauben, die größten Schwierigkeiten hinter uns zu haben, trifft uns das Folgende um so überraschender. Der Canyon ist etwas weiter geworden, und die vor uns liegende Passage sieht weder schwierig aus noch gefährlich, sondern wie ein Abklatsch dessen, was wir schon hinter uns haben. Eine langgezogene Kurve, nicht viel Bewegung im Wasser, kaum Verblockungen, dann eine weitere Schleife – und als wir um die Ecke biegen, stehen wir unvermittelt vor einer gewaltigen Felsmauer, die nur einen schmalen Durchgang bietet. Wir sind mitten in der Strömung, die uns in ihrem Sog mitreißt und aus der es kein Entkommen mehr gibt. Alles geschieht innerhalb weniger Sekunden. Selbst wenn es am Ufer noch eine Ausstiegsmöglichkeit gegeben hätte: Wir wären zu spät dran gewesen, um darauf zu reagieren. So schießen wir in voller Fahrt durch das Tor. Zu unserem Glück gibt es danach eine kleine Bucht, in der wir das Boot im wahrsten Sinn des Wortes in den Sand setzen. Unsere Gefährten folgen uns dabei wie ein Schatten.

Der erste Rundblick enthüllt eine atemberaubende Landschaft. Hunderte Meter Wände aus Konglomerat ragen senkrecht in den Himmel. Man muß den Kopf weit zurücklehnen, um den Himmel zu sehen, der zu einem schmalen Streifen geschrumpft ist. Dazwischen das türkise Band des Sutley. Der Fluß ist hier völlig ruhig, als wäre er zum Stillstand gekommen, kaum eine Welle kräuselt seine Oberfläche. Es ist das Schönste, was wir bisher in diesem Canyon gesehen haben. Trotzdem fragen wir uns: Ist dies der Eingang zum Himmel oder zur Hölle? Ist die Ruhe nur die vor dem Sturm und das lieblich dahinfließende Wasser womöglich der Ruf der Sirenen, die uns ins Verderben locken? Was verbirgt sich jenseits des Bereichs, den wir einsehen können? Der Blick reicht gut 100 bis 150 Meter nach vorn, dann endet er an einer Felswand, in der der Fluß zu verschwinden scheint. Eine Erkundung ist weder zu Fuß entlang der Ufer möglich – weil es keine Ufer gibt – noch schwimmenderweise, denn unsere Seile sind insgesamt nur 30 Meter lang, also zu kurz, um einen Schwimmer über die ganze Distanz zu sichern. Um einen Blick zu erheischen, wie es dahinter weitergeht, müssen wir auf das Plateau klettern, dessen Rand sich gut 300 Meter über uns abzeichnet. Doch wie sollen wir das schaffen angesichts der senkrechten Wände? Allmählich dämmert uns, daß wir in einer Falle sitzen, in einer schönen zwar, aber deshalb nicht weniger beklemmenden. Jetzt wird klar, daß genau das eingetreten ist, was wir uns vorher als schlimmstes Szenario ausgemalt hatten. Wir können weder vor noch zurück und nirgendwohin ausbrechen, nicht einmal über die Vertikale. Hier bleiben können wir aber genausowenig. Carsten steht die Angst ins Gesicht geschrieben, und er schlägt ernsthaft vor, eine seiner Leuchtraketen in den Himmel zu jagen.

»Wofür?« frage ich ihn. »Um Vögel zu verscheuchen?«

Es ist Illusion, auf Hilfe von außen zu hoffen. Wir haben uns in eine Situation manövriert, aus der wir uns nur mit eigener Kraft befreien können. Wir sind zwar alle auf eigenen Entschluß und eigene Verantwortung hier, aber Karl und ich haben die größte Erfahrung, und uns fällt daher automatisch die Führungsrolle zu. Einfach draufloszufahren, darin sind wir uns einig, kommt nur dann in Frage, wenn alle anderen Optionen ausgeschöpft sind. Denn wenn wir noch weiter vordringen und dann feststellen, daß es kein Durchkommen gibt, gibt es auch kein Entrinnen. Ein Anpaddeln oder gar ein Anschwimmen gegen die Strömung, um zurück an den Durchlaß zu gelangen, wo die Canyonwände gut ersteigbar waren, halten wir für unmöglich. Also müssen wir doch irgendwie hier die Steilwand hoch, um das Gelände vor uns auszukundschaften. Mit den Augen suchen Karl und ich sie nach einer Schwachstelle ab. Als einzige Chance bietet sich eine Verschneidung an, die sich von unten bis zum obersten Rand des Canyons hochzieht. Wir wechseln die Kleidung, ziehen die festen Trekkingstiefel an, nehmen Seil, Kletturgurte und die wenigen Haken und Klemmkeile, die wir zum Sichern dabeihaben. Karl steigt voraus. Schon nach wenigen Metern gerät er ins Stocken. Er findet keinen Halt in diesem brüchigen Gestein. Wo immer er hinlangt, um zu probieren, ob ein Griff hält, splittert der Fels ab. An einer anderen Stelle gerät gleich der ganze Felsbrocken, auf dem er steht, in Bewegung.

»Laß es, das ist viel zu gefährlich«, rufe ich ihm zu.

Er will noch nicht aufgeben. Erst als ein weiterer Brocken, der zunächst hielt, plötzlich ausbricht und ihn mitreißt, sieht er ein, daß es keinen Sinn hat, dieses halsbrecherische Unterfangen fortzusetzen. Jetzt bleibt uns nur noch, das scheinbar Unmögliche zu versuchen: gegen den Fluß zu paddeln. Von unserem Standort aus läßt sich das Gelände gut einsehen. Es ist nur eine s-Kurve, die wir schaffen müßten, dann wären wir an einer Stelle, wo wir dem Canyon entkommen könnten. Wir müssen versuchen, uns entlang der Uferfelsen hochzuarbeiten und die Hauptströmung zu meiden. Da diese in Schleifen von einer Seite auf die andere wechselt, müssen auch wir dreimal über den Fluß und dabei die Strömung queren. Das geht nur mit einer Seilfähre. Doch ob dieses Manöver bei einem solchen Wildfluß funktioniert, ist fraglich. Entscheidend wird sein, ob wir die Kraft besitzen, mit unseren Paddelschlägen das

Boot gegen die Strömung zu halten, ohne dabei abgetragen zu werden.

Die erste Querung ist die leichteste und gelingt auf Anhieb. Jetzt hanteln wir uns im Schutz eines Felsvorsprungs, der sogar ein leichtes Kehrwasser produziert, flußaufwärts. Dort erwartet uns die zweite Querung, die schwierigste. Wir holen tief Luft, bevor wir uns auf Kommando abstoßen. Sofort spüren wir, wie uns die Strömung packt, aber wir halten dagegen, paddeln aus Leibeskräften, angefeuert von unseren Gefährten. Es ist ein Kampf auf Biegen und Brechen. Wir werden zwar ein kleines Stück abgetrieben, aber können gerade noch das rettende Kehrwasser auf der anderen Seite erreichen. Wieder tasten wir uns an der Wand entlang bis an den äußersten Rand einer Felsnase, die weit vorspringt. Die dritte Querung liegt vor der Verengung, wo der Fluß breiter, somit die Fließgeschwindigkeit, gegen die wir anpaddeln müssen, geringer ist. Auch dieses Manöver gelingt. Am anderen Ufer ziehen wir das Boot im Wasser ein Stück flußaufwärts, bis wir eine gute Stelle zum Ausstieg erreicht haben. Abermals erfolgt die Metamorphose vom Paddler zum Bergsteiger. Im Gegensatz zu vorhin stehen wir keiner geschlossenen Felswand gegenüber, sondern einer zwar steilen, aber begehbaren Bergflanke.

Ursprünglich wollten wir auf der anderen Seite hochsteigen, denn wenn sich herausstellt, daß wir am Canyonrand nicht weiterkommen, müssen wir uns nach Süden durchschlagen, zur 40 bis 50 Kilometer entfernten Straße. Wir hatten mit Tsering und Yangjor vereinbart, daß sie dort nach uns suchen sollten, im Fall, daß wir am vereinbarten Treffpunkt nicht auftauchen. Einem Impuls folgend haben wir dann aber diese Seite gewählt. Jetzt zeigt es sich, daß unsere Entscheidung goldrichtig war. Obwohl wir uns erst auf halber Höhe zum Canyonrand befinden, läßt sich bereits erkennen, um wieviel schwieriger es gewesen wäre, den

Canyon auf der anderen Seite flußabwärts zu erkunden. Tief eingekerbte Furchen hätten uns zu riesigen Umwegen gezwungen. Hier hingegen bauen sich keine Hindernisse auf, und nachdem wir das Plateau erreicht haben, laufen wir bis zu einer Kanzel vor und können von dort aus die gesamte Passage überblicken. Winzig klein wie Spielzeug sehen wir tief unten das zweite Boot auf der Sandbank liegen und zu unserer Überraschung auch ein Zelt. Jan und Carsten haben sich offenbar auf eine längere Wartezeit eingerichtet. Als sie uns sehen, versuchen sie mit uns zu kommunizieren. Doch nur ein dumpfer Widerhall dringt zu uns, und wir können kein Wort verstehen.

Der Canyon, den wir nun aus der Vogelperspektive überschauen, übertrifft alles bisher Gesehene. In schwindelerregender Steilheit brechen die Felswände zu beiden Seiten ab. Tief unten ist der Sutley zu einem hauchdünnen grünen Faden geschrumpft, und es sieht aus, als wäre er an einer Stelle sogar unterbrochen. Dort muß die Felswand sein, in der er vom Boot aus gesehen zu verschwinden schien. Zu unserer freudigen Überraschung fließt sein Wasser völlig ruhig dahin, nirgendwo gibt es Verblockungen oder gar einen Wasserfall, wie wir befürchtet hatten. Und auch die Frage, wie es danach weitergeht, ist beantwortet. Am Ende treten die Felswände wieder auseinander und geben den Weg ohne größere Hindernisse frei. Damit ist unsere Mission erfüllt, aber es fällt schwer, mich von diesem Wunder der Natur abzuwenden. Allein dieses Blickes wegen hat sich die Mühe der Seilfähre und des Aufstiegs gelohnt. Ich würde am liebsten bis zum Abend hier sitzen bleiben, jede Minute auskosten. Karl blickt sorgenvoll auf die Uhr und drängt zum Aufbruch. Ich tröste mich mit dem Gedanken an die bevorstehende Bootsfahrt.

Eine knappe Stunde später sind wir wieder unten am Fluß. In Windeseile werden die Boote bepackt, und kurze

Zeit darauf schieben wir sie ins Wasser. Schon nach wenigen Metern ziehen wir die Paddel ein und lassen uns einfach treiben. Lautlos gleiten die Boote dahin. Ich lehne mich entspannt zurück und gebe mich ganz dem Zauber hin, der sich dem staunenden Auge darbietet. Die Wasseroberfläche ist ruhig und glatt wie bei einem See, obwohl der Sutley immer noch fließt. Er ist so klar, daß wir jeden einzelnen Stein unter Wasser erkennen können und die Boote sich darin spiegeln. An der schmalsten Stelle treten die Felswände derart eng zusammen, daß wir sie mit ausgestreckten Armen fast auf beiden Seiten berühren können. Nach jeder Kurve, ja nach jeder Drehung des Bootes, gibt es neue Perspektiven, andere Farben und Formen.

Nichts erinnert hier mehr daran, daß wir uns in Tibet befinden. Es ist eine Welt für sich, in die der Mensch für gewöhnlich keinen Zutritt hat. Der Canyon schirmt sein Tal zu allen Seiten ab – und läßt auch keinen Blick nach außen zu. In welche Richtung man auch schaut: Es gibt nur himmelhoch aufragende Wände und den Fluß, der uns auf seinem Weg mitnimmt. Als wir um eine Ecke biegen, stehen wir vor dem nächsten Wunder. Hoch oben tritt eine Quelle aus dem Fels und stürzt als Wasserfall herab, gesäumt von einem Teppich aus grünem Moos. Dieser Anblick verstärkt noch das Gefühl, einen Ort erreicht zu haben, der jenseits menschlichen Wirkens liegt und auf natürliche Weise heilig ist. Die bewußte Felswand, auf die wir nun zusteuern, wird von der Sonne angestrahlt und leuchtet wie eine vergoldete Tempeltür. Wenn mich in diesem Augenblick jemand gefragt hätte, wo für mich Shangri-La liegt, hätte ich ohne zu zögern geantwortet: Es ist hier.

Dann sind wir durch, der Canyon öffnet sich wie von Zauberhand in ein breites liebliches Tal. Ich bin immer noch ganz gefangen, aber als ich mich umblicke, sehe ich eine hohe Felswand, sonst nichts, als hätte ich alles nur erträumt. Vielleicht war es ja ein Traum, nur mit dem Unterschied, daß er für einige Momente Wirklichkeit geworden ist. Diese Momente sind es, die zählen, die sich unauslöschlich einprägen, zur Erfahrung werden, und sich sogar mitnehmen lassen.

Der Canyon wird immer weiter, die Berge treten zurück und geben erste kleine Flecken frei, auf denen sich zaghaft Vegetation zeigt. Das Leben kommt wieder. Eine ganze Weile schwimmt eine Wildentenmutter mit ihren Kücken vor uns her. Oben am Himmel ziehen mächtige Adler ihre Kreise. Als die Sonne hinter den Bergen verschwindet, steuern wir eine ausladende Sandbank an, um unser Lager aufzuschlagen. Etwas abseits vom Ufer gibt es sogar schon erste Sträucher, an denen wir unsere nasse Paddelbekleidung zum Trocknen aufhängen. In dieser Nacht sind die Berge weit genug entfernt, um gegen Steinschlag gefeit zu sein, und das Geräusch des vorbeifließenden Wassers wiegt mich bald in einen tiefen erholsamen Schlaf.

Am nächsten Morgen lassen wir es gemütlich angehen. Frühstück auf der Terrasse ist angesagt, und Carsten steuert seinen italienischen Espresso bei, den er wie einen Schatz hütet. Dann folgt Routine. Mit wenigen Handgriffen sind die Zelte abgebaut und die Boote bepackt. Zuletzt wird die Kleidung gewechselt.

Es kostet Überwindung, in das immer noch nasse und morgens auch noch eiskalte Neoprenzeug zu schlüpfen.

»Kennst du nicht die Heizung des Paddlers?« fragt mich Karl mit schelmischem Grinsen.

»Jetzt weiß ich endlich, warum du nie Pipi machen mußt«, dämmert es mir.

»Und das machst du auch nachts im Zelt so?« ziehe ich ihn auf.

»Nein, da benutze ich eine Flasche!«

Der Fluß wird nun immer breiter und schlängelt sich in

großen Schleifen durch das Tal. Manchmal teilt er sich sogar in verschiedene Arme auf, und es gilt zu entscheiden, welchem wir folgen sollen. Dabei liegt das Problem nicht in einem Zuviel an Wasser, im Gegenteil. Immer häufiger sitzen die Boote an Steinen auf, und wir müssen gehörig paddeln, um sie im Zickzackkurs zwischen den Hindernissen hindurchzumanövrieren.

Die fortschreitende Austrocknung Westtibets ist auch hier am Sutley augenscheinlich. Sie ist der hauptsächliche Grund für die heutige Entvölkerung und die Preisgabe weiter Teile des Canyons. Kaum eines der Flußbetten, die vom Himalaya herunterkommen und in den Sutley einmünden, führt Wasser. Es ist ein Land, das langsam zu Staub zerfällt. Die Ursachen sind dieselben, die auch die Wüsten Zentralasiens schufen. Der Himalaya ist immer noch im Wachsen begriffen, so daß allmählich weniger Niederschlag auf die tibetische Seite des Gebirges gelangt, weil die Monsunwolken abgeblockt werden. Weite Gebiete Tibets leben von den Eisreserven prähistorischer Zeiten, doch diese sind nahezu erschöpft, weil ein großer Teil der Gletscher bereits abgeschmolzen ist. Ein Prozeß, der sich in jüngster Zeit beschleunigt hat. Wenn man bedenkt, daß es vor 600 bis 700 Jahren hier noch Nadelbäume gab, und man überall Ruinen sieht mit Überresten von Gärten, die hier einstmals blühten, kann man ermessen, wie schnell die Verwüstung voranschreitet. Durch die großen Temperaturunterschiede zwischen Tag und Nacht, Sommer und Winter zerbröselt selbst härtestes Gestein, zerfällt zu Sand und Staub, den der Wind aufwirbelt und als Schleifmaterial nutzt, um permanent an den Bergen zu schmirgeln und zu fräsen.

Wir sind etwa drei Stunden unterwegs, da zeigen sich erste Spuren von Menschen: Höhlen wie Vogelnester hoch oben in einer Felswand und zu deren Füßen ein zerbröckelter Chorten. Etliche Flußwindungen weiter kommen wir an einem verfallenen oder zerstörten Kloster an einem Berghang vorbei. Wir sind so überrascht, daß wir wie gebannt auf die Ruinen starren, und als wir reagieren, sind wir schon daran vorbei. Die Reste Dutzender Gebäude lagen da hingestreut. Es muß mal ein ziemlich großes Kloster gewesen sein, aber ich kann mich nicht entsinnen, in einem der alten Reiseberichte etwas davon gelesen zu haben.

Kurz darauf öffnet sich das Tal, und von Süden kommt ein Zufluß herein, dessen kristallklares Wasser sich in den Sutley ergießt. Unmittelbar davor hat sich eine weite Schwemmterrasse gebildet. Dort steht mutterseelenallein ein aufgeschichteter Steinhaufen, an dem frische Gebetsfahnen angebracht sind. Nicht schwer zu erraten, wem das Zeichen gilt, wir wundern uns nur, warum niemand da ist. Die Frage beantwortet sich, als wir zwischen den Steinen eine Nachricht von Yangjor finden. Er war mit unseren Leuten schon gestern da und hat den ganzen Tag auf uns gewartet. Am Abend sind sie nach Dongpo zurückgelaufen. In diesem Moment hören wir auch schon Rufe und sehen Gestalten von einem der umliegenden Berge herunterkommen. Es ist Yangjor – mit unserer ganzen Sherpa-Mannschaft. Er umarmt jeden von uns, als wären wir seine verlorenen Söhne, die heimgekehrt sind.

»Wo ist Tsering?« frage ich ihn.

»Im Gästehaus, Dai ... Es ist ihm zu anstrengend hierherzukommen.«

»Wie weit ist es?« will Karl wissen.

»Nur zwei Stunden«, antwortet Yangjor.

»Zwei Stunden für dich oder für uns?« frage ich nach.

»Für dich und Karl. Wenn ihr wollt, könnt ihr gleich losgehen, wir kümmern uns um alles andere.«

Und ob wir das wollen. Wir stopfen schnell die wichtigsten Sachen in den Rucksack und ziehen los. Der Weg sei leicht zu erkennen, hat uns Yangjor noch gesagt. Das stimmt. Er besteht nämlich aus einer Rutschbahn, die sich über einen völlig versandeten Steilabbruch nach oben zieht. Den sind unsere Helfer gerade heruntergekommen und müssen ihn auch wieder hoch – mit den schweren Bootslasten auf dem Rücken. Das würden wir nie schaffen. Zum Glück sind es nur 50 Meter, die so steil und rutschig sind, oben wird es besser, viel besser sogar. Der Pfad schlängelt sich durch ein gewelltes Hochtal, das leicht ansteigt und immer wieder von Furchen zerschnitten ist. Bald kommen wir an den ersten Häusern vorbei. Es sind Winterquartiere, deren Bewohner jetzt mit ihren Tieren in üppigeres Weideland gezogen sind. Auf der gegenüberliegenden Talseite liegen die Reste eines weiteren Klosters. Ganze Reihen verfallener Chorten aus Lehm weisen den Weg dorthin. Weiter oben, auf einer Bergspitze, kommt Dongpo Gompa in Sicht. Der dazugehörige Ort dürfte nun nicht mehr weit sein.

Überall an den Hängen gibt es Terrassenfelder, die künstlich bewässert werden. Schließlich kommen wir über eine letzte Kuppe und blicken auf Dongpo. Das Gästehaus steht unmittelbar an einer Brücke. Es sieht wie jedes andere tibetische Haus aus, ist nur ein wenig größer, doch mit unseren Fahrzeugen davor leicht zu identifizieren.

Tsering empfängt uns enthusiastisch und stellt uns gleich zwei Flaschen »Lhasa Pani« hin. Nach all dem Sutley-Wasser, das wir in den vergangenen Tagen – freiwillig, aber auch unfreiwillig – getrunken haben, rinnt es durch den Gaumen, als wären wir halb verdurstet. Zusammen mit Jan und Carsten treffen indessen auch schon die ersten Sherpas ein. Ihre Leistung ist nicht hoch genug einzuschätzen, und sie müssen sogar ein zweites Mal gehen, um den Rest zu holen. Aus Dankbarkeit geben wir ihnen das Mehrfache ihres Tageslohns.

Am nächsten Morgen fährt der Truck in aller Frühe voraus, während wir noch dem Kloster einen Besuch abstatten.

Es hat sich von den Zerstörungen der Kulturrevolution nicht mehr erholt und macht einen traurigen Eindruck. Viele der Gebäude scheinen aufgelassen und sind am verfallen.

Die Straße folgt nun im wesentlichen jenem uralten Karawanenweg, den Generationen von Pilgern und Kaufleuten entlangzogen und den auch Giuseppe Tucci benutzt hatte. Mehrere Pässe führen von dieser Strecke über den Himalaya nach Indien. Der wichtigste ist der Shipki La. Burgen und Höhlenstädte säumten diesen Weg, zuerst in der Zeit des Königreichs Shang Shung und später im buddhistischen Nachfolgereich Guge. Die vom chinesischen Militär gebaute Piste windet sich, stets parallel zum Sutley-Tal, über faltige Hochflächen, die immer wieder von tief eingekerbten Schluchten unterbrochen werden. Vom Himalaya herabströmende Flüsse haben sie gegraben, und der Wind hat begonnen, sie zu modellieren.

Es ist bereits Mittag, als wir über eine Ebene fahren, flach wie ein Tisch. Plötzlich bricht sie vor uns ab, und wir blicken auf ein grünes Tal. Ich lasse das Fahrzeug anhalten.

»Das ist Dawa Dzong«, erklärt uns Tsering und deutet zu einer Bergwand, die die Erosion in die unglaublichsten Formen zerlegt hat. Sie sieht aus wie ein gewaltiges Schloß mit Zinnen, Türmen und Bastionen. Überall gibt es Höhlen und Ruinen. Lama Anagarika Govinda, gebürtiger Deutscher, Buddhist und Tibetforscher, erreichte Dawa Dzong im Jahr 1948 im Rahmen seiner Pilgerreise zum Kailash. Er kam von der anderen Seite, hatte mit seiner Karawane den Sutley-Canyon nördlich umgangen und mußte einige Tage hier verbringen, weil ihm seine tibetischen Begleiter davongelaufen waren. Beeindruckt von dem, was er hier sah, notierte er in seinem Reisebericht: »Als James Hilton in seinem berühmten Roman ›The Lost Horizon‹ (deutsch: Der verlorene Horizont) das ›Tal des Blauen Mondes‹ beschrieb, war er nicht so weit von der Wirklichkeit entfernt ... Es gab eine Zeit, in der in den weltfernen Canyons von West-tibet gar manche solcher verborgenen Täler existierten, zu-gänglich nur durch enge Felsschluchten, die einzig den Einheimischen bekannt waren ... Auf unserem Weg nach Tsaparang hatten wir das unerwartete Glück, in einem sol-chen Tal ›gestrandet‹ zu sein, das passenderweise ›Tal des Mondkastells‹ (Dawa Dzong) hieß.«

Govinda nutzte die Zeit, um mit seiner indischen Gefähr-tin Li Gotami diese Felsanlage zu erkunden, die er als »Tro-glodytenstadt in Wolkenkratzern« bezeichnete. Er fand sogar noch ein völlig intaktes Tempelgebäude vor, das auf einem der Felstürme thronte und ein goldenes Dach besaß. Heute krönt ein chinesischer Wachturm aus Beton die Höhlenstadt. Wie gern wären auch wir hier »gestrandet«, aber Tsering läßt keinen Zweifel offen, daß wir nur auf Durchreise sind.

»Es gibt viel Militär hier«, warnt er.

»Aber ich sehe keine Soldaten«, halte ich ihm entgegen.

»Dafür sehen sie uns.«

Bei diesen Worten deutet er auf einen mit Stacheldraht umzäunten Gebäudekomplex, von dem eine rote Fahne weht. Dahinter gibt es eine ganze Kette von Bunkern, die das Tal absperren, das nach Süden führt. Tsering erklärt uns, daß dies der Weg nach Indien sei, und als die chinesi-schen Truppen hier einmarschierten, sei ein Großteil der Bevölkerung von Dawa Dzong über die Grenze geflüchtet. Das einzige Bauwerk, das wir in Dawa Dzong betreten, ist ein Teehaus, in dem wir einen kurzen Stop einlegen, und das nur deshalb, weil unser Truck davor parkt und der Fah-rer drinnen gerade seine Mahlzeit einnimmt.

Dann geht es weiter. Die Straße führt nun ganz nah an den Himalaya-Hauptkamm heran. Ein weißer Kranz von Schneebergen steigt über der braunen Hochfläche auf. Sie gehören zum Garwhal Himal, einem der schönsten Bereiche des Gebirges, aus dem die Nanda Devi in einsamer Größe herausragt. Sie ist die Königin im Garwhal, denn zu ihren Füßen entspringt der heilige Fluß Ganges. Nanda Devi im Westen und Kailash im Osten waren die Eckpfeiler, die einst den Bereich des inneren Shang Shung abgrenzten.

Dann macht die Straße einen scharfen Knick nach Norden und führt uns wieder an den Sutley-Canyon heran. Als wir seinen Rand erreichen und der Blick in die Tiefe fällt, stockt mir der Atem. Hatte ich bisher gedacht, daß es nach alldem, was ich an Canyon-Landschaft sah, keine Steigerung mehr geben könne, dann wurde ich jetzt eines Besseren belehrt. Eine Orgie aus Formen breitet sich unter uns aus, mit Braun- und Gelbschattierungen, die sich je nach Sonnenwinkel verändern. Mancherorts glaubt man Burgen und Schlösser zu erkennen, dann wieder fällt der Blick auf filigrane Spitzen und überdimensionale Orgelpfeifen. Einer der Bergketten ist ein Felsgebilde aufgesetzt, das wie ein gigantischer Chorten aussieht.

Der Fahrer hat den Motor abgestellt und rast im Leerlauf den Berg hinunter. Unten angekommen, folgen wir einem der Nebencanyons, und als er uns ausspeit, stehen wir vor dem Sutley und blicken auf die Oase von Toling. Das einstige Zentrum des Guge-Reichs präsentiert sich heute als chinesische Garnisonsstadt mit entsprechender Infrastruktur: Karaokebars, Spirituosenläden und jede Menge leichter Mädchen, die die bittere Armut aus der überbevölkerten Provinz Sichuan hierhertrieb. Hinter den glitzernden Fassaden von Neubauten, die die Hauptstraße säumen, leben die Tibeter. Ihnen bleibt nur der Platz in der zweiten Reihe. Um die ausländischen Touristen durch so viel Moderne nicht zu verschrecken, hat man den Mandala-Tempel, den man zuvor zerstörte, zum Teil wieder aufgebaut. Wenn nichts Altes mehr übrig ist, behilft man sich mit Kopien. So wurde kürzlich sogar der berühmte Chorten des Königs Khor De (Yeshe O) nachgebildet und von einem Vergnügungspark umgeben. Den fremden Besucher scheint das nicht zu stören, denn das Gästehaus ist mit Reisegruppen überfüllt.

Am nächsten Tag fahren wir am Sutley entlang nach Tsaparang. In der Nacht ist das Wetter umgeschlagen, und eine dräuende Masse dunkler, regenschwerer Wolken hängt von den Canyonwänden herab. Ein kräftiger Wind bläst von Süden her und treibt den aufgewirbelten Staub wie Nebelschwaden durch das Tal. Schon nach wenigen Kilometern kommt die Zitadelle in Sicht. Die düstere Stimmung, der mit Ruinen bedeckte Burgberg verstärken noch das Bild einer versunkenen Kultur. Das Königreich Guge erlebte seine Blüte vor 1000 Jahren. Aber schon lange vorher existierte hier das Königreich Shang Shung. Nachdem es von Songtsen Gampo militärisch besiegt und spätestens unter Trisong Detsen als Provinz Ngari dem tibetischen Yarlung-Königreich einverleibt wurde, war zwar die politische Macht Shang Shungs erloschen, aber die Bon-Religion lebte weiter. Zur Erinnerung: Als einer der Nachfolger Trisong Detsens, der schwache König Ralpachen, den Buddhisten in allem nachgab, einem Mönch sogar die Regierungsgeschäfte übertrug, wurde er ermordet und erhob der Bon-Adel seinen Bruder Langdarma zum König. Der nahm bittere Rache an den Buddhisten und ließ sie blutig verfolgen. Jetzt waren wieder die Buddhisten an der Reihe, und ein als Tänzer verkleideter Mönch tötete Langdarma bei einer öffentlichen Aufführung durch einen gezielten Pfeilschuß. Diese ständigen Machtkämpfe haben die Kräfte des Königreichs erschöpft, und es ging unter.

Ausgerechnet ein Verwandter des Buddhistenverfolgers Langdarma war es, der hierher nach Westtibet floh und im Sutley-Canyon, wo drei Jahrhunderte vorher noch Shang Shung blühte, das Reich Guge begründete. Sein Name:

Khor De. Khor De, beziehungsweise Yeshe O, ging in die Geschichte als großer Verfechter und Verbreiter der buddhistischen Lehre ein. In seinem missionarischen Eifer zögerte er nicht, gewaltsame Mittel einzusetzen. Mit besonderer Härte ging er gegen die Bonpos vor, was darauf schließen läßt, daß diese Religion zum damaligen Zeitpunkt hier noch stark im Volk verankert war. Um frisches orthodoxes buddhistisches Gedankengut in sein Reich zu bringen, schickte er im Jahr 975 21 junge Männer zum Studium nach Indien. Einer davon hieß Rinchen Zangpo, der nach seiner Rückkehr zum großen Universalgelehrten Guges wurde und als Übersetzer und Baumeister eine zweite Welle buddhistischer Verbreitung in Tibet einleitete. Durch seine Initiative wurde der berühmteste tibetische Gelehrte seiner Zeit, der bengalische Guru Atisha, nach Toling geholt und ein buddhistisches Konzil abgehalten.

Einer der Gründe für Yeshe Os unbuddhistisches Vorgehen gegen die Bonpos lag darin, daß er befürchtete, Bon-Gedankengut könnte sich mit der buddhistischen Lehre vermischen. Doch genau das geschah. Selbst Rinchen Zangpo, so geht aus einer Quelle hervor, hat nicht nur fleißig indische Schriften übersetzt, sondern auch Bon-Texte, die ihm zugespielt wurden.

Als die politische Macht von Guge im 14. Jahrhundert abzubröckeln begann und das Land immer häufiger durch Einfälle von Turkvölkern aus dem Norden oder aus Ladakh heimgesucht wurde, haben sich die Könige in Tsaparang eine letzte Fluchtburg geschaffen. Ein Naturfelsen ganz und gar mit Tempeln und Palästen überzogen, im obersten Teil mit unterirdischen Gängen künstlich ausgehöhlt, über die man hinaufklettert bis zur obersten Spitze. Historisch verbürgt ist, daß die letzten beiden Könige von Guge in Tsaparang residierten. Es mutet wie eine Ironie der Geschichte an, daß das Schicksal des letzten Königs auf dieselbe Weise besiegelt wurde, wie es beim glücklosen Shang-Shung-König Ligmigya der Fall war, nämlich durch Verrat.

Die lokale Überlieferung berichtet, daß die Burg von einem Heer aus islamischen Söldnern belagert wurde, das der Nachbarkönig aus Ladakh geschickt hatte. Doch der Burgberg erwies sich als uneinnehmbar. Da drohten die Söldner dem König, der sich auf der Spitze der Festung verschanzt hatte, täglich fünf seiner Untertanen hinzurichten, wenn er sich nicht ergäbe. Unter der Bedingung auf freies Geleit für sich, seine Familie und seinen Hofstaat kapitulierte der König. Als sie unten ankamen, wurden sie gefangengenommen und vor den entsetzten Augen der versammelten Bevölkerung hingerichtet. Dabei wurde einem nach dem anderen der Kopf abgeschlagen und zur Abschreckung auf Lanzen aufgespießt ringförmig um die Zitadelle aufgestellt. Die kopflosen Körper wurden den Abhang hinuntergeworfen. Dort haben die Bewohner die Torsos später eingesammelt und in einer Höhle bestattet. Bei einem meiner früheren Besuche bin ich dieser Geschichte nachgegangen und fand tatsächlich eine ganze Höhle voll mit Skeletten ohne Schädel.

Indessen sind wir am Fuß des Felsens angekommen und stellen zu unserer Überraschung fest, daß wir nicht die einzigen Besucher zu so früher Stunde und bei diesem widrigen Wetter sind. Eine ganze Flotte schwarzer Landcruiser parkt vor dem kleinen Häuschen, in dem der Tempelwärter wohnt. Die Rotlichter auf manchen der Fahrzeuge lassen bereits Ungemach erahnen. Tatsächlich kommt Tsering mit der »frohen« Botschaft, daß ein Minister aus Lhasa mit seinem Gefolge die Anlage inspiziere, der Tempelwärter keine Zeit für uns habe und uns nur einen seiner jungen Gehilfen als »Führer« mitgeben könne. Das hat uns gerade noch gefehlt, ein Minister mit Hofstaat und Sicherheitsbeamten!

Mir ist sofort klar, was das für uns bedeutet. Wir würden im Eiltempo durch die Tempel geschleust werden. Keine Extratouren, keine Zeit zum Verweilen, absolutes Fotografierverbot. Dabei wollte ich vor allem die Wandbilder, die zu den schönsten Tibets zählen, in Ruhe betrachten. Ich kenne sie schon von früheren Besuchen, aber die Fülle und der Detailreichtum sind so groß, daß man Tage in Tsaparang verbringen kann. Ich erwarte mir zwar keine Entdeckungen, aber vielleicht habe ich doch irgendwo etwas übersehen, das in Zusammenhang mit Shang Shung oder der Bon-Religion steht. Doch unter diesen Umständen mache ich mir keine Illusionen, etwas zu finden.

Wie erwartet, dürfen wir nur kurz die Tempel betreten. Überall laufen fotografierende und filmende Hofberichterstatter des Ministers umher, lungern Uniformierte, und der alte Tempelwärter ist so mit seinem hohen Besuch beschäftigt, daß er uns nicht einmal eines Blickes würdigt. Doch Tsering gibt nicht auf und lauert auf einen günstigen Augenblick, an Phurbu Chetsang, so heißt der Wärter, heranzukommen. Indessen steigen wir am Burgberg höher, und es wird etwas ruhiger. Ganz oben befinden sich die Reste der Burg des Königs und als Krönung der Mandala-Tempel, der vor seiner Verwüstung durch die Chinesen ein dreidimensionales Mandala des Chakrasamvara (tib.: Demchog), der buddhistischen Gottheit des Kailash, beherbergte. Der Gehilfe läßt uns hier allein, weil es außer dem ohnehin für gewöhnliche Besucher geschlossenen Mandala-Tempel kein Gebäude mit kostbaren Wandbildern oder Figuren gibt. Bei schönem Wetter ist der Blick von der Spitze des Felsens phänomenal, doch an diesem Tag ist alles in ein milchiges Licht getaucht. Außerdem hat es leicht zu regnen begonnen, und der Wind peitscht uns die Tropfen ins Gesicht. Wir wollen schon absteigen, da erscheint Tsering. Triumphierend hält er einen Schlüssel in der Hand, mit dem er den Mandala-Tempel aufsperrt und uns dort einschließt. Entweder kennt Phurbu seine offizielle Klientel sehr gut und weiß, daß es ihnen zu anstrengend ist, hierher hochzusteigen, oder er hat ihnen den Tempel einfach verschwiegen. Wie dem auch sei: Wir können eingehend und ganz ohne Zeitdruck die Wandbilder studieren. Sogar viel länger, als wir es uns wünschen. Nach einiger Zeit werden nämlich die Stirnlampen schwächer und schwächer. Zum Schluß befinden wir uns in völliger Dunkelheit, und erst, als wir schon glauben, Tsering hätte uns vergessen, da hören wir ihn kommen, um die Tür aufzuschließen.

Indessen ist die offizielle Delegation abgereist, und wir treffen Phurbu Chetsang unten in seinem Haus, wo er sich einen kleinen Raum eingerichtet hat, um sich der Thangka-Malerei zu widmen. Er zeigt uns mehrere Rollbilder, die er uns zum Verkauf anbietet. Sie sind von bescheidener Qualität, dennoch überlege ich einen zu kaufen, als Dank für die Zeit, die wir im Mandala-Tempel verbringen durften. Da fällt mein Blick auf einen Thangka, der noch im Holzrahmen eingespannt ist und den er soeben fertiggestellt hat. Sofort erkenne ich, daß das Motiv sehr ungewöhnlich ist. Nur die Hauptfigur ist mir bekannt. Es ist die Kailash-Gottheit Chakrasamvara, die am Rücken eine aufgespannte Elefantenhaut trägt. Auch der Kailash selbst ist dargestellt, genauso die Wassermünder der vier Flüsse, die dort entspringen. Was mich aber förmlich elektrisiert, sind die drei Figuren darunter, vor allem jene in der Mitte, die eine Hornkrone trägt.

»Shang Shung?« frage ich den Maler.

»Re, re« – Ja, ja –, antwortet er ohne zu zögern.

Unter den Figuren sind die Namen in Tibetisch geschrieben. Tsering übersetzt sie mir. Churu Chen Gyi Lonpo Che Dang – der Minister mit der gehörnten Krone. Daneben ist eine Gestalt, die einen Schuppenpanzer trägt. Sie heißt einfach Magpon – Kriegsminister. Die dritte ist am bedeutsamsten. Es ist eine Frau, und zwar keine geringere als eine Königin von Shang Shung – Tsunmo Nenpo.

Drei historische Personen aus Shang Shung. Noch nie zuvor hatte ich eine Abbildung eines Mitglieds des Shang-Shung-Königshauses gesehen, und mir ist auch nicht bekannt, daß jemals eine solche gefunden wurde. Mir ist sofort klar, daß Phurbu dieses Bild nicht aus seiner Phantasie gemalt hat, sondern daß es ein Vorbild geben muß, das Original. Tsering löchert ihn mit meinen Fragen. Phurbu gibt an, das Bild in einer Bon-Höhle bei Khasa Piling entdeckt und kopiert zu haben. Ich glaube es ihm. Der Ort ist für bedeutende buddhistische Relikte bekannt. Doch er befindet sich direkt an der indischen Grenze, und seit dem Einmarsch der chinesischen Truppen hat sich kein Ausländer dort Zutritt verschaffen können.

Ich frage Phurbu, ob er mir den Thangka verkauft, und er willigt sofort ein.

»Khasa Piling«, sage ich zu Tsering, als wir ins Auto steigen, »da will ich hin.«

Es ist nicht der einzige Grund, bald wieder in diese faszinierende Welt des Sutley-Canyons zurückzukehren.

*In der Zeit, als ich an der Universität
arbeitete und begann,
über Shang Shung zu sprechen,
da wurde ich ausgelacht.
Man glaubte, es sei nur Legende
und habe keinerlei historische Existenz.*

Chogyal Namkhai Norbu

Epilog

Was wir von der Geschichte Tibets wissen,
bezieht sich hauptsächlich auf Zentraltibet.
Selbst zeitgenössische Studien tendieren dazu,
sich auf dieses Gebiet zu konzentrieren
und all jene Gebiete aus ihren
Untersuchungen auszuklammern,
die darüber hinaus zum Königreich
Shang Shung gehörten. Und die Geschichte
des Königreichs Shang Shung
ist eben nur anhand der Geschichte
des Bon zu erforschen.

Chogyal Namkhai Norbu

◀ Chogyal Namkhai Norbu bei Belehrungen in Merigar, seinem
Dzogchen-Zentrum in der Toskana.

Es waren erst wenige Wochen seit meiner Rückkehr aus Tibet vergangen, und das Thema Shang Shung ließ mich nicht mehr los. Ich hatte das Gefühl, je mehr ich mich mit diesem geheimnisvollen Bon-Reich befaßte, desto mehr Fragen taten sich auf, desto verwirrender und verworrener wurde die ganze Geschichte. Mit meinen Recherchen war ich schnell am Ende, denn es gibt offenbar nur wenige Menschen, die etwas zu diesem Thema zu sagen haben. Einer davon ist Chogyal Namkhai Norbu, und er ist der einzige unter ihnen, der es die Mühe wert fand, vor Ort zu recherchieren. Sein Besuch im Garuda-Tal fand 1988 (!) statt, also 15 Jahre vor meiner ersten Reise dorthin. In seiner Biographie stieß ich auf interessante Informationen, die mich neugierig machten und den Wunsch entstehen ließen, ihn persönlich zu befragen.

Im Jahr 1938 in Derge (Osttibet) geboren, wurde er im Alter von drei Jahren vom 16. Gyalwa Karmapa (Wiedergeburt) als hohe Inkarnation erkannt. Nach dem Studium der buddhistischen Philosophie bei verschiedenen Lehrern und Einweihungen in die »Praxis der Großen Vollkommenheit« (Dzogchen-Tantra) ging er Ende der 50er Jahre nach Indien und Nepal auf Pilgerschaft. Er befand sich gerade in Sikkim, als die chinesischen Truppen im Jahr 1959 in Tibet einmarschierten. Damit war ihm der Rückweg nach Tibet versperrt. Er blieb in Sikkim, arbeitete als Übersetzer und Autor für die Regierung, bis ihn die Einladung des großen Tibetforschers Giuseppe Tucci an sein Institut in Rom erreichte. Der italienische Professor für Orientalistik war auf den jungen Mönch – Norbu war zu diesem Zeitpunkt erst 22 Jahre alt – durch dessen breites Wissen über die verschiedenen Aspekte der tibetischen Kultur aufmerksam geworden. In Rom arbeiteten die beiden zwei Jahre lang zusammen. Norbu unterstützte Tucci bei der Beschaffung und der Übersetzung tibetischer Texte und lernte im Gegenzug von diesem die Methoden westlicher Wissenschaft. Schon damals begann Norbu sich mit der vorbuddhistischen Geschichte Tibets zu befassen und Publikationen über verschiedene Aspekte der autochthonen Bon-Tradition zu verfassen. Im Jahr 1962 wechselte er an das Institut für Orientalistik der Universität Neapel, wo er drei Jahrzehnte lang tibetische Sprache und Literatur unterrichtete. Gleichzeitig begann er die Dzogchen-Praxis zu lehren, zuerst nur einer kleinen Gruppe italienischer Studenten. Inzwischen ist daraus eine Dzogchen-Gemeinschaft erwachsen, die weltweit Zentren unterhält.

Ich war überrascht festzustellen, daß sich ein solches Institut nur wenige Kilometer von meinem alten Wohnsitz in meiner steirischen Heimat (ich lebe schon lange in München) entfernt befand, und staunte erst recht, daß Oliver Leick, der es leitete, der Bruder einer mir gut bekannten Tibetologin war. Er war sofort Feuer und Flamme für mein Anliegen, Namkhai Norbu persönlich kennenzulernen, und versprach, ein Treffen zu arrangieren. Das war gar nicht so einfach, denn der Meister befand sich damals in Südamerika, um dort Belehrungen zu geben. Dennoch dauerte es nicht lange, da vermeldete Oliver, daß Rinpoche, wie er ihn ehrfürchtig nannte, im Sommer wieder in Europa sei und er auch schon einen Terminvorschlag von ihm habe. Der von Namkhai Norbu vorgeschlagene Ort war ungewöhnlich – und erst recht die Uhrzeit. Ich sollte um vier Uhr früh in Merigar sein. Der Name dieses Ortes ist auf keiner Landkarte zu finden. Gar ist der tibetische Begriff für eine Gemeinschaft, und Meri bedeutet Feuerberg und steht für eine Vulkangottheit aus dem Pantheon der Bon-Religion.

»Merigar liegt in der Toskana, am Fuß des Monte Amiata«, klärte mich Oliver auf. Natürlich kannte ich die Toskana, wer kennt sie nicht? Doch brachte ich die fruchtbare und liebliche Hügellandschaft mit kulinarischen Höhenflügen in Verbindung und mit exzellenten Rotweinen aus dem Haus Brunello. Daß es da auch eine Verbindung zu Tibet gibt, war mir neu.

Wir verabredeten, gemeinsam mit dem Auto zu fahren, und trafen uns zur Abreise in Graz. Außer Oliver waren Dr. Wolfgang Horn dabei, ebenfalls ein Schüler des Rinpoche, und Kami Tsering Sherpa, der gerade bei mir zu Gast war. Wir fuhren am späten Nachmittag los und die ganze Nacht durch. Oliver übte mit uns verschiedene Anrufungen und magische Formeln, denn der Tag, an dem wir Namkhai Norbu treffen sollten, war ein besonderer Tag im tibetischen Festkalender. Es war der Geburtstag von Guru Rinpoche (Padmasambhava), und zu diesem Anlaß gab Namkhai Norbu eine besondere Einweihung. Im Anschluß daran sollte das Gespräch stattfinden.

Es war kurz vor vier Uhr früh, als wir die schmale Bergstraße von Arcidosso nach Merigar hochfuhren, und es war mächtig was los für diese Tageszeit. Das letzte Stück des Weges liefen wir auf einem mit Gebetsfahnen gesäumten Pfad einen Bergrücken entlang, an dessen Ende ein pilzförmiges Gebäude stand. Dort hatten sich bereits Hunderte Menschen versammelt und warteten in andächtiger Stille auf das Erscheinen des Rinpoche. Oliver führte uns in die erste Reihe vor, und wir ließen uns zu Füßen des geschmückten Thronsessels nieder. Augenblicke später erschien Namkhai Norbu, und alle erhoben sich zum gemeinsamen Gruß. Die folgende Initiation wurde live im Internet übertragen, so daß seine Schüler auf der ganzen Welt daran teilhaben konnten.

Am Ende der Zeremonie stellte mich Oliver seinem Lehrer vor. Nach dem Austausch üblicher Höflichkeiten präsentierte mich Namkhai Norbu der versammelten Gemeinde und betonte, wie sehr ihn das Thema Shang Shung seit vielen Jahren beschäftige und er sich deshalb freue, daß ich gekommen sei, um einen Vortrag über meine neuesten Entdeckungen zu halten. Wie ... was ... Vortrag? Ehe ich dazu kam, etwas einzuwenden, hatte sich Namkhai Norbu bereits erhoben und entschwand im Gewühl seiner Anhängerschaft – nicht ohne zuvor zu meinem Überdruß alle Anwesenden zu meinem Vortrag eingeladen zu haben. Damit brachte er nicht nur seinen Stab in Schwierigkeiten, weil er das feststehende Programm kurzerhand umstieß, sondern vor allem mich.

»Das war nicht abgemacht«, halte ich Oliver vor. »Du mußt ihm die Idee mit dem Vortrag ausreden.«

Es war ein Interview vereinbart gewesen, das in seinem Privathaus stattfinden sollte, und plötzlich sollte ich, statt Antworten auf meine Fragen zu bekommen, auf einer öffentlichen Veranstaltung einen Monolog halten.

»Es ist eine große Ehre für dich, in Anwesenheit von Rinpoche einen Vortrag zu halten«, erwiderte Oliver, »und deine Fragen kannst du immer noch hinterher stellen.« Er dachte gar nicht daran, den Versuch zu unternehmen, seinen Lehrer umzustimmen, und meinen Einwand, ich sei nicht vorbereitet, wischte er einfach weg mit den Worten: »Dir wird schon etwas einfallen.«

Zum Glück hatte ich meinen Laptop dabei, auf dem sich eine Auswahl von Bildern meiner letzten Reise befand. Damit erstellten wir schnell eine Powerpoint-Präsentation, während freiwillige Helfer sich abmühten, die Glaswände des Gebäudes abzudunkeln. Es blieb mir sogar noch etwas Zeit, die Anlage zu besichtigen. Schon äußerlich setzt Merigar ein klares Zeichen. Nichts von der traditionellen Architektur, die tibetische Klöster oft wie Festungen oder Zwing-

burgen aussehen läßt, ist hier zu sehen. Das luftige, filigrane Bauwerk ist kreisrund und besitzt ein pyramidenför-
miges Dach. Unter diesem Dach sind alle fünf tibetischen
Schulen, einschließlich Bon, versammelt. Trotz der offiziellen Rehabilitierung des Bon durch den Dalai Lama wird
diese uralte Religion Tibets von den buddhistischen Lehrtraditionen nur widerwillig akzeptiert und mehr oder weniger als fünftes Rad am Wagen betrachtet. Von einer
Gleichstellung kann keine Rede sein. Namkhai Norbu de-
monstriert das Gegenteil, indem er der Bon-Religion denselben Platz einräumt wie den buddhistischen Traditionen.
Dabei wird er nicht müde zu betonen, wie wichtig es für die
Tibeter ist, sich ihrer kulturellen Wurzeln zu besinnen, statt
sie wie bisher zu leugnen. So auch an diesem Nachmittag.
Nach meinem Vortrag appellierte er an seine Anhängerschaft, sich nicht nur der spirituellen Praxis zu widmen,
sondern auch die tibetische Kultur und Geschichte zu studieren, aus der diese Tradition erwachsen ist.

Im anschließenden Interview gab Namkhai Norbu Auskunft über seine Forschungen zum Thema Shang Shung.
Die wesentlichen Inhalte dieses Gesprächs habe ich in
das vorliegende Buch eingewoben. Das gesamte Interview
ist in der Zeitung der Dzogchen-Gemeinde (*The Mirror*,
Augabe 75, Juli/August 2005) abgedruckt. Mit seinem
Geschichtsverständnis, das der monastisch-buddhistischen
Geschichtsschreibung zuwiderläuft und nicht immer Er-
bauliches über das dunkle Kapitel der Religionskämpfe
zutage fördert, erntet Namkhai Norbu nicht nur Beifall. In
gewissen Kreisen des buddhistischen Klerus wird er sogar
als Nestbeschmutzer diffamiert. Der Dalai Lama jedoch hat
sich demonstrativ hinter ihn gestellt und ihn ermuntert,
seine Forschungen fortzusetzen. In jüngster Zeit wendet
sich Namkhai Norbu immer häufiger an die junge Generation von Tibetern, von der es abhängen wird, ob und wie

die tibetische Kultur überleben wird. Anhand allgemein bekannter Beispiele zeigt er auf, wie die Geschichte manipuliert und wie versucht wurde, die tibetische Kultur auf ein bloßes Anhängsel der indischen zu reduzieren.

In einem Aufsatz, der kürzlich in Buchform unter dem Titel »Eine Halskette aus Gzi-Steinen« erschienen ist, formulierte Namkhai Norbu: »In bestimmten weithin bekannten historischen Texten Tibets wird beschrieben, daß der Buddha, der doch in Indien lebte, das künftige Erscheinen von Menschen in Tibet vorhersagte, deren Abstammung auf einen Affen-Bodhisattva und eine menschenfressende Felsdämonin zurückzuführen ist. Es ist klar, daß solche Berichte das Ergebnis blinden Glaubens sind. Es ist eine bekannte Tatsache, daß der Buddha vor 2500 Jahren lebte und daß die Spuren der tibetischen Zivilisation mindestens 4000 Jahre zurückreichen. Demzufolge ist es absurd zu behaupten, daß Tibet zur Zeit des historischen Buddha eine von Menschen unbewohnte Einöde gewesen sein soll und daß – während die Nachbarländer China und Indien sich bereits zu Hochkulturen entwickelt hatten – das tibetische Volk noch darauf wartete, von einem Affen-Bodhisattva und einer Felsdämonin gezeugt zu werden.«

Wie ernst es ihm damit ist, Licht in das Dunkel der tibetischen Frühgeschichte zu bringen, beweisen die verschiedenen Projekte, an denen er beteiligt ist oder die er selbst ins Leben rief. 1988 wurde auf seine Initiative hin die Organisation A.S.I.A gegründet, die von der italienischen Regierung offiziell als NGO (Non-Governmental Organization) anerkannt wurde. A.S.I.A fördert und betreibt mehr als 100 Entwicklungshilfeprojekte in den Ländern des Himalaya. Unter dem Dach von A.S.I.A gründete Namkhai Norbu im Jahr 1989 das Shang Shung Institut. Dieses ambitionierte Projekt soll Forschungen zum Thema Shang Shung anstoßen und unterstützen. Geplant sind archäologische Ausgrabungen in Tibet, die Ausbildung qualifizierter Übersetzer, die imstande sind, alte Bon-Texte zu bearbeiten, und ein großer Kongreß.

Weitere Informationen zu den Projekten von A.S.I.A und dem Shang Shung Institut gibt es unter www.asia-onlus.org und www.ssi-austria.at. Das Dzogchen-Zentrum Merigar von Namkhai Norbu ist unter merigaroffice@tiscalinet.it zu erreichen.

Nachwort

Im Frühjahr 2004, die *SPIEGEL*-Redaktion hatte mich für kurze zweieinhalb Jahre nach Europa geschickt, traf ich meinen langjährigen Freund Bruno Baumann in einem japanischen Restaurant in Wien.

Wie immer bei unseren Treffen gab es viel zu erzählen. Baumann berichtete farbig von seinen neuen Projekten, er spann Ideen, wo die nächste Expedition hingehen könnte, oder erzählte von seinen letzten aufregenden Abenteuern. Die Tische wurden dabei zu Kontinenten, die Bierflaschen zu Bergen und die Teller zu Hochebenen, zwischen denen er mit Eßstäbchen den Weg durch imaginäre unzugängliche Landschaften steuerte.

Wir hatten uns vor über zehn Jahren in Beijing kennengelernt. Damals hatte ich gerade das *SPIEGEL*-Büro in China übernommen. Schnell war klar, daß wir beide eine Begeisterung für Tibet, Berge und Abenteuer teilten.

Bald unternahmen wir zusammen ein paar ziemlich aufregende und auch recht anstrengende Expeditionen. Eine führte ins Hochland von Irian Jaya, der indonesischen Westhälfte von Neu-Guinea, die heute Westpapua heißt. Da suchten wir nach Ureinwohnern, die vor weniger als einem Jahrzehnt noch Kannibalen gewesen waren. Und im Herbst 1994 durchquerten wir gemeinsam den bis dahin unberührten Kern der Gobi, die Alashan-Wüste, mit einer

◀ Bruno Baumann und der *SPIEGEL*-Reporter Jürgen Kremb im Juni 2005 im Garuda-Tal.

Kamelkarawane – bis dahin einer der letzten wirklich unberührten Flecken auf dem Globus.

Ich weiß, daß es im deutschen Sprachraum wohl kaum jemanden gibt, der Tibet so gut aus eigenen Reisen kennt wie
Bruno Baumann. Seit China Anfang der 8oer Jahre Indivi-
dualtouristen in den Himalaya reisen ließ, durchstreifte er
die Region immer wieder. In manchen Jahren umkreiste er
den heiligen Berg Kailash gleich mehrmals, lebte Wochen,
manchmal Monate eingepfercht in einem winzigen Igluzelt.
Dabei dokumentierte er als Ethnologe, Fotograf und Filmemacher bisweilen präziser als so mancher Tibetologe, was
von der einzigartigen Hochkultur auf dem Dach der Welt
nach Chinas Besetzung im Jahr 1950 und der unsäglichen
Kulturrevolution 1966–76 übriggeblieben ist. Dann wieder
überschritt er den Transhimalaya oder folgte den Spuren
von Sven Hedins »Todeskarawane« in der Wüste Takla
Makan.
    Wann immer Bruno Baumann in seiner bildhaften Spra-
che über seine Abenteuer und Entdeckungsfahrten berichtete, dachte ich bisweilen, daß es so ähnlich wohl vor 100
Jahren gewesen sein mußte, als Entdecker in der ehrwürdi-
gen Britischen Geologischen Gesellschaft in London von
ihren Reisen erzählten.

Jetzt aber hielt ich es zuerst für einen Witz, als er zu mir
sagte: »Ich bin dem Rätsel von Shangri-La auf der Spur, ich
glaube, ich weiß wo es seinen Ursprung hat!«, und vor-
schlug, wir sollten uns gemeinsam auf die Suche nach diesem legendären Paradies begeben. Hatten wir nicht erst
vor Wochen auf seinem Hof in der Steiermark darüber gelä-
stert, wie das staatliche chinesische Reisebüro jetzt in allen
möglichen Tälern des Schneelands Shangri-La entdeckt haben wollte, um Tibets Kultur, die vor gar nicht allzu langer

Zeit noch als subversiv und rückständig gegolten hatte, als sprudelnde Einkommensquelle zu nutzen?

Daher fragte ich ihn nun auch spaßeshalber, in Anspielung auf den Namen einer bekannten asiatischen Hotelkette: »Welches Shangri-La meinst du, das Shangri-La in Beijing mit seinem China-Restaurant zur eisernen Reisschüssel oder das Shangri-La in New York und die Dachbar zum Dollarsegen?«

Er lachte schallend, hob dann aber zu einem Vortrag an, der mich schnell aus dem Wiener Lokal in die geheimnisvollen Weiten des Himalaya entführte.

Es begann mit einer Einführung in »Der Verlorene Horizont« aus dem Jahr 1933. Der Roman des amerikanischen Autors James Hilton handelt von Reisenden, die in ein paradiesisches Tal in Zentralasien entführt werden, das den Namen Shangri-La trägt. Dann spannte sich der Bogen zum russisch-deutschen Gelehrten und Himalayaforscher Nicholas Roerich und seiner phantastischen Suche nach Shambala, dem buddhistischen Garten Eden. Hatte Hilton von Roerich abgeschrieben? Ein faszinierender Ansatz! Schon bald wandelten wir im Geiste durch Klöster in der Kailash-Region.

Man merkte, daß Bruno Baumann auf der Suche nach Quellen zum Thema jahrelang Bibliotheken und Archive durchforstet hatte. Ich hörte von den Ursprüngen der schamanistischen Bon-Religion und ihrer Korrelation zum Buddhismus. Es ging um das bisher noch völlig unerforschte Shang-Shung-Königreich, das im frühen Mittelalter die Geschichte des Schneelands und auch Teile Zentralasiens dominierte.

Aber was mich geradezu elektrisierte, war etwas anderes. Es war eine Ortsbezeichnung, die wie der Name aus einem orientalischen Märchen klang. »Dort irgendwo«, sagte Baumann, und er war schon mehr als eine Viertelstunde mit dem Zeigefinger immer wieder über eine Karte Westtibets gekreist, die er im Lauf des Gesprächs auf dem Tisch ausgebreitet hatte, »liegt der Silberpalast im Garuda-Tal.«

Ich erfuhr, daß diese bisher noch unentdeckte Wehranlage wohl der Stammsitz einiger Könige von Shang Shung gewesen war. Berühmte Tibetreisende wie der Italiener Dr. Giuseppe Tucci und Lama Anagarika Govinda, die Anfang des vorigen Jahrhunderts als letzte Ausländer vor der Besetzung durch China den Westen Tibets bereist hatten, vermuteten, der Silberpalast müsse nahe des heiligen Berges Kailash im südwestlichen Teil Tibets, im Grenzland zu Indien, liegen.

Aber was ist davon noch erhalten? Denn gesehen hat die Burg, von der nur in wenigen historischen Aufzeichnungen berichtet wird, noch niemand. Deshalb rankten sich immer mehr Legenden um das vergessene Schloß mit dem malerischen Namen. War es vielleicht dort, wo auch der Traum von Shambala und von dessen Verballhornung, dem paradiesischen Shangri-La, ihren Anfang nahmen? Und liegen dann die Wurzeln der tibetischen Kultur und Zivilisaton dort und nicht in Indien, wie allgemein behauptet wird?

Zu kühne Fragen, um sie an einem Restauranttisch in der Wiener Altstadt beantworten zu können. Baumann war sich noch nicht im klaren, welche Auswirkungen all dies auf die tibetische und gar die buddhistische Geschichtsschreibung haben würde. Aber von einem war er fest überzeugt: daß er wußte, wo der Silberpalast zu finden sei.

Immer wieder hatte er mit den tibetischen Behörden gerungen, daß sie ihm eine Reisegenehmigung für das Garuda-Tal ganz im Südwesten Tibets gewähren – nicht einfach, denn es liegt an der Grenze zu Indien. Und seit die beiden asiatischen Giganten sich hier Anfang der 60er Jahre einen blutigen Krieg geliefert hatten, war das Tal streng abgeschirmtes militärisches Sperrgebiet.

Ab Mitte der 90er Jahre jedoch hatte zwischen Neu-Delhi und Beijing eine Tauwetterphase eingesetzt. Im Sommer 2003 konnte Baumann erstmals das Garuda-Tal betreten, nur für wenige Stunden, aber jetzt war er überzeugt, Khyunglung Ngulkar Karpo, den »Silberpalast im Garuda-Tal«, lokalisiert zu haben. Ein Jahr später unternahm er eine weitere Expedition dorthin; dabei gelang es ihm, den Sutley-Canyon erstmals mit Booten zu befahren und dabei weitere Relikte des Bon-Reichs Shang Shung zu entdecken. Diese beiden Expeditionen hat Bruno Baumann in diesem Buch beschrieben. Vielleicht ist es sein bisher wichtigstes.

Als ich an diesem Abend nach Hause fuhr, hatte ich im Geiste meinen Rucksack schon gepackt. Es sollte dann aber noch einmal über ein Jahr dauern, bis ich im Mai 2005 auf dem Flughafen von Kathmandu, der Hauptstadt von Nepal, landete.

Ich hatte mich entschlossen, wegen der besseren Akklimatisierung durch das westnepalische Humla-Tal zum heiligen Berg Kailash auf dem tibetischen Hochplateau zu laufen. Dort, im Herzen des alten Shang-Shung-Reichs, wartete Bruno Baumann bereits auf mich, immer noch begierig darauf, eines der letzten Mysterien der tibetischen Geschichte zu entschlüsseln. Meine Rolle war es, ihn auf der Suche nach Shangri-La für den *SPIEGEL* publizistisch zu begleiten.

Baumann hatte seine Hausaufgaben gut gemacht, dazu konnte er aus seinem reichen Wissen aus 20 Jahren Tibeterfahrung schöpfen, und so erreichten wir kaum drei Wochen später ein paradiesisch anmutendes Hochtal.

Nicht, daß die Reise einfach gewesen wäre. Es war ein Schaltjahr im tibetischen Kalender, das Frühjahr hatte sich länger Zeit gelassen als sonst. Schon nachmittags wehte ein erbärmlich kalter Wind über das tibetische Hochplateau, der jeden Schritt in dieser Höhe von mehr als 4000 Meter zur großen Anstrengung machte, und nachts herrschten eisige Temperaturen in den Zelten. Aber der grandiose Anblick, der sich jetzt bot, ließ das vergessen.

Wir fuhren in eins der letzten offenen Täler des Sutley ein. Unweit von hier verschwindet die Lebensader Nordostpakistans in einer labyrinthischen Welt von Canyons. Aber davon war hier nichts zu ahnen. Vor einem ausgestorben wirkenden Dorf mit seinen geweißten Häuserkuben in der typischen Hochlandarchitektur grasten ein paar zottelige Yaks und Ziegen. Sehr untypisch für diese unwirtliche Gebirgslandschaft, ließen sich an den beiderseitigen Talgründen noch die Reste ausgeprägter Terrassenfeldanlagen erkennen. Aus heißen Schwefelquellen stiegen Dämpfe auf.

Doch die Hauptattraktion war erst nach einer Weile zu sehen. Man mußte tief in den Hochkessel eingedrungen sein, um zu erkennen, welche gewaltigen Ausmaße das Höhlenlabyrinth ausmachte, das sich über die gesamte steilere Südwand erstreckte. Zerfallene Klöster, Tempelbauten, Wehranlagen und immer wieder Klausen erstrahlten teilweise rot, grau, aber dann – besonders wenn Sonnenstrahlen darauf fielen – fast silbern gegen den Nachmittagshimmel.

Während der Reise hatte oft meine journalistische Skepsis überwogen. »Sind wir wirklich auf dem richtigen Weg, oder rasen wir nur einer Schimäre hinterher«, hatte ich mich mehr als einmal gefragt. Aber angesichts dieser beeindruckenden Kulisse schwanden meine Zweifel. War er das nicht, der Silberpalast im Garuda-Tal?

Auch diesmal blieben Baumann nur zwei Tage Zeit, um die Anlage zu erkunden. Ich bin kein Tibetologe, sondern Sinologe. Aber vieles, was wir sahen, erinnerte mich an die berühmten Wandmalereien in Dunhuang an der Seidenstraße, die der Tang-Dynastie (618–907) entstammen, einer Zeit also, als auch das sagenumwobene Shang-Shung-Reich seine Blüte erlebt haben muß. Wie konnte so eine gewaltige Anlage bisher der Forschung verborgen bleiben?

Ist hier eine große Entdeckung gelungen? Gar die Urzelle der tibetischen Kultur gefunden? Dann darf sich Bruno Baumann getrost in eine Reihe mit Guiseppe Tucci und Lama Anagarika Govinda stellen. Der Silberpalast im Garuda-Tal wäre eine Art Troja der tibetischen Kultur. Und Bruno Baumann der Schliemann des 21. Jahrhunderts. Um Gewißheit darüber zu erlangen, sollte jetzt eine systematische archäologische Erforschung des Khyunglung erfolgen.

Die Fragestellung muß lauten: Was waren die Ursprünge der Shang-Shung-Dynastie? Wer bewohnte den Silberpalast, und welche Einflüsse hatten ihre schamanistischen Bon-Riten auf die spätere Entwicklung des Buddhismus in Tibet und anderen Ländern?

Ob in diese Richtung geforscht werden wird, ist schwer abzusehen. Schließlich würde das für die Volksrepublik China, den Herrscher auf dem Dach der Welt, einige extrem sensitive Fragen aufwerfen. Es ist zwar unbestritten, daß heute wieder Klöster in Tibet errichtet werden dürfen. Aber unwidersprochen ist auch, daß der Großteil des historischen Erbes dieser einzigartigen Hochkultur für immer zerstört wurde. Und von Religionsfreiheit kann auch heute noch keine Rede sein.

Eine wirklich unabhängige Forschung nach den Wurzeln der tibetischen Kultur würde unweigerlich erneut den kulturellen Genozid zur Sprache bringen, der im Namen der chinesischen Besetzer in den 50ger Jahren und während der Kulturrevolution verübt wurde. Und das ist auch für die kommunistische Partei auf Wirtschaftsreformkurs noch immer eines der ganz großen Tabuthemen. Dazu schweigt man in Beijing lieber.

Aber selbst für die Exilgemeinde des 14. Dalai Lama im indischen Dharamsala böte die Erkundung des Garuda-Tals nicht nur Erfreuliches. Denn der Buddhismus wurde nicht nur mit der Gebetskette, sondern auch mit dem Schwert auf das Dach der Welt gebracht.

Dieses Buch wird deshalb nicht nur einen wichtigen Beitrag dazu leisten, eines der letzten Mysterien des Schneelands zu lüften. Es könnte auch die längst fällige Diskussion über die kulturelle Identität Tibets und deren patinabesetzte buddhistische Riten anstoßen, die allzu lange unter dem Druck politischer Diadochenkämpfe vereitelt wurde.

Vielleicht ist ja die Zeit reif dafür. Während die letzten Zeilen für dieses Buch geschrieben wurden, trafen sich erstmals seit Jahren in Beijing wieder Abgesandte des Dalai Lama, um mit Vertretern der Volksrepublik China über die Zukunft Tibets zu sprechen.

Jürgen Kremb
Singapur

Jürgen Kremb ist Leiter des *SPIEGEL*-Büros Südostasien/Pazifik in Singapur.

Literatur

Allen, Charles: The Search of Shangri-La, London 2000

Baumann, Bruno: Kailash. Tibets heiliger Berg, München 2002

ders.: Kristallspiegel, München 2005

ders.: Der diamantene Weg. Wege zu den heiligen Stätten Tibets, München 2001

Baumer, Christoph: Bon. Die lebendige Ur-Religion Tibets, Graz 1999

Bellezza, John Vincent: Divine Dyads. The Ancient Civilization in Tibet, Tibetan Library, Dharamsala 1997

ders.: Antiquities of Northern Tibet. Pre-Buddhist Archeological Discoveries on the High Plateau, Delhi 2001

ders.: Antiquities of Upper Tibet. Pre-Buddhist Archeological Sites on the High Plateau, Delhi 2002

Bernbaum, Edwin: Der Weg nach Shambhala, Freiburg im Breisgau 1988

Bishop, Peter: The Myth of Shangri-La, Berkeley 1989

Evans-Wentz, W. Y.: Das tibetische Buch der großen Befreiung, München 1955

Grünwedel, Albert: Der Weg nach Shambhala, München 1915

Hilton, James: Der verlorene Horizont, München 2003

Hedin, Sven: Transhimalaya, 3 Bde., Leipzig 1920

Hoffmann, Helmut: Die Religionen Tibets, München 1956

Karmay, Samten G.: The Treasury of Good Sayings. A Tibetan History of Bon, Delhi 2001

ders.: New Horizons in Bon Studies, Delhi 2004

ders.: The Arrow and the Spindle. Studies in History, Myth, Rituals and Beliefs in Tibet, Kathmandu 1998

Kunsang, Erik Pema (Hrsg.): Die geheimen Dakini-Lehren, Padmasambhavas mündliche Unterweisungen der Prinzessin Tsogyal, München 1995

Kvaerne, Per: The Bon Religion of Tibet, London 2001

LePage, Victoria: Königreich Shambhala. Die Wahrheit über das heilige Zentrum der Welt, München 2001

Nagano, Yasuhiko/LaPolla, Randy J.: New Research on Zhangzhung and Related Himalayan Languages, Bon Studies 3, Osaka 2001

Nebesky-Wojkowitz, Réne de: Oracles and Demons of Tibet, Delhi 1996

Nicolazzi, Michael Albrecht: Die Bön-Religion Tibets, Solothurn 1995

Norbu, Chogyal Namkhai: Zwei Aufsätze zur Geschichte und Kultur Tibets, Elmshorn 2004

ders.: The Supreme Source, Ithaca 1999

ders.: Drung, Deu and Bon, Tibetan Library, Dharamsala 1995

ders.: Gans Ti Se'i Dkar C'ag. A Bonpo Story of the Sacred Mountain Tise and the Blue Lake Mapham, Rom 1989. (Hierbei handelt es sich um den mehrmals zitierten Bon-Führer zum Kailash, »Tise Kachag«, den Tucci als Geschenk des Lama Khyungtul Rinpoche mit nach Europa brachte.)

Reynolds, John Myrdhin: The Oral Tradition from Zhang-Zhung, Kathmandu 2005

Roerich, George N.: Trails to Inmost Asia, Delhi 1996

Roerich, Nicholas: Shambhala. Das geheime Weltzentrum im Herzen Asiens, Freiburg im Breisgau 1988

Snellgrove, David: Indo-Tibetan Buddhism, Bangkok 2004

ders.: Buddhist Himalaya, Kathmandu 1995

Thondup, Tulku: Die verborgenen Schätze Tibets, Zürich/
    München 1994
Tucci, Giuseppe: Sadhus et Brigands du Kailash, Paris 1989
ders.: Transhimalaya, Genf 1973
ders.: Secrets of Tibet, Delhi 1996

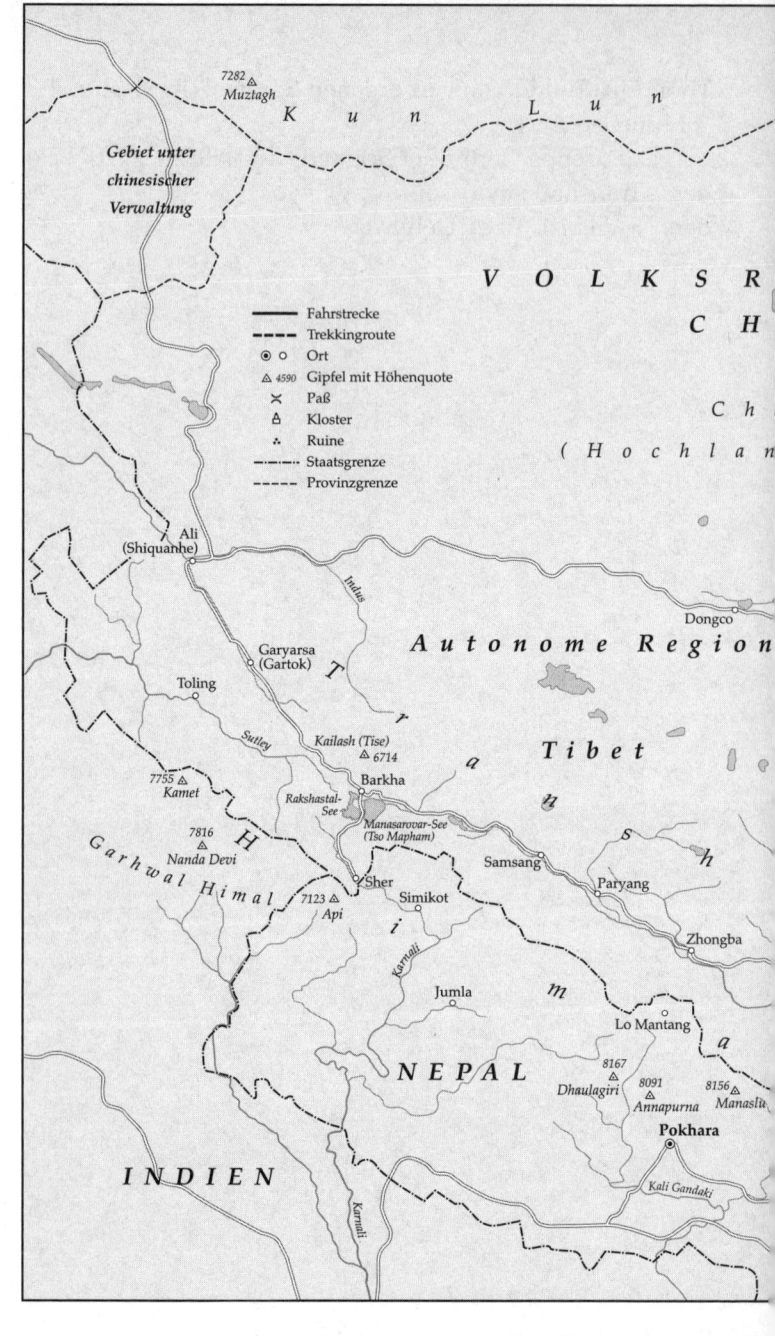

7282
△
Muztagh

K u n   L u n

Gebiet unter
chinesischer
Verwaltung

V O L K S R

C H

C h

(H o c h l a n

—————— Fahrstrecke
‐ ‐ ‐ ‐ Trekkingroute
◉ ○ Ort
△ 4590 Gipfel mit Höhenquote
✕ Paß
⚑ Kloster
∴ Ruine
‐·‐·‐ Staatsgrenze
‐ ‐ ‐ Provinzgrenze

Ali
(Shiquanhe)

Indus

Dongco

A u t o n o m e   R e g i o n

Garyarsa
(Gartok)

T

Toling

Sutley

r

Kailash (Tise)
△ 6714

T i b e t

7755 △
Kamet

Rakshastal-
See

Barkha

a

u

7816
△
Nanda Devi

Manasarovar-See
(Tso Mapham)

Samsang

s

h

G a r h w a l   H i m a l

H

Sher

7123 △
Api

Simikot

Paryang

Zhongba

Karnali

i

Jumla

m

Lo Mantang

a

N E P A L

8167
△
Dhaulagiri

8091
△
Annapurna

8156
△
Manaslu

INDIEN

Karnali

Pokhara

Kali Gandaki

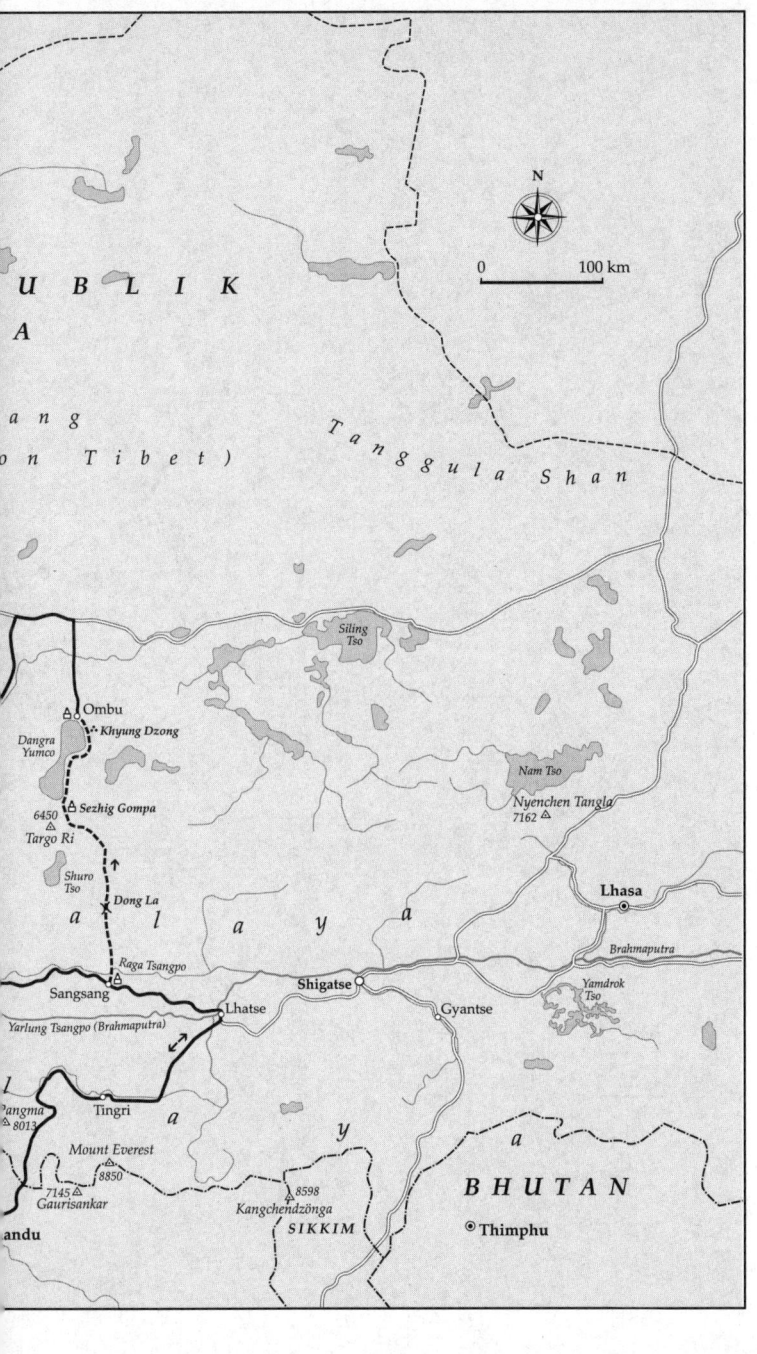

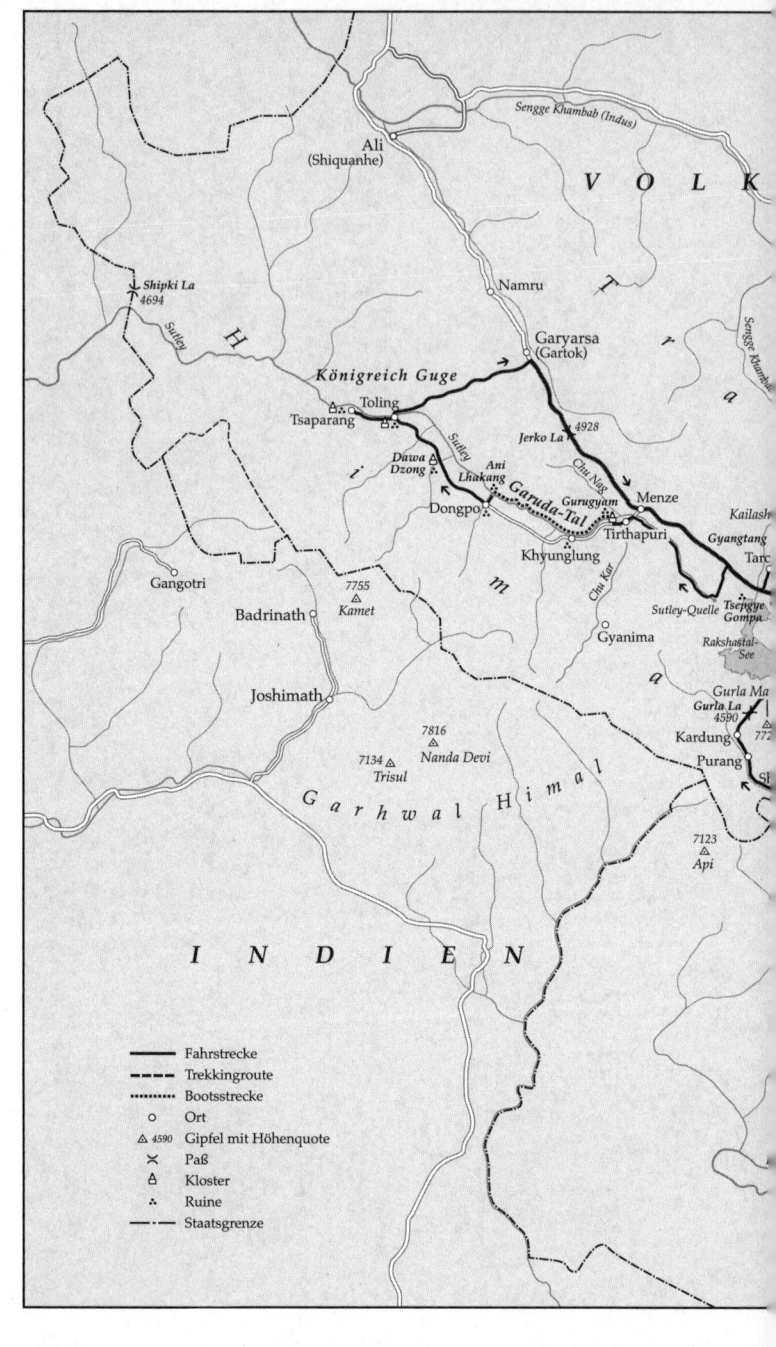

Fahrstrecke
Trekkingroute
Bootsstrecke
o Ort
△ 4590 Gipfel mit Höhenquote
✕ Paß
△ Kloster
∴ Ruine
— · — Staatsgrenze

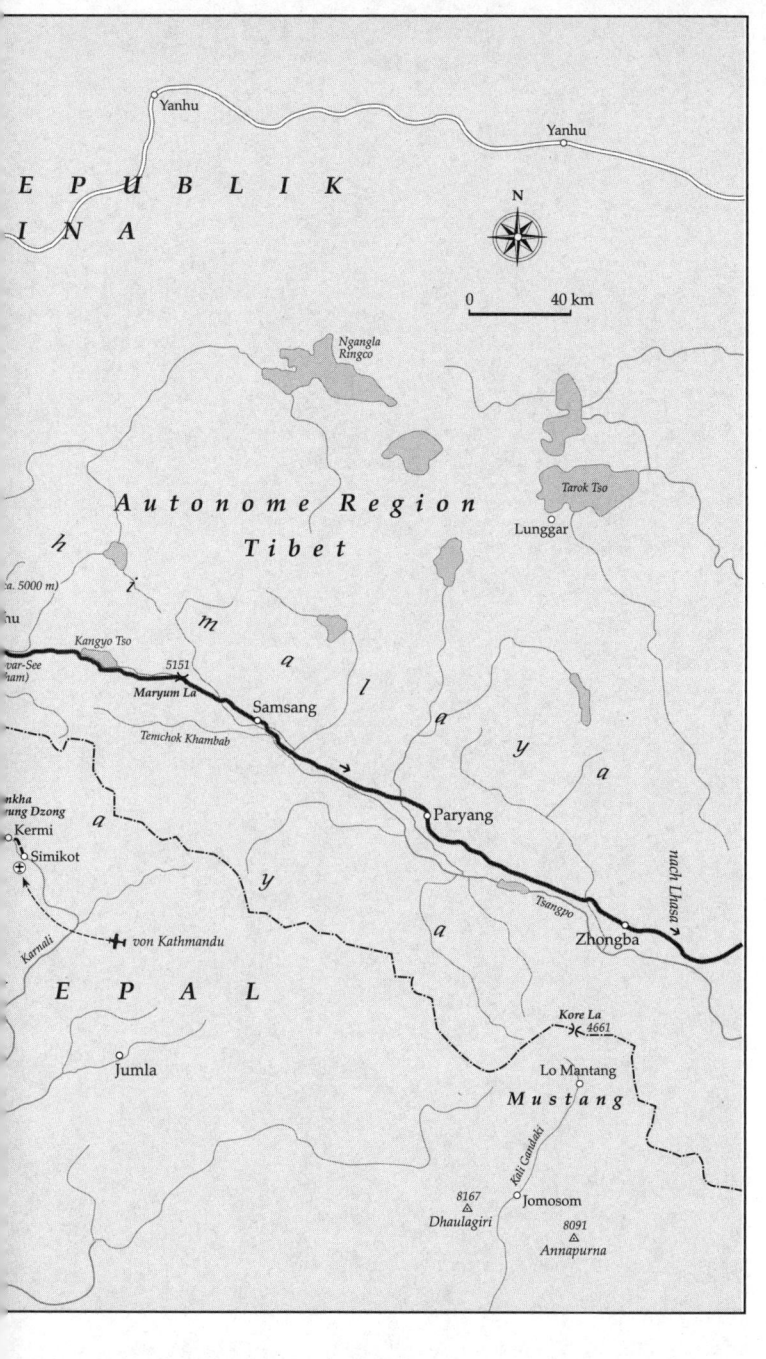

MALIK

Bruno Baumann
Kailash

Tibets heiliger Berg. 375 Seiten, durchgehend farbig
bebildert. Gebunden

Mit ihren 6714 Metern ist die Eispyramide des Kailash
und ihre Umgebung im Westen Tibets eine unvergleichliche Naturschönheit. Für vier Religionen stellt dieser Berg
das wichtigste Pilgerziel dar: für Buddhisten, Hindus, Jain
und Bön.
Bruno Baumann, einer der besten Tibet- und Himalaya-
kenner, hat sich dem Berg über fünfzehn Jahre immer
wieder genähert: auf abenteuerlichen Routen, aus den
vier Himmelsrichtungen kommend bis zu den nur schwer
zugänglichen Quellen der vier bedeutenden Flüsse Asiens,
des Indus, Brahmaputra, Sutley und Karnali. Auch auf
spiritueller Ebene hat Baumann das Geheimnis dieses
besonderen Berges erfahren. Ganz in der Tradition der
Pilger vollzog er dreizehn jener rituellen äußeren Um-
wandlungen des Kailash, bevor er schließlich in den heiligsten inneren Kreis eintrat.
Bruno Baumanns Buch dokumentiert seine außergewöhn-
lichen Reisen und zeigt den überwältigenden landschaft-
lichen und kulturellen Reichtum Tibets.

02/1002/01/R

MALIK

Bruno Baumann

Karawane ohne Wiederkehr

Das Drama in der Wüste Takla Makan. Mit 135 Farbfotos. 318 Seiten. Gebunden

Die Takla Makan in China: 338 000 km^2 Sandwüste.
Extreme Temperaturschwankungen von mehr als 60° und
verheerende Sandstürme machen dieses »Meer aus Sand«
zu einem der feindseligsten und zugleich faszinierendsten
Orte. Der erste, der das Unmögliche versuchte und sich
an eine Durchquerung der Takla Makan wagte, war vor
über 100 Jahren der schwedische Entdecker Sven Hedin.
Obwohl er seine Karawane ins Verderben führte, wurde
er zum Mythos, sein Buch »Durch Asiens Wüsten« zum
Welterfolg und Klassiker, trotz aller Widersprüchlichkeiten
und Rätsel.
Bruno Baumann, der jetzt das lebensgefährliche Unternehmen wiederholt hat, dokumentiert seine eigene Expedition
– und legt auf erschütternde Weise offen, wie das Wüsten-
drama damals wirklich verlaufen sein muß. Baumanns
umfangreiche Recherchen fördern nicht nur neue Zeugnisse Hedins zutage, sondern auch überraschende Aussagen
von Nachfahren der einheimischen Expeditionsteilnehmer
von 1895.

02/1003/01/L

Claus Richter, Bruno Baumann, Bernd Liebner

Die Seidenstraße

Mythos und Gegenwart.
Vorwort von Klaus Bresser.
317 Seiten mit 34 Farbfotos.
Serie Piper

Abenteuer und Legende eines Handelsweges. Zwei Jahrtausende lang verknüpfte die Seidenstraße die Kulturen Chinas und Zentralasiens mit denen des Abendlandes. Zeitgleich mit den Dreharbeiten zur spektakulären Fernseh-Serie »Die Neue Seidenstraße« haben Claus Richter, Bruno Baumann und Bernd Liebner ein nicht minder spannendes Buch geschrieben. Es verbindet persönliche Erlebnisse und fundierte Informationen zu den historischen Hintergründen der Seidenstraße mit dem aktuellen politischen Konzept eines gigantischen Freihandelskorridors zwischen Ost und West.

Michel Peissel

Land ohne Horizont

Reisen in das unentdeckte Tibet.
Aus dem Französischen von
Barbara Schaden. 288 Seiten mit
16 Seiten farbigem Bildteil und
2 Karten. Serie Piper

Changtang, die geheimnisvolle Hochebene Tibets, ist nach der Antarktis die größte unberührte Landmasse unseres Planeten. Nur eine Handvoll Europäer hat sie bisher gesehen. Michel Peissel hat das Land ohne Horizont durchquert und erzählt fesselnd von einer unbekannten Welt, von atemberaubenden Naturschönheiten, von Tieren, die es nur dort gibt, und von den gastfreundlichen Nomaden, deren Leben er teilte.

»Dies ist die Geschichte einer Sehnsucht, die mich vierzig Jahre lang nach Tibet und in den Himalaja getrieben hat, wo ich einem Kindheitstraum nachjagte, einem Traum, den wir wohl alle irgendwann hegten: daß irgendwo hinter dem Horizont ein verlorenes Paradies existiert, eine bessere Welt, in der die Zeit stehengeblieben ist.«
Michel Peissel

SERIE PIPER

James Hilton
Der verlorene Horizont
Roman. Aus dem Amerikanischen von Herberth E. Herlitschka. 252 Seiten. Serie Piper

James Hiltons weltberühmter Roman entführt uns in die erhabene Ruhe des Himalaya und die Abgeschiedenheit des Lamaklosters Shangri-La. Die Mönche dort halten ihre Gemeinschaft für eine der letzten Oasen, wo es sich im Schutz vor Kriegen und Katastrophen und vor der Hast der technischen Welt leben läßt. Mit einer List wollen sie ihr Kloster vor dem Aussterben bewahren und entführen eine Gruppe von Engländern und Amerikanern in diesen entlegenen Winkel Tibets … Mehrfach verfilmt und in alle großen Weltsprachen übersetzt, gehört »Der verlorene Horizont« zu den klassischen utopischen Romanen unserer Zeit.

»Hilton hat sich eine Zuflucht erdacht, wo Auserwählte ein dunkles Zeitalter von Krieg und Haß überleben können, bis die Menschheit bereit ist für ein Leben in Frieden.«
Süddeutsche Zeitung

05/1514/01/L

Francisco J. Varela
Traum, Schlaf und Tod
Grenzbereiche des Bewußtseins. Der Dalai Lama im Gespräch mit westlichen Wissenschaftlern. Aus dem Amerikanischen von Matthias Braeunig. 288 Seiten mit 14 Abbildungen. Serie Piper

Schlafen, Träumen und Sterben sind elementare Bewußtseinsmomente des menschlichen Daseins. Was passiert mit dem Geist, wenn der Körper physisch tot ist? Was sind Träume? Wie stehen Schlafen, Träumen und Sterben und alle lebensenergetischen Kräfte miteinander in Beziehung? Mit diesen Fragen beschreitet der Dalai Lama im Gespräch mit renommierten westlichen Gelehrten einen einzigartigen Erkenntnisweg und präsentiert einen zukunftsweisenden Ansatz für eine moderne Wissenschaft. Jahrhundertealte Erfahrungen der Tibeter treffen auf neueste Ergebnisse aus allen Bereichen der westlichen Wissenschaft und führen zu einer glücklichen Symbiose von Ost und West. Dieser interdisziplinäre Dialog ermöglicht eine neue Perspektive auf das menschliche Dasein und zeigt den Weg zu einem sinnvollen Umgang mit Leben und Tod.

05/1262/01/R

Maria Blumencron
Flucht über den Himalaya
Tibets Kinder auf dem Weg ins Exil. 304 Seiten mit 16 Seiten farbigem Bildteil. Serie Piper

Rund tausend Kinder aus Tibet fliehen jedes Jahr über die eisigen Pässe des Himalaya. Oft können sie kaum noch weiter und kämpfen gegen Schnee, Hunger und Erschöpfung. Ihr Ziel sind die Schulen des Dalai Lama in Nordindien. Dort, so hoffen ihre Eltern, erwartet sie eine bessere, freie Zukunft. Die engagierte Dokumentarfilmerin Maria Blumencron hat sechs Kinder auf ihrer Flucht begleitet. Mit ihrer einfühlsam erzählten Geschichte macht sie zugleich auf die Mißstände im besetzten Tibet aufmerksam.

»Es gibt Bücher, die zerreißen einem einfach das Herz, und wenn sie dann auch noch wie Maria Blumencrons Buch ein Happy-End haben, ist das so wie Weihnachten und Ostern an einem Tag. Ihr Buch setzt starke Emotionen beim Lesen frei: Lachen, Bangen und Hoffen.«
Brigitte

Isabel Hilton
Die Suche nach dem Panchen Lama
Auf den Spuren eines verschwundenen Kindes. Aus dem Englischen von Sigrid Langhaeuser. 413 Seiten. Serie Piper

Die Entführung eines sechsjährigen Jungen im Jahr 1995 stürzt das besetzte Tibet in eine seiner schwersten Krisen – gilt er doch als die elfte Reinkarnation des Panchen Lama, des zweithöchsten Würdenträgers nach dem Dalai Lama. Isabel Hilton erzählt die Geschichte eines unglaublichen politischen Verbrechens und bietet damit einen ebenso spannenden wie ungewöhnlichen Einblick in die religiös-politischen Verhältnisse Tibets und den unerschütterlichen Selbstbehauptungswillen des Landes.

»Isabel Hiltons international gewürdigtes Werk liest sich wie ein Krimi – und doch ist alles wahr.«
Süddeutsche Zeitung

SERIE PIPER

05/1910/01/L

05/1564/01/R